Adiós
Mi Pequeña Habana

Escrito por Cecilia M. Fernández

Traducido por Gonzalo Ravelo

Published 2015 by Beating Windward Press LLC

For contact information, please visit:
www.BeatingWindward.com

Text Copyright © Cecilia M. Fernández 2015
All Rights Reserved
Cover & Book Design: Copyright © KP Creative, 2015
Cover Artwork: Copyright © Victor Bokas, 2013
Author Photo by Judy Swerlick

First Edition
ISBN: 978-1-940761-20-6

All rights reserved. No part of this publication may be reproduced or transmitted in any other form or for any means, electronic or mechanical, including photocopy, recording or any information storage system, without written permission of the copyright holder

ELOGIOS PARA *ADIÓS, MI PEQUEÑA HABANA*

Cecilia Fernández nos presenta una historia contada con los ojos bien abiertos y llena de pintorescos detalles acerca de lo que significa crecer en la Pequeña Habana. Con el corazón roto innumerables veces, Cecilia gradualmente consigue el sendero hacia un nuevo comienzo bajo las infinitas promesas del sueño americano. Este libro es una crónica conmovedora e importante acerca de la travesía de los inmigrantes cubanos en Miami.
— Ruth Behar, autora de *Traveling Heavy: A Memoir in Between Journeys*

Cada cierto tiempo llega un libro que te atrapa por el cuello y no te deja ir. Desde la primera página, Adiós, Mi Pequeña Habana, *es un brillante libro, impulsado por una poderosa voz, que hará que tu corazón se detenga en varias oportunidades. Mi experiencia leyéndolo fue la misma que tuve la primera vez que leí La Casa en Mango Street de Sandra Cisneros; una sensación de estar leyendo un clásico. Esta es una historia tan dolorosamente bella e inolvidable que uno saborea cada palabra como si fuera el zumbido de un colibrí derramando miel en los labios. Este libro es acerca de la familia, acerca de lo que le sucede a una familia en el exilio, acerca de cómo las personas llegan a un gran mundo de luchas y logran salir adelante y sobrevivir. La autora tiene el gran don de capturar ese pedacito de Miami que tanto amamos y llamamos La Pequeña Habana. Este puede ser el libro que coloque el área en el mapa literario de una vez por todas.*
—Virgil Suárez, autor de *Latin Jazz, The Cutter, y 90 Miles: Selected and New Poems*

Adiós, Mi Pequeña Habana *es la irresistible historia de una joven cubana en busca de una nueva vida con su familia en los Estados Unidos mientras la revolución cubana se desarrolla en los años sesenta. El relato personal de "Cecilita", y su despertar sexual, es transparente, triste, triunfante, y está salpicado con anécdotas del emergente paisaje cubano-americano. En pocas palabras, este libro es el recuerdo colorido de las escenas históricas, a ambos lados de los estrechos de la Florida, que le brindan cierre a una periodista cubanoamericana tratando de hacer las paces con su pasado.*
— Guarione M. Díaz, Presidente del Cuban American National Council

Adiós, Mi Pequeña Habana *es una sincera, conmovedora y cautivante historia acerca de una exiliada cubana pasando de la niñez a la adultez. Cecilia Fernández escribe con pasión e intensidad, tanto de sus tropiezos como de sus triunfos, presentando frescamente la experiencia americana en el proceso.*
— Les Standiford, autor de *Havana Run* y *Bringing Adam Home*

La autobiografía de Cecilia Fernández, creciendo como cubana en Miami, no sólo es una fascinante lectura: también nos cuenta más sobre la historia de los cubanos en los Estados Unidos que una tonelada de libros de sociología – ¡y es a su vez mil veces más entretenida!
— Dan Wakefield, autor de *New York in the Fifties* y *Going All The Way*

En Adiós, Mi Pequeña Habana, *Cecilia Fernández guía al lector a través de una desgarradora y pintoresca historia acerca del crecer en el exilio en el Miami de los años sesenta y setenta. Somos testigos de cómo Cecilia se transforma de niña perceptiva, bajo la sombra del pasado perdido y atrapada en los escombros de su familia, a una alegre, honesta, y aventurera joven, mientras consigue lo que necesita para redefinir el éxodo en sus propios términos.*
— Lynne Barrett, autora de *Magpies*

La pluma de Cecilia Fernández tiene la cantidad justa de adornos y la cantidad justa de crudeza. Es difícil no enamorarse poco a poco de la rebelde e independiente niña cubana quien trata, con todo su ser, de salir adelante en un Miami que pasa por una transformación histórica. Le recomiendo que lea este libro si usted ama las autobiografías, si ama el Sur de la Florida y a Cuba, o simplemente si usted ama una buena historia.
— Melanie Neale, autora de *Boat Girl* y *Boat Kid*

Siempre, para mi madre.

Uno no está esclavizado al pasado,
a la raza, a la herencia, ni a los antecedentes.
—Anais Nin

1
UN TRUENO

La memoria es el tatuaje con el cual
los débiles, los traicionados, y los exiliados,
creen que se han armado.
— Rene Crevel

1.

Dejo que este cuento, creado a partir de memorias, artefactos, fotografías, cartas, libros de historia y mapas de calles, empiece con mi madre. Ella quería tanto que yo viviera que pasó nueve meses en cama, asegurándome una narrativa propia. Cuando caminó, pálida como la parte de abajo de una concha, dentro de la clínica del vecindario aquella mañana de enero, ella no sabía que nuestra historia iba a tener lugar en el enorme, creciente vecino del norte, los Estados Unidos. Digo "nuestra" porque esta es la historia de las familias de clase media cubana que migraron por primera vez desde la isla cuando Fidel Castro llegó al poder en 1959. Aquellos de mi generación son los hijos de los primeros "exiliados", nada preparados para la vida al otro lado del Estrecho de la Florida, e inconscientemente pavimentando el camino para el gran éxodo de casi un millón que siguió después.

Mientras mi madre respiraba el penetrante olor antiséptico de los recién encerados pisos del Centro Medico y se preparaba para otra ola de nauseas, nuestra partida de la isla aun no podía ser si quiera imaginada. En 1954 ella tenía 29, y después de diez años de matrimonio, rezaba que su bebe naciera viva.

—Espero que este lo logre— susurraba, apretándole la mano a mi padre.

Ella pensó en el primer hijo, el que mi padre le arrancó del útero, argumentando que tenía que terminar sus estudios de medicina antes de poder convertirse en padre. Ella recordó al segundo niño, el que nació muerto después de que ella se cayó subiendo al bus para ir a trabajar. Ella aun no sabía que había muerto. Después de que pujó por horas, él bebe se deslizó fuera de ella. Era un bulto seco de color gris. A través de una neblina de sedantes y analgésicos, ella vio que era un niño y lo llamó Rafael.

Una fuerte contracción interrumpió su sentido de culpabilidad y el arrepentimiento que no habían cesado en la última década. Ahora las contracciones eran más fuertes, más regulares, haciendo presión sobre ella tan apretadamente que la hacían sentir paralizada. Mi padre, que había estado trabajando en otra clínica cuando ella lo llamó, la guió hasta la silla de partos, manteniendo una animada conversación con los doctores y enfermeras que atendían a otros pacientes.

Apenas seis meses antes, miembros del partido *Ortodoxo* de izquierda, algunos aliados con la Juventud Comunista, atacaron dos cuarteles militares en la parte más lejana del este de la isla. Algunos habían sido asesinados, otros torturados, aun otros permanecían en prisión, incluido el reconocido nuevo héroe, Fidel Castro. Varios meses después, Castro había aparecido en un juicio altamente publicitado después de que, según decía el rumor, hubo un intento para envenenarle.

—Y ese es el final de Fidel —dijo un doctor que cepillaba un fregadero—. Fue sentenciado a 15 años. Su revolución esta a muchos años de arrancar.

—Eso no quiere decir nada —declaró mi padre—. Este es el principio de una guerra civil y el final de la República de Cuba.

La isla, que estuvo bajo el mando de los españoles desde la llegada de Cristóbal Colón, había obtenido su independencia formal desde 1902.

— No sea tonto —respondió el doctor.

Un líquido más claro que el agua se escurrió por las piernas de mi madre. El dolor paralizó sus rasgos.

—Usted va a ver que tengo razón —mi padre dijo en voz más alta, alzando las piernas de mi madre sobre los estribos metálicos.

Cuando mi madre colocó su cuerpo en la posición indicada, pensó en su difunta madre. Si tan sólo ella estuviera aquí para confortarla, para darle ánimos; dolía tanto. A la enfermera que sostenía su mano, le gritó —¡no puedo soportarlo! — luego, sus gemidos se extendieron a alaridos por veinticuatro horas.

Al fin, con el obstetra ordenándole—. !Puja! ¡Puja ahora! —y con una final convulsión, ella expulsó mi cuerpo hacia las brillantes luces del quirófano. Eran las ocho de la mañana. El obstetra me examinó mientras mi padre me miraba desde una esquina, vestido con ropa quirúrgica verde. Yo pesé casi diez libras, la tercera y última concepción de mi madre y su única hija sobreviviente.

—Parece una margarita —dijo mi padre—. Vamos a ponerle Cecilia Margarita.

Yo nací en una fértil y montañosa isla tropical rodeada por lazos de playas arenosas del color y la textura del fino aserrín y atrapada en el abrazo del mar. Fue en un periodo al cual los historiadores se refieren como el de la "Cuba pre-revolucionaria," el apogeo de la isla, que evoca imágenes del gánster de la mafia Meyer Lansky, del bar nocturno Tropicana al mejor estilo de Las Vegas, y de conglomerados extranjeros como el United Fruit Company, justo antes de que el embargo estadounidense, la escases de comida, y los misiles soviéticos transformaran su paisaje. Cuando viajé después por los Estados Unidos, en los años setenta y ochenta, este accidente, el lugar y tiempo de mi nacimiento, fue la causa de constantes comentarios de la gente que conocí. La mayoría sabía muy poco de Cuba y se preguntaban sobre su ubicación geográfica. Una mujer expresó rabia porque mis padres me habían traído a la fuerza de mi lugar de nacimiento a una edad en la cual yo no podía decidir por mi misma. Ella estaba furiosa porque no le habían dado a Fidel –ídolo en algunos círculos en aquellos tiempos– una oportunidad para enderezar las fallas de Fulgencio Batista, el dictador que había arrebatado el control de la isla en un golpe militar en 1952. Este punto de vista me sorprendió, nunca antes había escuchado algo así en la Pequeña Habana de Miami, el enclave cubano del cual tan desesperadamente luché por escapar.

Como yo compartía mi cumpleaños – el 28 de enero – con el escritor y héroe, José Martí, quien murió sobre un caballo peleando por la independencia cubana de España en 1895, el día era celebrado no sólo en mi familia sino también a lo largo de toda la isla cada año. Tiempo después, yo en broma les dije a amigos y colegas que había heredado de Martí, no sólo los talentos literarios y el amor intransigente por la patria, sino también su inclinación para enredarse en numerosos y tempestuosos romances.

Cuando mi madre llegó a la casa de la clínica, abrazando una cobija rosada que se retorcía, nuestra ama de casa y futura nana, Ana María, la recibió con cierto reproche—. ¿Por qué no te anotaste para la canastilla? —Ana María sacudió su cabeza y me alzó en sus brazos para mirarme incrédulamente a través de mis ojos enrojecidos—. Pudiste haber ganado, ¡imagínate eso! —exclamó la mujer.

Aquel año, la radio CMQ había patrocinado un concurso para madres cuyos hijos nacieran en el cumpleaños de Martí. Las afortunadas familias recibieron una canastilla gratis, un set combinado con sábanas para la cuna, toallas, y ropa para bebes que usualmente cuesta cientos de dólares.

—Es verdad, pudimos haber ganado —asintió mi madre, fingiendo consternación. Mi canastilla había estado lista desde hace varias semanas. Cuando mis padres y Ana María entraron a mi habitación, la observaron colocada prominente en el centro, cubierta en encaje y atada en cada esquina con lazos rosados y blancos de satín. Un fino mosquitero formaba una nube protectora sobre su estructura. Los numerosos familiares femeninos de mis padres habían bordado pilas de sábanas de lino y cubrecamas de algodón con mis iniciales y los habían acomodado sobre un mesón. Un armario con las puertas abiertas de par en par mostraba atuendos rosados y blancos decorados con cintas. Las gavetas estaban repletas de calcetines de seda con delicados bordes y botines blancos. Pero el centro de atención era un aparador donde una muñeca de porcelana, cuya mano debe permanecer escondida hasta que conceda un deseo, estaba parada elegantemente al lado de un pícaro mimo, y un set de animales de vidrio sostenía libros de cuentos de hadas europeos.

—Creo que no necesitábamos la canastilla —dijo mi padre, sospechando desde ya que, en seis años, los restos de mis cobijas y fundas de almohada, junto con la muñeca de porcelana –con su mano cuidadosamente pegada con cinta a su costado– serian embalados en cajas y maletas y enviados a un almacén en Miami.

2.

Mi tío Cesar Pérez, un hombre de negocios que nació y se crió en Galicia, España, le construyó a su esposa una casa en una granja de pollos rodeada por el mar y la nombró igual que ella. Villa América recibía a visitantes con su espaciosa baranda y sus mecedoras de madera finamente barnizadas al lado de las orillas arenosas de Playa Baracoa, a tan sólo treinta minutos de La Habana –como se le conoce a la capital de Cuba– siendo también la antigua casa de los indios Taino y Siboney siglos antes. En 1955, la villa presumía de un brillante piso de cerámica, reluciente pintura blanca y un perfectamente podado jardín interno. Cuando mis padres y yo la visitamos, yo siempre buscaba escuchar dos sonidos: el solitario mugido de las vacas en el campo y los lamentos dolorosos de la guitarra en canciones guajiras, que las amas de casa de Tío Cesar ponían siempre en la radio. Limpio y perfecto, el aire olía a sal.

Cesar, un hombre alto y musculoso con una larga frente, bronceado pero con la cara arrugada y gruesos cabellos grises cayendo sobre sus ojos, nos saludó en la puerta. Tenía puesta una guayabera rígidamente planchada –una camisa cuadrada con pliegues al frente. Su esposa, América Castellanos, la hermana de mi abuela por el lado de mi madre, y también mi madrina, estaba a un lado en un simple vestido gris, agarrando la mano de su hijo. América, una profesora de química en un colegio universitario de profesores, no se cansaba de planear clases para Cesarito –su hijo de veinte años que nació con Síndrome de Down– quien, cuando me vio, lanzó gruñidos de felicidad, como una morsa, y de prisa me cogió entre sus brazos.

Las brisas del océano nos azotaban en un viento completo, diferente a la típica brisa de un día de verano, y el retumbar de un trueno podía ser escuchado en la distancia. Mi madre, Cesarito, y yo nos apoyamos contra el borde de la baranda mientras mi padre, Tío Cesar, América y la ama de llaves,

Mercedes, quien era otro miembro de la familia, se sentaron en las mecedoras. Dos cocineras golpeaban sartenes en la cocina, preparando un festín de lechón asado, arroz, frijoles y tostones.

—La mejor forma para cocinar el flan es a través de baño María —dijo América. Esto suponía colocar el plato de natillas en el medio de una olla con agua hirviendo. Mercedes estuvo de acuerdo. Luego, Tío Cesar contó una historia sobre su huida de España a Cuba en 1937, durante la Guerra Civil bajo el Generalísimo Francisco Franco. Cada palabra que contenía el sonido de la "ese" se tornaba en un sonido tipo "eze" en la lengua de Cesar, quien aun enunciaba como los españoles. Mi padre nombró los atributos de Franco, proclamándolo el mejor líder que España jamás había tenido.

—Eso es lo que deberíamos tener aquí en Cuba, alguien como Franco —dijo él—. A Fidel y a su hermano ya le hubieran metido un tiro.

En mayo, Fidel y Raúl Castro, junto con 18 seguidores, envueltos en un ataque a un cuartel militar dos años atrás, dejaron la prisión de Isla de Pinos bajo una ley de amnistía cubana; la condena a prisión por 15 años les había sido revocada. Mi padre dijo que Batista debió haber ejecutado a los hermanos. En unas semanas, los Castro se fueron a México y empezaron a formar un grupo que iba a servir como la espina dorsal de una tropa guerrillera para derrocar a Batista. Fidel, el líder de la organización revolucionaria conocida como el Movimiento 26 de Julio, había dado un discurso titulado *La Historia Me Absolverá*, el cual, el verano antes, había aparecido en panfletos y circulado alrededor de la isla. En el panfleto, Fidel llamaba a un programa de reformas de 15 puntos, incluyendo la distribución de tierras como la de mi Tío entre familias campesinas, la nacionalización de los servicios públicos, de la educación y de la industria.

—No hay duda de que Fidel es un comunista —dijo mi padre.

—Las negociaciones con Batista todavía son posibles —le contrarrestó Cesar—. Es la única manera de salir de este desastre. Hay un boom en el turismo y en la construcción ahora mismo. Cuba tiene el más alto índice de vida comparado con cualquier otro país en Latinoamérica. El comunismo aquí no va a llegar.

—Fidel nunca va a olvidar su derrota en el cuartel de Moncada. Él va a regresar de México y va a tumbar a Batista. Si lo logra, va a acabar con la propiedad privada, incluyendo la mía —Unos años antes, mi padre había invertido en propiedades frente al mar, una movida de la que ahora se arrepentía.

—Cesarito, vamos al agua —dijo mi madre, cansándose de la conversación—. Vamos —le agarró la mano y me alzó a mi en su otro brazo. Cesarito, alto y fino como su padre, tenía el cabello negro azabache el cual, al igual que a Cesar, se le deslizaba sobre los ojos. Lucía un escaso bigote como si cada vello hubiese sido implantado y se sujetara por si mismo. Su caminar era pausado, pesado, y descoordinado, pero sus brazos sobresalían con músculos. Él puso su mano en la cintura de mi madre mientras ella caminaba hacia la orilla.

Los implacables vientos rizaban el océano, transparente como agua en un vaso de vidrio, y, trayendo consigo sólo un rastro del olor de la lluvia, hacían cosquillas en nuestra piel como una docena de plumeros. Cuando ya no vivía en Cuba, era difícil dejar de anhelar las brisas que aliviaban el calor monótono y aquella arena que acariciaba los dedos de mis pies. Era incluso un reto mayor estar acostada despierta en un apartamento en California, escuchando una tormenta de lluvia que no traía esplendidos truenos o rayos en el cielo como solía ocurrir en La Habana.

Mi madre se sentó en una angosta banca, construida dentro de un pequeño kiosco suspendido sobre la villa de la playa y observó fijamente al océano, mientras Cesarito y yo mirábamos las algas aleteando en la ondulación de las olas. Yo me enfoqué en unos pequeños y redondos animalitos marinos negros llamados erizos, cubiertos con púas tan largas y afiladas como las de un puercoespín. Yo quería tocarlos, pero Cesarito gruñía y negaba con su cabeza, formando sonidos distorsionados desde su garganta. Docenas de estas criaturas se aferraban a los corales a lo largo de la orilla del agua. No tenía ni idea de que la parte central del animal servía como un delicioso aperitivo. Me incliné bajo la baranda del kiosco sobre mi estomago, y sumergí mi mano en el agua. Los gruñidos de Cesarito se elevaron a gritos y mi madre, quien parecía estar en un estado de profundos pensamientos que no pueden ser compartidos, se agachó y me alzó.

—Ya está todo —gritó la cocinera desde la ventana de la cocina. El cantante en la radio chilló en una cruda protesta al timbre de la guitarra. Conmigo segura en sus brazos, mi madre caminó con Cesarito a través de los gallineros de vuelta a la casa. Pasamos la reja y una docena de pollos cacarearon alrededor de los talones de mi madre. Un gallo saludó con su desordenada y carnosa cresta—. Ay, que bonitos —cantó mi madre mientras se arrodillaba, y ambas acariciamos el bulto tembloroso de plumas. Mercedes caminó hacia la marea de pollos y nos dirigió hasta el comedor donde el resto de la familia se agrupaba alrededor de la mesa, todavía riñendo sobre Fidel.

Era la primera vez que mi padre y mi Tío Cesar se gritaban en la mesa, marcando el inicio de una batalla ideológica que finalmente destruyó a mi familia. Cuando Fidel regresó a La Habana, Tío Cesar —al igual que otros de mis familiares— anhelaba una mejor Cuba y decidió quedarse. Mientras los años se escabullían, un incrédulo Cesar y Mercedes, quien se había convertido en su esposa después de la muerte de América, vieron como la belleza de la villa se derretía bajo los estragos del sol, el viento y la lluvia.

3.

Pasamos deslizándonos frente a varios ranchos y nos salimos en la autopista principal de La Habana en el elegante Buick nuevo de mi padre. Los campos cubanos se levantaban en un verde brillante a nuestro alrededor. Nada es tan genial como la sombra de una montaña o tan resplandeciente como un valle perdiéndose en todas las direcciones. Arriba y abajo, la tierra ondulada tocaba los bordes del océano.

Eran las tres de la tarde, hora del almuerzo del domingo justo antes de la Navidad de 1956. Una comida pesada a esta hora del día significaba que no habría cena, sólo un café con leche y un pan tostado antes de dormir. Mi padre cruzó hacia una calle sin asfaltar llena de baches y con árboles gruesos en ambos lados. Al final, un hueco entre la espesa maleza dejaba ver a Rancho Luna, mi restaurante favorito con su techo de paja, paredes abiertas, y pisos de barro. Troncos ásperos sostenían el techo. Los dueños se jactaban diciendo que 324.000 pollos habían sido degustados allí en los últimos tres años.

La estructura se asemejaba a la de a aquellas casas rurales conocidas como *bohíos*, las viviendas sencillas de los agricultores que vivían dispersos por todas las vastas tierras de cultivo de la isla. Estos *guajiros* cosechaban el azúcar y el tabaco que hacían a la isla rica y se convirtieron en los héroes populares, aquellos a los cuales Fidel Castro prometió emancipar. El restaurante, una réplica de sus casas, era un tributo a sus vidas.

A principios de ese mes, Fidel había regresado de México en un bote llamado Granma y se había instalado en una región montañosa de la cordillera, La Sierra Maestra, en la provincia de Oriente. Él compartía el espacio con *bohíos* que se encontraban dispersos a lo largo y ancho de dicha zona.

Mi padre frunció el ceño cuando le contó a mi madre acerca de la infiltración comunista en la isla. El Movimiento 26 de Julio de Castro planeaba golpear durante las navidades. De hecho ya explotaban bombas en diferentes pueblos de Oriente. Batista, quien ya se encontraba en alerta, amenazó con represalias, incluso con colgar a los rebeldes.

Mi madre, al igual que Tío Cesar, no estaba del todo convencida—. *El Diario de la Marina* nos acaba de nombrar el Las Vegas de Latinoamérica —dijo ella—. ¿Qué tan mal se pueden poner las cosas? Los precios del azúcar están altos gracias a la crisis del Canal Suez.

—Son sólo 36 dólares volar a Miami —dijo él.

—¿Qué quieres decir con eso?

—Nos podemos ir cuando nos de la gana.

Más allá de nuestra mesa, varios hombres estaban reunidos alrededor de un foso de arena. Los podíamos ver a través de las paredes abiertas del restaurant. Dos hombres sujetaban gallos con collares atados a sus cuellos. Los desconocidos caminaban hacia lados opuestos del foso y soltaban los gallos en la arena de ataque. Los gritos de los hombres aumentaban con los chorros de sangre que se derramaban de los cuellos, ojos, y pies de los furiosos pájaros suicidas al atacarse el uno al otro.

—No mires —dijo mi madre, volteando mi silla para bloquearme del espectáculo.

—No es nada —dijo mi padre.

Afortunadamente, la comida llegó justo a tiempo para ofrecer distracción. Sobre la tosca mesa de madera, el mesonero puso platos de arroz con pollo y plátanos maduros. Mi padre saboreó cada bocado. Él estiraba su brazo, partía un pedazo de pan que había en una canasta y lo usaba para empujar el arroz sobre su tenedor. Mi madre cataba pequeños bocados de su tenedor y dejaba la mitad de la comida sobre su plato. Yo comía un poquito de cada cosa, empezando a desarrollar mi gusto por la comida cubana.

—Prueba mi cerveza —dijo mi padre, inclinándome su vaso.

Yo llevé el vaso hacia mis labios. La espuma llegó hasta mi nariz, y el liquido dorado me quemó la garganta. La amargura me repugnó. Mi padre se rió, y yo me sentí feliz por que lo había hecho reír. Luego tomé agua para disolver el sabor agrio.

—Rafael —dijo mi madre, un tono tenso se escuchaba en su voz—. No le vuelvas a dar de eso.

—Ay, Cecilia, ¿qué tiene de malo? —le preguntó a mi madre. (En la mayoría de los países Latinoamericanos, las madres comparten el nombre de sus hijas).

—Tiene todo de malo. Igual que tú. ¿Cómo puedo vivir contigo después de esto? —de repente, como si el incidente de la cerveza fuese la última gota que derramó el vaso, ella arrancó una carta de su cartera de mimbre, la cual miraba boquiabierta al lado de sus pies, y abofeteó la insultante correspondencia sobre la mesa. Mi padre la agarró y sacó del sobre un pedazo de papel cebolla.

—*Señora Cecilia, le queremos informar que su esposo, el Dr. Rafael Fernández Rivas...* —mi padre leyó en voz alta y se detuvo, mirando la carta como si lo que sus ojos estaban viendo era demasiado terrible para darle voz. Se pasó la mano por los ojos y por el cabello.

Mi madre apartó su plato y apretó la mesa con sus manos.

—No me digas que te vas a creer esto —mi padre dijo ahogado.

—No sé qué voy a hacer —le susurró ella—. ¿Tú no me amas?"

—Yo no te he sido infiel —le dijo él—. Quien sea que escribió esa carta te está mintiendo. No hay otra mujer —mi madre caminó hasta el carro, abrió la puerta y se lanzó en su asiento. Mi padre agarró unos bocados más, me levantó de mi silla y pagó la cuenta.

—Las mujeres son malas, Cecilita —me dijo. Desde ese momento, mi madre se obsesionó con las amantes de mi padre. Constantemente hablaba de ellas con otros familiares. Le revisaba las gavetas. Esperaba silenciosamente en los pasillos escuchando sus conversaciones telefónicas. Mi padre, por su parte, empezó a alejarse de la casa. Y así empezó el juego irreversible del escondite entre mis padres, un juego que –después del divorcio– yo continué jugando con él por el resto de su vida.

4.

Las tumbas de mis abuelos maternos reposaban tan cerca de la calle que podíamos estacionar nuestro carro en la acera y caminar unos cuantos pies para rezar por sus almas y honrar su memoria. Mi madre, vestida de negro y usando un sombrero pastillero con un velo corto que colgaba sobre sus ojos, se arrodilló sobre el césped.

—Padre nuestro —suspiró mientras acomodaba rosas rojas frescas en el jarrón que había traído con ella el domingo pasado. Mi madre puso las flores viejas marchitas en una bolsa de plástico que después botaría.

En 1957, cuando yo tenía tres años, El Cementerio de Colón se convertía en un campo de juegos donde yo corría dentro y fuera de lápidas altas. Las puntas del césped, aun mojadas por la tormenta de la noche anterior, se aferraban fuertemente a las gotas de la lluvia. Flores en jarrones, que se apreciaban dispersos alrededor del cementerio, se encorvaban por el peso de la humedad. Lodo negro manchaba el césped verde. Charcos inundaban las grietas a lo largo de las ásperas y planas lápidas grises de los pobres a un lado del cementerio, mientras que los mausoleos de mármol, altos y blancos, de los ricos reflejaban lanzas de luz a corta distancia. El agua atrapada sobre los techos de estas tumbas de gran tamaño se evaporaba en forma de vaho al momento en que el calor del mediodía tomaba impulso. Las tumbas de mis abuelos, inscritas pulcramente en piedra blanca, representaban la clase media.

Mi padre, a pesar del calor asfixiante, usaba un traje de lino blanco con un pañuelo de seda azul en el bolsillo y una corbata de seda, también azul. Él nunca dejaba de exhibir su clase social, a menudo jactándose de que sus abuelos habían sido exportadores de tabaco adinerados con vínculos con el Rey. Yo podía ver como crecía su impaciencia al ver a mi madre sollozar y limpiarse la nariz con un pañuelo de papel que posteriormente escondía entre sus pechos.

—Vamos, China —la llamó por su apodo cariñoso desde la acera. Tenía la misma expresión en su rostro que usaba cuando mi madre ojeaba un estante de vestidos en El Encanto, una tienda por departamento repleta de moda europea.

Me quedé parada ahí por un momento hasta que decidí correr para aliviar la tensión, esquivando de una tumba a otra, y apoyándome de las paredes de los mausoleos, para evitar que las puntas de mis zapatos de patente de cuero se sumergieran en el lodo. El miriñaque bajo mi falda hacia que la tela brillante se abombara a partir de mis caderas como en las muñecas de porcelana de Dresde sobre el buffet de mi comedor. El sudor se mezclaba con la humedad, goteando dentro de mi boca.

Mi padre apoyaba el peso de su cuerpo de un pie al otro. Él dio unos pasos por la acera y saltó dentro del asiento del conductor del carro—. Tenemos que ir a cobrar los alquileres —dijo. Mi madre era dueña de varias casas en un vecindario de clase trabajadora en la provincia de Matanzas, al este de La Habana. Cobrar los alquileres era un elemento importante en nuestro itinerario del domingo y una oportunidad para mi, siendo hija única, de jugar con las docenas de niños en esas cuadras. A pesar de que ellos corrían descalzos, yo no tenía permitido quitarme los zapatos.

Ansiosa por jugar, corrí hacia el carro e insté a mi madre para que se pusiera de pie. Finalmente, condujimos lento a través de las estrechas carreteras sinuosas del cementerio. El Buick, pulcro, con aletas extendidas, asientos de cuero, y aire fresco soplando a través de dos pequeñas rejillas en el tablero, se desplazaba hacia el caos de una ciudad que se reconstruía para convertirse en una de las más vibrantes de Latinoamérica y el Caribe.

Desde la ventana del puesto de atrás, podía ver el polvo de las excavadoras rodando por encima de casas del siglo IXX en el suburbio de Vedado en La Habana. En su lugar, las constructoras levantaban rascacielos, como el complejo de apartamentos FOCSA y los hoteles de lujo Habana Hilton, Capri y Habana Rivera –el Capri, con una piscina en la azotea del piso veinte. Más edificaciones podían verse hacia el sur; en la Plaza de la Republica, se construía la nueva sede para los ministerios del gobierno, antes ubicada en la zona colonial de la ciudad. Más allá, varios obreros trabajaban en una autopista que uniría la recientemente completada Vía Blanca, la cual llevaba al pueblo de Varadero, con la autopista Central.

Tomaba casi 30 minutos dejar La Habana y comenzar el tranquilo viaje hacia Matanzas. El nombre de esta provincia conmemora la masacre de los indios, que tuvo lugar allí, a manos de los conquistadores españoles. Tramos de campos agrícolas y pendientes inclinadas se alternaban con agrupaciones de chozas, que tenían huecos por ventanas. Finalmente, cruzamos en una de las calles. Pollos se escabulleron del camino, y perros ladraban y corrían alrededor del carro. Los cauchos de nuestro carro rodaban dentro de baches y con dificultad salían a flote. Grupos de niños rodeaban el vehículo mientras se movía. Mi padre maniobró hasta detenerse frente a una fila de pequeñas casas de madera con porches elevados, de aquellos en los que perros, gatos y ratas usan como refugio cuando cae la lluvia. Mecedoras, con la tapicería rota, yacían alineadas cerca de la puerta.

—Ceci —una mujer salió corriendo de la primera casa, secándose las manos con su falda, y abrazó a mi madre. El esposo de la mujer, Cuco, se paró sobre el porche sonriendo, y cuatro niños de varias edades se agruparon alrededor del carro, abriendo entrometidamente la puerta antes de que me diera chance de moverme. Esa era la familia Fierro. Tenían viviendo aquí 20 años.

Las casas habían pertenecido a mi bisabuela. Una inmigrante de Barcelona, también llamada Cecilia, construyó con su esposo una pequeña plantación a mediados de los años 1800 y compró las casas con las ganancias. Un declive económico se tragó la plantación, pero esta primera Cecilia se aferró a la fila de casas y se las dejó a mi abuela Cecilia, quien venía hasta acá en aquel entonces a cobrar la renta. Ahora, mi madre era la arrendadora.

—¿Quieren café? —Reina, la esposa de Cuco, preguntó,

Mi padre, carismático y de grandes destrezas sociales, aceptó cordialmente y apretó la mano de Cuco como gesto de amistad.

—Oye —dijo mi padre—. Quiero ir a pescar el próximo fin de semana, ¿será que puedes ir?

En su traje de lino, con cabello pulcramente peinado y bañado en colonia, mi padre creaba un gran contraste con el trabajador agrícola quien le servía de anfitrión. Cuco vestía unos pantalones de lino pero manchados y una camisa a cuadros arremangada hasta los codos para esconder varias rasgaduras sobre las mangas. A mi padre le encantaba hablar con el campesino y contratarlo para que tripulara su bote, cuidara a su hija, lavara su carro, y engrasara sus rifles. Un extrovertido con un fijo interés en la gente –y a pesar de su obsesión con el estatus social– mi padre desarrolló grandes amistades con los inquilinos, auto-invitándose en varias ocasiones a cenar en sus casas. Los inquilinos sabían que él no iba a aparecer con las manos vacías. Él siempre traía la comida –su plato favorito era un estofado de pollo y vegetales llamado ajiaco– en envases gigantes de restaurantes y luego se ofrecía a tratar sus dolencias de gratis.

Joseito, un joven del vecindario con una sonrisa de dientes torcidos y leve estrabismo, corrió hacia mi padre—. Doctor, doctor —gritó—. Mi chichón desapareció.

Mi padre palpó las glándulas del joven. Él había operado a Joseito unos meses atrás. Le había extraído un tumor grande de su cuello.

—Qué bueno, Joseito —rió mi padre y le dio unas palmaditas en la cabeza.

Mientras él y Cuco planeaban su expedición de pesca en el porche, mi madre fue a la cocina con Reina. Yo me tendí sobre el piso para jugar "jacks" con la hija de Reina, y mi madre llenó un recibo para la renta de un libro de contabilidad que guardaba en una bolsa de cuero, la cual había pertenecido a mi abuela. Reina le dio el dinero. Mi madre guardó los billetes en la bolsa. Luego, con un tenedor al que le faltaba un diente, Reina batió la espuma de un café, marrón oscuro y recién colado, con tres cucharadas de azúcar en un contenedor metálico, para después verterlo de nuevo con el resto del café en la olla. Este procedimiento era el secreto para la popular bebida cubana conocida como *el cafecito*. Cuando ella vertió el líquido burbujeante en pequeñas tazas, el café se convirtió en un trago grueso de azúcar y cafeína que hacía latir a cualquier corazón a un rápido ritmo. El café, seductor y fortalecedor, alcanzaba la más lejana papila gustativa.

—Necesitaba esto —dijo mi madre, saboreando el líquido—. Acabo de llegar del cementerio, y me siento muy deprimida. No tengo energía. Lo único que quiero hacer es acostarme en la cama. Y mi esposo….Rafael nunca está en la casa. Siempre está tan ocupado.

Reina abrió una lata de trozos de guayaba que escurrían sirope y los acurrucó al lado de rebanadas de queso crema sobre pequeños platos. Mi padre había traído la lata de tamaño familiar con frutos preservados el mes pasado. Reina le dio uno de los platos a mi madre y llevó dos más a los hombres en el porche. Luego, la mujer arrancó pedazos grandes de pan, crujientes por fuera y suaves por dentro, los mojó en aceite de oliva y los salpicó en sal para los niños.

—Ceci, nosotros no estamos muy bien tampoco —respondió Reina—. La lluvia está filtrándose en la cocina y el lavamanos del baño está tapado.

Mi madre frunció el ceño. Ella no era tan generosa como mi padre con los inquilinos. Siempre mantenía distancia con aquellos que no consideraba iguales a ella.

—Rafael —lo llamó en un tono exasperado —¿Dónde está el teléfono del obrero que usamos en este pueblo?

Mi padre lo consiguió en una pequeña libreta de teléfonos en el bolsillo interno de su blazer. Él guardaba en este libro el nombre y número telefónico de todas las personas que conocía.

—Toma —le dijo mi madre a Reina—. Este es el número. Llámalo y yo pago. También te puede arreglar el techo.

Mi madre cerró el libro de contabilidad; era hora de ir a la siguiente casa.

—Espero pescar un pez vela el próximo sábado —le dijo mi padre emocionado a Cuco—. Vamos a encontrarnos en la marina a las 4 de la mañana.

—No se olvide de la cerveza —le respondió Cuco—. Y escuche —agregó, después de pensar—. ¿Usted no cree que va a haber más problemas con el gobierno?

—Sin lugar a dudas.

Alrededor de la isla, habían reportes de ejecuciones policiales arbitrarias y arrestos que llevaban a desapariciones permanentes. Unos meses antes, Fidel se instaló con su guerrilla en La Sierra Maestra, llamó a su fortaleza en la montaña "Territorio Libre," y envió mensajes cortos a las personas a través de la radio, pidiéndoles que se le unieran. Bombas y cocteles molotov explotaron en escuelas, autobuses, tiendas y casas.

Muchos profesionales en La Habana eran apáticos, desensibilizados respecto a los incesantes enfrentamientos políticos que, desde los tiempos de Colón, caracterizaban la vida en la isla. Ellos confiaban en que Batista, en medio de una de las más grandes expansiones económicas en la historia de Cuba, con millones de dólares americanos en juego, iba a llamar a elecciones y a aplacar la oposición Castrista. Pero tan sólo una semana atrás, en una jugada que tomó a mi padre por sorpresa, la Asociación de Médicos Cubana emitió una carta en protesta contra Batista. Escuché a mi padre decir que los médicos se habían cansado de los pesados métodos de manejo que empleaba Batista; el dictador solía enviar al G-2, su temida policía política, para disolver las reuniones de la asociación.

—El G-2 no es nada comparado con lo que Fidel tiene en mente —dijo mi padre—. O estos doctores son comunistas, o no entienden a Fidel.

— ¿Usted no cree que Fidel va a ayudar a los pobres como a nosotros? —Cuco observó ansiosamente a mi padre.

Con un brote de ira, le dio la cara a Cuco—. Fidel va a esclavizar a los pobres, y también a los ricos —declaró —. Las cosas están mal, mi amigo. Nuestro país está en una situación de guerra civil. El Presidente Eisenhower y los americanos dicen que no van a intervenir en Cuba. Un día, nos vamos a tener que ir para salvar nuestras vidas.

—Tal vez no —le respondió Cuco.

5.

Mientras mi abuela estaba viva, cada vez que alguna de las tías, tíos o primos hablaba de Elsie Lopez, la persona inevitablemente agregaba la palabra *solterona*, como si la cuarentona amiga de la familia sufriera de lepra. De hecho, a su edad en la sociedad de la clase media Cubana, Elsie no tenia posibilidad alguna de conseguir esposo. Pero luego, después que mi abuela murió en 1943, la mujer sorprendió a todos los familiares y se casó con mi abuelo, Francisco Vargas, el hijo de inmigrantes de las Islas Canarias, y también farmaceuta y profesor de química en la Universidad de La Habana. Cuando ella se convirtió en esposa, un rol que a mi parecer nunca le sentó bien, el chisme familiar se fue en otra dirección. Ahora, ella era una seductora con *fuego uterino*. Una ninfómana.

—¿Cómo pudo casarse con ella? —preguntó mi madre—. Tu abuela era tan bella. Y Elsie es tan fea —Ella estaba celosa de que mi abuelo se hubiera casado con Elsie tan rápido después de la muerte de su madre. Mi abuela, Cecilia Castellanos, graduada de La Escuela del Hogar, una escuela para jóvenes con intenciones de aprender las tareas de esposas y madres, murió de un aneurisma cerebral cuando mi madre tenia 18 años.

—Fue algo terrible de presenciar —dijo mi padre la tarde en que su suegra murió—. Cuando me llamaron a la casa, la cabeza de Cecilia estaba hinchada desproporcionalmente. No tenia chance de sobrevivir.

Mi madre, hija única, se negó a hablarle a Elsie durante un año después de la boda, insistiendo en que su nueva madrastra no merecía a su padre, así que la pareja se mantuvo lejos del camino de todos como si hubiera algo ilegitimo rodeando su unión.

—Tu madre era muy perezosa —le respondió mi padre—. Se pasaba todo el día acostada en la cama. Yo creo que tu padre se merecía alguien que estuviera a su nivel.

Elsie era una profesora de inglés, alta, esbelta, con pequeños pero compasivos ojos negros, los cuales contemplaban los míos con inteligencia y comprensión. La mujer siempre se enrollaba su cabello, prematuramente blanco, en un moño apretado a la altura de la nuca. Cuando Elsie se convirtió en una presencia en mi vida, noté que siempre vestía ropa holgada color negro, enlutada por la muerte de mi abuelo fumador, quien murió de un ataque al corazón nueve meses después de que nací.

—¿Cómo es posible que un hombre tan inteligente no supiera que la indigestión era una señal de problemas en el corazón? —le preguntó mi padre a todos. Mi abuelo, tranquilo y amable, había sido su modelo a seguir—. El momento más feliz de mi vida fue cuando viví con mi suegro —dijo mi padre durante el funeral.

Pronto me di cuenta de que Elsie, quien como muchos otros cubanos de clase media de su generación, había recibido su educación en los Estados Unidos, era la persona indicada no sólo para mi abuelo, sino también para mi padre cuando sus políticas comenzaron a ser de izquierda. Elsie articulaba sus argumentos sucintamente a cualquiera que estuviera cerca para escucharla, sin importarle la vociferante oposición de mi padre. Ella simpatizaba con los pobres y denigraba la corrupción del gobierno de Batista.

En 1958, ella pensaba que Fidel, transmitiendo abiertamente sus pensamientos de izquierda a través de Radio Rebelde –una estación construida por el marxista argentino Che Guevara en la Sierra Maestra– era una buena alternativa. Ese año, Batista mejoró sus planes electorales, pero golpes de estado, un embargo de armas en su contra, y llamadas por la paz de parte del Obispo cubano, mantuvieron la emoción y la tensión en el aire. Asesinatos, bombardeos y desapariciones en ambos bandos del conflicto llenaron los titulares todos los días.

Una tarde, durante una de nuestras frecuentes visitas a casa de Elsie, quien finalmente se había ganado a mi orgullosa madre, escuché sin querer una llamada telefónica en la cocina.

—Si, lleva las provisiones al lugar en Oriente —dijo Elsie en el teléfono—. Va a haber alguien esperando allí —luego descubrí que Elsie, como muchos otros cubanos profesionales, había estado enviando comida y suministros a la guerrilla armada de Fidel en las montañas.

Cuando Elsie regresó a la sala de estar, mi madre le habló rápidamente en inglés, el idioma que amaba y había aprendido en una estadía corta en Boston y en la Escuela Normal Para Maestros; una universidad para profesores. Era su lenguaje privado, algo que yo resentía en aquel entonces. Los sonidos, similares al staccato, golpeaban mis oídos como guijarros siendo arrojados contra la pared. Los fuertes ruidos se revolvían convirtiéndose en una masiva efusión de soplidos en el aire. Yo me enteré luego de que las palabras secretas eran acerca de las infidelidades de mi padre. Cuando entré al baño, ella volvió al español.

—Recibí otra carta hoy —dijo mi madre, mirando fuera de la ventana del pequeño apartamento de Elsie—. Debe ser directamente de su amante esta vez. Ella dice que hay un bebe. Un varón. ¿Tú crees que es posible?, ¿será que esta mujer le dio un hijo? —mi madre nunca habló del tema de nuevo, y nunca supimos la verdad. Sin embargo, durante una de mis tantas discusiones adolescentes con mi padre, le pregunté cómo podía ser tan injusto con su única hija. Su cara cambió. Él simplemente abrió su boca y luego la cerró. En ese momento, un pensamiento cruzó mi cabeza: *yo no soy su única hija.* Imaginé que él consideró que la información iba a ser un golpe muy fuerte, incluso para su testaruda hija.

De vuelta en el sofá, escuché desesperación en la voz de mi madre pero la ignoré barajeando un mazo de cartas de un juego llamado La Solterona. El trágico rostro de mi madre miraba con el ceño fruncido hacia el vacío. En ese momento, yo no tenía idea de lo que estaban hablando.

Elsie, una lectora voraz de filosofía, literatura e historia, dejó de desempacar una caja de libros la cual estaba acomodando en un largo estante bajo la ventana. Ante mis ojos, se trataba de una enciclopedia. Cada tomo llevaba el nombre "Lenin," pero en ese momento no significaba nada para mi. Mi madre no prestaba atención a los libros y se cruzó de brazos frente a ella, estremeciéndose como si se estuviera protegiendo de un viento frio.

—Él lo niega —dijo mi madre—. Pero yo se que es verdad.

—Ceci, tal vez estas cartas no significan nada —dijo Elsie—. Tal vez es alguien que quiere hacerles mucho daño.

Yo coloqué las cartas sobre la mesa del café y hojeé el libro de química de mi abuelo, el libro que él escribió con su colega Daniel Carrera. Luego encontré el libro de recortes. Pasaba cada hoja gruesa lentamente, apreciando el olor del papel y el pegamento. Cada semana, Elsie recortaba una historieta acerca de un perro callejero intrépido y de razas mezcladas llamado Scamp del periódico *El Diario de la Marina*. Ella pegaba la edición de cada semana en el libro de recortes, y cuando la visitaba recorríamos las aventuras nuevas de Scamp.

—Cecilita —me dijo, alejándose de la pila de libros que ahora se encontraba dispersa sobre el piso—. ¡Vamos a ver qué le ha pasado a Scamp desde la última vez que viniste! Mira, está parado sobre una casita para perros observando a los niños. ¿Qué crees que hizo esta vez?

En ese momento, un libro largo y delgado, decorado con letras doradas llamó mi atención, y sin responderle a Elsie, lo abrí y me perdí en *La Niña de los Fósforos* de Hans Christian Anderson—. Ella es pobre —dijo Elsie, señalando un dibujo en blanco y negro de la niña temblando en el frio—. Así como muchas personas aquí en Cuba. Es injusto.

—¿Por qué son pobres?

—A nadie le importan —respondió ella—. Así que al gobierno le corresponde.

El fervor en la voz de Elsie comunicaba urgencia. Yo miré fijamente su cara de preocupación. Los suaves pliegues de su vestido negro, el calor de su cuerpo junto al mío, y el olor a canela y chocolate en el aire, creaban un capullo de seguridad el cual entendí la niña de los fósforos nunca iba a experimentar. Esa fue mi primera lección en las dinámicas de las clases sociales. En ese momento, Elsie había plantado la semilla de la compasión. Décadas después, yo recordaría esa conversación como el inicio de mi propia conciencia política.

Mi madre, inmóvil en la ventana y perdida en un mundo secreto, no se unió a la conversación. A lo largo de mi infancia, ella encarnó la presencia y la ausencia, síntomas –como luego entendí– de la devastadora enfermedad mental conocida como esquizofrenia que ya se había apoderado de ella. Cuando la luz hizo que sus ojos brillaran, corrí hacia ella buscando atención. Sin embargo, justo al llegar a su lado, la luz se apagó y sus ojos se convirtieron en opacas rendijas negras, dejándome desconcertada y triste sobre el regazo de una silenciosa y alejada mujer. Era un ritual sin fin.

Elsie se ganaba la vida dando tutorías de inglés a estudiantes en la mesa del comedor. Nadie en la familia sabía que el pequeño apartamento de Vedado –equipado con un pequeño sofá y una mesa para el café apilada de libros– servía como el centro de actividades anti-Batista en el vecindario. Una fotografía mía decoraba una pared. Mi madre se alejó de la ventana y enderezó el marco, que estaba inclinado hacia un lado.

—Vamos a jugar La Solterona, Elsie. Me encanta ese juego —grité, cansándome del libro. Las reglas del juego eran simples. Los jugadores emparejaban los dobles y escogían una carta de la mano de otro para hacer pares. Aquel que no tuviera a La Solterona al final del juego, ganaba.

Yo siempre perdía.

—Elsie, ¿tú cómo sabes dónde está mi Solterona? —me quejé.

—Mi hijita —se me acercó para susurrar—. No seas predecible. Siempre pones tu Solterona del lado derecho. Sé exactamente donde está, así que siempre la evito.

Mire espantada a mi mano de cartas. Sí, ahí estaba la Solterona, al lado derecho. La decepción oscureció mis ojos. Para iluminar el ambiente, Elsie se levantó, le ofreció a mi madre un vaso de limonada recién exprimida y agarró una caja pequeña de un gabinete.

—Vamos a ver qué es esto —me dijo, entregándome la caja.

Saqué una par de sarcillos largos. Bolas de color rojo y cristales blancos habían sido tejidas en delicadas tiras, y brillaban ante la menguante luz de la ventana. Me reí, encantada con el regalo. Acerqué los sarcillos a mis orejas y admiré mi reflejo en el espejo pequeño que colgaba en la pared.

Pero mi madre no compartió nuestra alegría. Ella sopló su nariz en un fajo de pañuelos que consiguió en el mango de su suéter manga larga. Sus ojos, voluminosos y oscuros, adoptaron el aspecto pasivo de sufrimiento que iba a llevar sobre su rostro por el resto de su vida.

6.

Nuestro patio delantero sobresalía como un labio haciendo un puchero sobre la acera que tenia debajo. Desde la vertiginosa altura de nuestro apartamento, en un tercer piso con vista al suburbio de moda de Nuevo Vedado, yo veía al Señor Pablo apresurándose a su casa para comer el bacalao que preparaba su cocinero. El delicioso olor del suave pescado sumergido en aceite de oliva y ajo flotaba hasta alcanzarnos.

En las mañanas, antes de la escuela, yo veía al rubio Oscarito al otro lado de la calle armando ejércitos de soldados de plástico sobre la alfombra de la sala de estar. En las tardes, podía ver a la Señorita Carmen en la casa de la esquina tocando el piano, mientras su madre se paraba junto a la ventana cantando una aria de la opereta, *La Gran Vía*. Algunas veces, su voz competía con el zumbido de las cortadoras de césped cuando los jardineros recortaban los setos alrededor del Colegio Kopi a una cuadra, donde yo iba a la guardería.

Si yo miraba hacia abajo por tiempo suficiente, el granito moteado del porche en el primer piso empezaba a moverse como olas. A un lado, los bordes de dos mecedoras de madera con los asientos y el respaldar tejidos, donde los abuelos de Carlitos se mecían al anochecer, se balanceaban dentro y fuera de mi campo de visión. Pero mi lugar favorito para observar era el patio delantero del edificio de apartamentos de al lado. Allí podía ver claramente a Cristy, de cuatro años, jugar con una pila de juguetes tan grandes que parecían barricadas. El edificio estaba a tan sólo un brazo de distancia, y desde nuestros patios, Cristy y yo teníamos conversaciones diarias.

—Cecilita, ¿quieres jugar? —llamaba Cristy. Sobre un suave y complaciente rostro, luces doradas chispeaban de su cabello grueso, el cual parecía estar en fuego bajo la luz del sol. Yo, en cambio, tenia un cabello castaño delgado, lacio y aburrido. Sin embargo, la gente pensaba que mis ojos brillaban con vida y emoción, y que mi rostro reflejaba una variedad de emociones, sobretodo curiosidad, travesura y alegría. Era diciembre de 1958, a un mes de mi quinto cumpleaños, y yo me desbordaba de energía.

—¿Tienes tus muñecas?

Jugar con Cristy realmente significaba hablar de un lado al otro, desde nuestros patios delanteros y traseros, sobre pisos espaciosos que ocupaban toda una planta. Pero mi apartamento era especial porque tenía un patio lateral. El suyo no. ¿Qué es eso que tienen nuestras primeras hogares que nos hacen rehenes del pasado?

Una verdadera guerra civil había estallado finalmente en Cuba. Radio Rebelde hacía transmisiones diarias de Fidel desde las montañas, pidiendo apoyo. Mientras yo jugaba en el patio delantero, con Cristy en su propio patio, podía escuchar la radio, y más allá, las discusiones entre mis padres. Ese día alineé unas sillas y creé un salón de clases. Yo quería ser una maestra como mi madre. Cristy hizo lo mismo desde su patio, y nos turnamos para enseñar a las muñecas.

—Dejen de pelear —les grité a mis padres, sosteniendo un libro de cuentos de hadas del cual estaba leyéndoles a las muñecas, las cuales estaban sentadas en filas de sillas.

—No estamos peleando —respondieron. Yo podía escuchar los murmullos sobre la infidelidad, unas cuantos reclamos de celos, y palabras tensas acerca de Fidel.

—Sigo repitiendo, eso es comunismo —dijo mi padre acerca del rumorado golpe de estado en contra de Batista. El partido comunista de la isla ahora apoyaba abiertamente a Fidel.

Antes de irme a dormir esa noche, mi padre le dijo a mi madre que su madrastra, mi adorada Elsie, había admitido que apoyaba a Castro—. No deberíamos hablarle a Elsie más nunca —dijo mi padre, enfurecido. Las palabras rebotaron fuertemente contra la pared de mi cuarto, que se encontraba al lado del de ellos—. Y tenemos que irnos de Cuba.

Acostada, moví el mosquitero a un lado para que entrara más aire. A pesar de la firme oposición de mi padre hacia la "comunista" Elsie, yo continué escribiéndome con ella hasta el día de su muerte.

7.

Cuando Ana María tenía 15, mi abuela la contrató para que mantuviera la casa y luego la ayudara a cuidar de su hija, mi madre. Ana María, quien vivía en Matanzas en una finca pequeña, se montaba en un camión repartidor de leche cada lunes por la mañana para ir a trabajar a La Habana y se quedaba en casa de mi abuela hasta el domingo al anochecer, cuando se devolvía a su casa en el mismo camión repartidor de leche. Ahora, esta vieja mujer de pueblo, con su cabello escondido en un copete alrededor de su cabeza y con ojos radiantes de amor, era mi cuidadora.

—Por favor, Ceci —Ana María le rogaba a mi madre—. Llévate a Cecilita a la escuela. Es su cumpleaños. Ella se va a portar mejor mañana; lo prometió.

Una descendiente de españoles pobres que cayeron en la bancarrota en Cuba, Ana María usaba amplios vestidos de flores y un par de sarcillos de perla pequeños que mi abuela le había regalado unos años atrás.

—Imposible —dijo mi madre—. Voy a castigarla —Mi madre, bella, con estilo, y en sus treinta y tantos años, llevaba su cabello en una nube alrededor de un rostro tan blanco y suave que se asemejaba al sobrenombre que le dio mi padre, "La China". Ella trabajaba como profesora de inglés en el Centro de Inglés Número Ocho de seis a nueve de la noche. Yo amaba sentarme en su clase, así que esto era un castigo fuerte. Me quedé en silencio, sabiendo que no me iba a hacer ningún bien protestar.

Amparo, una mujer alta de la raza negra que mi madre había contratado para ayudar a Ana María a cuidarme, trató de ayudarme. Su familia llegó a la isla hace mucho tiempo en un barco lleno de esclavos encadenados, para hacer trabajo de campo en las plantaciones de azúcar. Ella vivía cerca en un solar, también conocido como barrio, que en las noches resonaba con los tambores Africanos de los rituales de santería.

—Señora, no fue culpa de la niña —dijo ella. Corriendo por la sala de estar, me había tropezado con el aparador haciendo que un florero de cristal se partiera en el piso.

—No se meta —dijo mi madre.

Amparo, quien usaba un uniforme azul de cuadros con un pequeño delantal blanco amarrado a la cintura, volteó los ojos. Tanto ella como Ana María, ambas con más de 50 años, tomaban el autobús desde sus casas cada mañana para venir a cuidarme mientras mi madre calificaba exámenes, visitaba familiares y amigos, o se iba de compras. Luego tomaban el autobús de vuelta a casa cuando mi madre se iba a trabajar, dejándome al cuidado de otras tres sirvientas que vivían con nosotros.

Y ahora, como mi madre no quería ceder, mi destino era pasar la noche con este trio poco amigable: una cocinera, una responsable únicamente de lavar la ropa, y la encargada de la limpieza. Estas tres eran hermanas, cuyos nombres no puedo recordar, en sus veintitantos años, esbeltas, y con un tono de piel color caramelo. Todas tenían el cabello muy rizado, recogido en moños cubiertos con mallas, y fuertes ojos negros. Ellas vivían en los cuarteles de las sirvientas en el patio lateral que daba a la cocina.

Grandes lavaplatos de acero bordeaban las paredes. En el centro, había una mesa de hierro forjado con varias sillas que tambaleaban sobre la cerámica desigual y astillada, a diferencia de los lisos pisos de mi patio trasero y delantero. Suspendido desde arriba, un tendedero se hundía con el peso mojado de los pantalones, camisas y camisetas de mi padre. Nuestro apartamento no tenía aire acondicionado, así que las puertas de la cocina debían estar siempre abiertas para que entrara la brisa, haciendo que el patio fuese imposible de ignorar.

Esa noche, mientras cenaba, dos de las sirvientas estaban vestidas con las elegantes batas para el hogar de mi madre mientras que la tercera limpiaba la cocina. Una llevaba puesta una bata roja de terciopelo de cuello cerrado. La otra vestía una azul marino de satén suave con un fajín dorado. Las dos habían liberado su cabello de las mallas habituales. Las melenas negras alrededor de sus cabezas se sacudían de arriba abajo mientras ellas desfilaban frente a mi, haciendo extraños silbidos y torciendo sus brazos sobre sus cabezas como si estuvieran en un baile de flamenco. Esta era la primera vez que las veía haciendo esto. Ahora comprendo sus valientes actos de rebeldía tallados en las palabras de Fidel acerca de liberar a los oprimidos. Ellas, como muchos de la clase baja en Cuba, resentían a la gente con dinero que las contrataban.

—¿Qué están haciendo? —les pregunté, confundida. Me ignoraron y continuaron con sus extraños pasos arrastrando los pies.

—No hay nadie ahí —dijo la tercera sirvienta, sosteniendo un trapeador—. No hay nadie ahí, es tu imaginación —yo miré fijamente a las dos mujeres. Tal vez las estaba imaginando, como muchas veces imaginaba gente sentada frente a mi en los patios delantero y trasero. Estiré el brazo para tocar la manga de una de ellas. Eran reales.

Paré de comer; una sensación de estar flotando llenó mi estomago. Miedo y rabia me impulsaron de mi silla. Estaba molesta por que estaban usando la ropa de mi madre y asustada de la superchería de sus voces. Corrí hacia el patio lateral, entré en uno de los cuartos de las sirvientas y me encerré. Me acosté en la angosta cama, que daba hacia el terreno vacío. El vidrio estaba congelado y no pude ver nada.

Las sirvientas corrieron riendo tras de mi. Las mujeres golpearon la puerta. Una emitió un gemido en un tono bajo, y apoyándose en la pared del patio, alcanzó con un brazo la ventana y ondeó un pedazo de tela blanco, haciendo que el trapo bailara como un fantasma. El calor se hizo sentir. Con la puerta y la ventana cerrada, sudé y sentí síntomas de fiebre. Yo sabía que faltaba un largo tiempo para que mi madre regresara a la casa, pero en este cuarto no podían alcanzarme.

—Cecilita, sal —dijo una de ellas—. Es hora de ir a dormir.

—Olvídate de ella —dijo otra—. Vamos a hacerlo antes de que la señora llegue.

—¡Chango! —gritó la tercera—. ¡Obatala!

Las mujeres llamaron a los dioses Yorubas, que en la religión Afro-Cubana conocida como santería, coinciden con los santos de los Católicos Romanos, y les pidieron que intercedieran por ellas ante el Dios todopoderoso. Era un ritual del que yo no sabía nada en aquel entonces. Las sirvientas cantaron en un idioma extraño, pero yo pude reconocer los sonidos. Los había escuchado muchas veces antes de acostarme a dormir, y me di cuenta ahora de que esto ocurría todas las noches, sólo que un poco más ruidoso hoy ya que mis padres no estaban en casa. Riéndose y chillando, las mujeres golpearon los lavaplatos que habían volteado para el ritual. Sus voces torturadas actuaban como remolinos en la oscuridad afuera. Atrapadas en su mundo de lo invisible, yo escuché como estas descendientes de esclavos africanos comulgaron con sus ancestros.

—Llévame —gritó una.

Una ola de humo de tabaco se coló bajo la puerta. Luego, una penetrante especia que quemaban le siguió. Yo estornudé, pero no me moví de la cama. Puse mi cara en la almohada, respiré el olor a cabello sucio y cerré mis ojos. Canté en voz baja, como lo hacía de costumbre antes de irme a dormir para espantar la soledad:

El patio de mi casa no es particular

Si llueve, se moja como los demás.
Me quedé dormida y soñé que estaba dentro de mi casa, pero que el techo estaba lleno de hoyos. En el sueño, cuando miré hacia arriba, gotas de lluvia golpearon mi cara. Subí una escalera para tapar los hoyos con papel de seda. Pero el material endeble absorbió el agua y los tacos de papel se cayeron.

8.

Temprano por la mañana del primer día de 1959, me desperté con dolor de garganta.

—Rafael, la niña tiene un resfriado todas las semanas —mi madre escupió las palabras a mi padre.

—Tiene que ir de nuevo a los tratamientos de aerosol —ofreció como solución mi padre. Estos tratamientos eran parte de las diligencias de los sábados por la mañana. Yo iba a una clínica, me sentaba en lo que parecía una silla de odontólogo, y respiraba a través de un tubo. El vapor cálido de un líquido mentolado llenaba mis pulmones con una niebla que mi padre decía podía curar mis frecuentes infecciones respiratorias.

Mi nariz moqueaba. La fiebre hacía parecer que mis movimientos ocurrían en cámara lenta. Sonidos viajaban a mis oídos como si vinieran forzados por un túnel de ecos. Me sentía mareada, pero mi misión era escapar a la brisa fresca de mi patio trasero, el cual colgaba sobre un campo y tocaba el borde del cielo. El piso completo, suspendido en el aire, ofrecía un refugio de la tensión de mi hogar. Mi madre, furiosa por otra carta anónima que había recibido describiendo un romance entre mi padre y una enfermera, le gritó a mi padre y golpeó unas gavetas. Él, mientras tanto, maldijo el enfrentamiento entre Castro, quien reclamaba reformas gubernamentales, y Batista, quien prometía elecciones pronto. Aquí, en mi mágico patio trasero, sus aullidos se disolvían en susurros.

Me asomé a través de la cerca de alambres que mi padre había atado a lo largo del borde superior de la pared para evitar que nuestro Boston terrier, Negrito, saltara hacía al campo tres pisos más abajo. Por el contrario, nuestro perro saltaba contra la cerca como si quisiera echar un vistazo al campo y luego rebotaba. Él hacía eso constantemente cada vez que estaba en el patio, y ahora la cerca estaba doblada como un jorobado. Para mi, el campo, una expansión de césped con grumos de arbustos repartidos en patrones descuidados, proporcionaba un cuaderno de bocetos. En sus vacíos, yo pintaba historias de mi familia y amigos, las cuales se desarrollaban en las calles de La Habana Vieja, en la sección colonial ensombrecida por las agujas de la catedral, específicamente en el centro de una plaza empedrada. Yo sostuve las imágenes en el campo para observarlas por mucho tiempo. En este patio, yo creé imágenes en silencio, y cada día venía y me paraba a soñar sobre la calcárea cerámica roja Mexicana.

Yo imaginaba escenarios con niños pobres y madres hambrientas rogando en las calles, al igual que en los cuentos *La Niña de los Fósforos* y *Los Zapatos Rojos* del libro de Elsie. Luego me di cuenta que Elsie, quien odiaba las injusticias de la estructura de clases en Cuba, resaltaba estos cuentos en rebeldía contra la posición aristocrática de mi padre. Scamp, el perro de las historietas, se convertía en el héroe de varios cuentos en los cuales él llevaba comida y provisiones a personas atrapadas en la nieve, símbolo de la opresión social. Soldados, en uniformes verde oliva y con fusiles a los lados, aparecían prominentemente en varias de las tramas ya que últimamente los veía alineados en las calles. Mi padre decía que eran ladrones y asesinos. Sus caras parecían demacradas, pero a la vez rígidas en expresiones crueles. Imágenes vivas que contribuían con mi miedo hacia el comunismo y hacia las enseñanzas contra balanceadas de Elsie. Las visiones irreconciliables, puestas en mi por mi padre y Elsie, nunca terminaron su batalla por un lugar prominente en mi mente hasta que leí a Karl Marx y Adam Smith, intentando descifrar cual sistema funcionaba mejor para un país en aprietos.

Esta primera mañana del año, arranqué el mecanismo manual del robusto *Tío Vivo*. Este artefacto parecía un carrusel con dos asientos a cada extremo, un tanto similar al subibaja. Mis abuelos paternos lo habían ensamblado en medio del patio. Yo pasé zumbando en círculos, salté de la silla y entré a la casa de muñecas de madera que Elsie me había regalado de Navidad.

Adentro era el paraíso para una niña: una pequeña estufa de acero y un refrigerador, una mesa redonda con cuatro sillas, una cuna con una bebe de juguete, una silla para bebes y estantes llenos de peluches. Sin embargo, mis libros eran la atracción central, esparcidos por todos lados: sobre el refrigerador y la mesa, y dentro de la cuna. Aquí, al igual que en el patio delantero, yo colocaba a las muñecas sobre las sillas simulando un salón de clases. Pilares de papel, lápices para pintar y cuadernos abarrotaban una esquina. En vez de prepararle una comida a las muñecas sobre la estufa, yo las sentaba para darles clase.

Yo imaginaba a la niña que vivía en la cuadra siguiente sentada en la mesa con las muñecas. Ella necesitaba clases porque su familia no podía pagar la escuela del vecindario. En las mañanas, cuando yo pasaba por su casa con Ana María camino a la escuela, ella corría descalza para observarme con sus ojos negros y en vestidos que parecían sacos de papas. En una ocasión, miré dentro de la puerta abierta de su casa.

—Niña —me advirtió Ana María—. No seas tan curiosa. Es de mala educación.

Vi dos mecedoras con los asientos tejidos rotos en varias partes. Un colchón con un cubrecamas arrugado reposando sobre una pared. Tres otros niños miraban inexpresivamente a través de la ventana. Sus cabellos despeinados caían enredados en cúmulos de grasa. Un niño tenía una bufanda amarrada alrededor de su cabeza. Otro usaba un collar largo de perlas doradas de plástico. Los padres brillaban por su ausencia.

—Son gitanos —susurró Ana María—. A tu mamá no le va a gustar. Ellos no son como tú.

Pero la niña gitana me atrajo tanto que insistí en visitarla varias veces a la semana. En una oportunidad, me puse una de las faldas anchas de mi madre, até un cinturón alrededor de mi cintura y me metí en sus zapatos de tacón alto. Caminamos por la cuadra hasta su casa; Ana María miraba de reojo bajo la sombrilla que usaba para protegerse del sol. La niña y yo hablábamos felizmente, y yo pude presumir mi falda larga.

Incluso a esa temprana hora del primer día del año, mientras mi imaginación evocaba una multitud de imágenes y yo no paraba de toser, el nuevo televisor a blanco y negro en la sala explotó con cantos que se inmiscuyeron en mis sueños.

Fidel había derrocado a Batista.

"*Cuba si, Yankees no. Cuba si, Yankees no*" gritaban las manifestantes. El presentador de noticias emitió varias palabras agudas que no pude entender. Salí corriendo de la casa de muñecas y entré a la casa, abriéndome paso con cuidado cerca del buffet de caoba, cubierto con platos dorados y copas, las cuales habían sido importadas de Inglaterra por mi abuela materna años atrás cuando iba a casarse. Mi padre, sin rasurarse, estaba sentado frente al televisor sosteniendo su cabeza con las manos y meciéndose de atrás hacia delante. Observé la pantalla y vi a personas agitando los brazos en una plaza, la cual fue luego conocida como La Plaza de la Revolución. Ana María y Amparo, mis cuidadoras, se sentaron con mi madre al lado del televisor. Las tres sirvientas miraban la pantalla desde las sombras del pasillo.

—Los campesinos son nuestros héroes —dijo Fidel Castro a la multitud mientras él y su grupo de revolucionarios marchaban desde su puesto en La Sierra Maestra hasta Santiago para empezar una marcha de ocho días hacia

La Habana. Los hombres, que se habían refugiado en las montañas con Fidel durante esos largos meses, saludaban a los simpatizantes sosteniendo rifles y pasando lentamente en sus vehículos. Con barbas y vestidos con uniformes de faena verde oliva, los hombres hicieron paradas en el Canal 2, la estación de radio CMQ, y en el periódico *Revolución*. En esos medios, anunciaron su victoria sobre el derrocado Batista quien, después de una fiesta de fin de año la noche anterior, voló desde La Habana con destino al exilio en Miami.

—¿Qué vamos a hacer? —le preguntó mi madre a mi padre.

Mi padre observó a las sirvientas balanceando su peso de un pie al otro en el pasillo—. Ahora mismo, nada —murmuró—. Diles que se apuren con la cena. Los invitados llegan a las cuatro en punto.

Esa tarde, mi tío Cesar, mis abuelos paternos Amalia y Rafael Fernández, médicos amigos de mi padre y varias primas y tías de mi madre se sentaron a cenar con nosotros. Pero a esa hora, mi dolor de garganta me mandó a la cama, y todo lo que pude oír antes de caer dormida fue el ruido del cristal y el silbido de los susurros.

9.

Mi padre y yo observamos a Fidel en la televisión dividiendo grandes haciendas, las cuales pertenecían a propietarios cubanos, en tramos para control estatal. Luego, él parceló varias tierras que pertenecían al derrocado Batista y se las dio a los campesinos mientras hablaba de su nueva iniciativa agro cultural. Mi padre gruñó y se puso ambas manos a los lados de la cabeza.

Fidel sonrió, firmó documentos y prometió elecciones. Su rostro mostraba parches de piel donde su barba rizada se negaba a crecer. Su sombrero verde oliva, como una gorra de beisbol forzada a tener forma de caja, se sostenía firmemente como una corona. Las puntas de sus orejas se extendían sobre los bordes de la gorra como mejillones. Sus profundos ojos miraban a la cámara desde un ángulo.

—Así es como empieza el comunismo —dijo mi padre con el ceño fruncido y moviendo la cabeza—. Los ricos pierden sus propiedades primero, después la clase media. Pronto estaremos todos cortando caña en los campos.

Por semanas desde Año Nuevo, cientos de personas saquearon las calles de La Habana. Gritos y disparos se mezclaban en el aire. Hombres llenos de fervor revolucionario invadían los casinos. Otros destrozaban la sede de Petróleos Shell. Fidel llamó a un paro general para marcar el fin del régimen viejo, y los oficiales de Batista –aquellos que no habían podido escapar con el presidente derrocado esa noche– fueron detenidos, encarcelados o asesinados. Los hombres barbudos de Fidel habían tomado La Habana, corriendo arriba y abajo de las escaleras del Palacio Presidencial y aglomerándose en todos los lugares públicos.

Las noticias terminaron y un programa de cocina comenzó. Mi padre apagó el set de televisión. Nos sentamos en silencio por un rato, era raro que los dos estuviésemos solos. Pero cuando lo estábamos, él conversaba conmigo como si yo tuviera la capacidad de entendimiento de un adulto, hablando de política tan fácilmente como de literatura y de mujeres.

—Los dueños del Ron Bacardi y la cerveza Hatuey —dijo él—. Han ofrecido pagar sus impuestos por adelantado para mostrar apoyo a esos barbudos. Ellos no saben que van a estar montándose en aviones y escapando de este país en cualquier momento. Si es que escapan con vida —Mi padre luego habló de la economía, arruinada según él, y de los secuestros de los últimos meses.

—Vamos a ver el programa de cocina —él prendió el televisor de nuevo, pero el programa había sido remplazado por más noticias. Observamos la retransmisión de la llegada de Fidel a La Habana el octavo día de enero. Pancartas que decían "Gracias, Fidel" lo recibían a él y a sus hombres conduciendo despacio jeeps y tanquetas. Fidel sostenía un rifle con un lente telescópico a su lado.

Mi padre frunció el ceño de nuevo. Esa mañana, él llevaba puesta una camisa blanca impecable y olía a colonia, su cabello estaba peinado hacia atrás con gel. Sus pestañas largas formaban un dosel sobre sus ojos color caramelo y con rayas amarillas. Su mirada, abierta e inquisitiva, era completamente diferente a la impenetrable y negra de mi madre, la cual parecía como si una cortina acabara de caer sobre el escenario después de una presentación. Su nariz se encorvaba como el pico de un halcón, y su color de piel –siempre un tema de preocupación para los cubanos vigilantes de la mezcla entre la sangre negra y la europea– era como la sombra de un ligero pan tostado. Una vez se quejó—. ¡La gente no sabe si soy árabe, judío o español! Pero soy español por ambos lados de la familia.

Al fin, me miró con angustia.

—La vida como la conocemos —me dijo—. Se acabó para siempre.

Mi padre iba a todos lados con un libro en la mano. Él leía los misterios de Agatha Christie y las historias del imperio Griego y Romano—. Yo memoricé completamente la tabla periódica para un examen de química —alardeó él. Le gustaban las mujeres bellas como Elizabeth Taylor y Lana Turner. Paraba en seco cuando alguna así pasaba por su lado en la calle. Los domingos, en la cocina, él preparaba platos europeos como saltimbocca y crepes Suzette. Como ginecólogo, mi padre llevaba una vida cómoda más no extravagante. Las expediciones de pesca eran su pasatiempo favorito.

Una mañana, en medio del verano, navegando sobre el mar picado en su yate, lo vi luchando con un pez espada el cual, así como en *El Viejo y el Mar* de Ernest Hemingway, no se daba por vencido. De la emoción, mi padre se tropezó con una cubeta de sardinas que usaba como carnada y las pateó a un lado. Él dejó que la línea corriera y luego la recogió. Otros hombres, incluyendo a Cuco, le gritaron palabras de apoyo y gesticularon salvajemente con los brazos. Yo me acobardé en una esquina con mi madre, observando y escuchando sus groserías a todo volumen. Finalmente, con un tirón súper humano, mi padre transportó su presa a bordo. El pez tenía mas de cinco pies de largo. Cuando se golpeaba contra el piso, yo gritaba y me cubría la cara con las manos. El pez jadeaba por aire, dando palizas con su cola. Mi padre, con la cara roja, no sólo por el sol sino del placer del triunfo, sacó un pequeño revolver de la pretina de sus pantalones y disparó varias veces al pez contorsionista. Ese era mi padre en la cúspide de su vida. Ese fue mi padre hasta el momento de su muerte.

—No más pesca por un tiempo —dijo él mientras apagaba la televisión por última vez.

Diez meses después, en noviembre de 1959, mi padre ya no estaba. Nunca lo vi empacar una maleta. Nunca dijo adiós. Aunque sus ausencias no fueron novedad para mi durante mis primeros años, esta ausencia se sintió diferente. Ahora, todo estaba en silencio en el cuarto de mis padres y en todo el apartamento. Las tres sirvientas se fueron para siempre, y Ana María y Amparo venían a ayudar a cocinar y lavar una vez a la semana.

Yo hice pocas preguntas, envuelta en mi propia vida de libros y juguetes. Armé una familia de muñecos para hacerme compañía: una de cerámica con la cara cuidadosamente pintada que Elsie me había regalado, un muñeco que llamé Rafaelito como mi padre, y una muñeca bailarina de mi propio tamaño cuyos pies amarraba a mis tobillos con cintas para bailar el vals alrededor del cuarto.

Pero cuando finalmente pregunté *¿Dónde está mi padre?* Mi madre tenía una respuesta.

—Se fue a México a conseguirnos una Visa Americana —dijo ella—. Nos vamos a ir del país pronto —pero la fecha de partida estaba aun muy lejos como para preocuparme. Mis días continuaron con su ritmo sin prisa; mi madre siguió silenciosa como siempre, mientras mi padre, como me enteré luego, llenaba el papeleo en Ciudad de México y dormía sobre una frazada en el piso de la casa de unos amigos cubanos quienes también se oponían a Fidel.

—Tenía que cargar un cuchillo a todos lados —lo escuché decir años después—. Ciudad de México es una ciudad salvaje, barbárica, una ciudad sucia llena de enfermedades y ladrones. Las mujeres que hacen tortillas se sientan sobre la acera y aplastan mosquitos dentro de la masa.

El mismo día en que él tomó el vuelo a México, la policía llegó a la puerta de la clínica donde trabajaba. Mi padre afirmaba que Fidel los había enviado para matarlo. Cuando vieron que no estaba ahí, rompieron gabinetes y destrozaron lámparas y equipos.

—Yo fui más inteligente que ellos —me dijo—. Ellos no tenían idea de que yo ya no iba a estar. Yo estaba en contra de Castro, y le dije a todo el mundo que él era un comunista y que nos iban a quitar nuestras propiedades. Alguien me traicionó. No me importa quien haya sido porque yo sabía que me iba a ir antes de que alguien viniera a buscarme.

Pero otros disidentes no tuvieron tanta suerte. No se fueron de La Habana a tiempo. La policía de Castro los sacó arrastrados de sus casas y oficinas y los empujó en carros que los esperaban para llevarlos a lugares secretos. ¿Por qué no nos llevaron a mi madre y a mí? Mi padre pensó que tal vez Elsie, quien apoyaba al gobierno de Castro, usó su influencia para protegernos.

—Elsie me odiaba —dijo él—. Pero ella no quería que tú o tu mamá sufrieran.

Después de su partida, mi madre, despedida de su trabajo como profesora porque se negó a unirse a la campaña de alfabetismo de Castro, escuchaba más atentamente a lo que sucedía en el vecindario. Ella observaba desde el patio delantero, el patio lateral, y el patio trasero. Gritos en la calle la hicieron correr a una ventana—. Puede que los vecinos se venguen porque tu papá se fue —dijo ella—. Y no podemos irnos hasta que él consiga trabajo en Estados Unidos.

Una mañana, mis niñeras, Ana María y Amparo, susurraron entre ellas una noticia impactante—. La querida, su amante —las escuché decir—. Se fue con él. Ceci debe sospechar. Yo llamé a la clínica y ellos dijeron que se había ido del país con el doctor.

Si mi madre sospechaba que mi padre se había atrevido a hacer un movimiento tan descarado, lo aceptó en silencio. Ella también se quería ir—. No soporto el comunismo —dijo—. Todos los profesores fueron obligados a ir a los campos a enseñar a los guajiros a leer. Es miserable vivir en el campo —agregó que su matrimonio tenía una mejor oportunidad de sobrevivir fuera de la isla, y ese sentimiento no tenía nada que ver con Castro.

Mientras esperábamos escuchar de mi padre, todo a nuestro alrededor cambió rápidamente, justo como él lo había predicho. Grupos de campesinos cabalgaron hasta La Habana en apoyo a una reforma agraria. Una nueva ley le dio el poder al estado de tomar empresas en quiebra, dándole permiso a los oficiales de llevar a cabo la nacionalización de hoteles y de las compañías Bethlehem Steel e International Harvester. La política de Castro era ahora tan temida en los círculos burgueses como lo había sido la de Batista, arrestando a cualquiera con cargos por conspiración. Castro viajó a Washington, DC y estrechó la mano del Vicepresidente Richard Nixon, negando acusaciones de imponer un régimen comunista, mientras que el Vicepresidente Ruso visitó la isla para negociar la compra de la cosecha azucarera.

Una noche, un electricista trabajó por horas en nuestro aire acondicionado nuevo y dejó un hueco abierto en la pared del patio lateral. Él dijo que el equipo que mi padre había instalado unos meses antes de irse no había funcionado, y que iba a intentar de encontrar un remplazo. El electricista se llevó el equipo y mi madre puso una sábana sobre el hueco para protegernos de los mosquitos. Yo sentía su miedo por el hueco del patio, el cual hacía nuestro apartamento vulnerable al descontento evidente en todos lados. Un vecino susurró que una mujer había sido encontrada muerta en el campo detrás de nuestro edificio.

—Yo espero que como estamos en el tercer piso —le dijo ella a Ana María—. Le sea difícil a cualquiera treparse.

Pero el hueco transformó nuestra ya cuestionable paz a una constante ansiedad. Nosotras observábamos el hueco y esperábamos a que el electricista regresara. Él nunca volvió. Después, alguien dijo que la mayoría de los obreros se habían unido a Fidel, probablemente ese era había sido el destino de nuestro electricista ladrón.

10.

Durante los primeros seis meses de 1960 que condujeron a nuestra partida de La Habana, mi nana Ana María continuó llevándome al Colegio Kopi, un pre-escolar privado dentro del vecindario a sólo una cuadra de la casa. Yo ahora tenía seis años y me destacaba en las calificaciones. La escuela ocupaba una casa de dos pisos con una baranda amplia, la cual se aferraba de los bordes como un babero. Tenía varios salones, una cocina, dos baños y un patio delantero cercado. En ese patio, marchábamos alrededor del tobogán al ritmo de *Stars and Stripes Forever* de Philip Sousa en un despliegue de fervor patriótico. Nunca supe si por Fidel Castro o por Fulgencio Batista. Pero mientras marchábamos cada mañana y tarde en ese espacio encerrado con el césped mojado y con fango pegándose a nuestros zapatos, la isla estaba siendo sometida a una transformación radical que nadie nunca habría imaginado posible.

Fidel organizó comités para vigilar los vecindarios, precursores a los Comités de Defensa de la Revolución, para reprimir a los disidentes. Gritos al son de "al paredón", llenaban las calles. El nuevo gobierno prohibió a Santa Claus ya que era una idea imperialista de los Estados Unidos. El Instituto para la Reforma Agraria tomó otros 70.000 acres de propiedades estadounidenses. Y, mientras los Estados Unidos y Fidel regateaban por los precios del azúcar, los Soviéticos aumentaban su presencia en la isla.

En marzo, un buque de carga francés, que traía 76 toneladas de material de guerra hasta el puerto de La Habana, explotó matando y mutilando a cientos de trabajadores cubanos del muelle. Fidel acusó a los Yankees imperialistas de sabotaje, y en la televisión, protestantes frenéticos gritaron "Cuba si, Yankees no", mostrando pancartas gigantes con el rostro de Fidel. Los rumores de una invasión por parte de los Estados Unidos, conspiración dentro de nuestro propio gobierno, y violencia en contra de cualquiera que no estuviera de acuerdo con Fidel, afilaban nuestros sentidos hacia el peligro.

Un año después de la Revolución, los estudiantes del Colegio Kopi habían escapado del cambio de currículo a la teoría Marxista porque la escuela no había sido nacionalizada todavía. Pero nosotras observamos que en las noticias, *Los Pioneros*, niños comprometidos con la revolución que usaban pañuelos rojos alrededor del cuello, saludaban al Comandante y estrechaban su mano mientras él delineaba su campaña de alfabetización durante un discurso de ocho horas. Mi madre no explicó nada de lo que estaba sucediendo. Reservada como siempre, a veces se detenía en medio de una oración cuando alguien entraba al lugar donde estábamos. Yo absorbí la metamorfosis de nuestras vidas como un sentimiento inquietante en el que nada sigue siendo lo mismo. Desde que mi padre se había ido de Cuba, se sentía como si yo hubiese salido de un cuarto oscuro. Todo reflejaba una luz deslumbrante. Mis ojos trabajaban duro para acostumbrarse, pero la sensación me dejaba eufórica. Algo acerca de la anarquía en el aire y el batuqueo de nuestra estructura social, me hacía sentir libre –de lo que no podía nombrar— y yo respondía con un indomable comportamiento tanto en la escuela como en casa.

Yo era particularmente cruel con Guillermito, un tímido compañero de clase que se sentaba frente a mi en el Colegio Kopi. En cualquier momento en que alguien le hablaba, él bajaba la mirada de la pena. Guillermito caminaba ligeramente, como si tuviera miedo de que su pisada pudiera dejar una abolladura permanente en el suave lodo que rodeaba nuestra escuela. Sus ojos, rayados en verde y naranja, reflejaban una tristeza que no debía estar ahí a su edad. Su cabello, con gel aplanado y partido profundamente hacia el lado izquierdo, hacia parecer que tenía un casco brillante como el que usaban los guerreros paganos, creyendo que estaban a merced de fuerzas más allá de su control. Su aceptación pasiva del destino –la misma que yo detectaba en mi madre— agitaba en mi un sentimiento de ira. Quería humillarlo. Un día, mientras se sentaba en su silla con la cabeza agachada y mirando sus manos, lo hice.

—Maestra —dije—. Guillermito me insultó. Me dijo malas palabras —Dije convincentemente.

—¿Es verdad, Guillermito? —la Señorita Adela, una mujer joven muy a la moda, con cabello corto, en un ajustado traje de flores y sobre tacones altos de cuero de patente, se acercó a su escritorio.

—No —susurró él, mirando al piso.

—¡Habla fuerte! ¡Dime la verdad!

La pena enrojeció sus orejas. Guillermito tosió. Yo podía ver su perfil mientras su cara se desmenuzaba antes de descargar un estornudo extenuante, que lanzó un misil de fango amarillo tan espeso como el puré de manzana. Observé con asco desde mi asiento detrás de él como el moco se escurría desde su escritorio al piso. Exasperada, la Señorita Adela agarró a Guillermito del brazo y lo llevó al baño de atrás.

—Lávate esa boca —le ordenó—. Y busca papel para limpiar tu escritorio.

Guillermito, con la mayor cara de decaído que había visto hasta ahora, se desplomó hacia delante mientras caminaba con la Señorita Adela. El niño agarró un pedazo de jabón blanco de una jabonera, abrió el grifo, mojó el jabón y formó bastante espuma. Guillermito miró sobre las cabezas de todos, sin encontrarse con los ojos de nadie, y se restregó la boca. Los estudiantes rieron disimuladamente detrás de sus manos. Y cuando él caminó de vuelta a su escritorio para limpiar su moco y luego apoyó su cabeza sobre su brazo para esconder su cara, yo fui la que rió más alto.

En casa, me gustaba la libertad que sentía cuando mi madre salía a hacer diligencias.

—Oye —le grité a la cocinera, contratada por tan sólo unos cuantos meses.

—Vete a jugar con tus muñecas —me dijo ocupada fregando los platos.

—Está es mi muñeca —anuncié, arrastrando un farol de al menos dos pies de alto. Lo había vestido con mi ropa vieja de bebe. Levanté el farol de la manija como si estuviera levantando a un bebe por los brazos—. Este es mi bebe —no recibí ninguna respuesta por lo que le bajé la falda ancha a la cocinera y me reí de su ropa interior adornada con rasgaduras y pedazos desgastados. Ella me persiguió hasta sacarme de la cocina. Yo arrastré mi "muñeca" hacia el teléfono y llamé a números al azar, hablando por horas con extraños. Me pinté las uñas de un rojo brillante en el baño y logré esconderlas de mi madre y Ana María. Pero en la escuela, al día siguiente, las mostré con orgullo.

—No se permite eso en la escuela —declaró la Señorita Rosa respecto a mi pintura de uñas y me dio un frasco de quitaesmalte —Cuando termines, párate en la esquina mirando hacia la pared —cuando ella no estaba viendo, sonreí e hice muecas.

En otra ocasión, durante una actividad después de clase, fui al baño y me di cuenta que no había papel higiénico. No me limpié. Me quité la ropa interior y la tiré a la basura. Regresé a la actividad y me senté en una silla a esperar a que Ana María me viniera a buscar para llevarme a casa. Cuando me puse de pie, la silla estaba untada de heces. Desafortunadamente, la Señorita Adela estaba de pie al lado de la silla. La mujer miró incrédula el desastre.

—Ay niña —exclamó —te estas portando malísimo últimamente.

Por suerte, Ana María acababa de llegar. Yo me alejé de la silla y salí por la puerta—. Dígale a la mamá de Cecilita que tengo que hablar con ella —nos dijo la Señora Adela. Pero yo ya estaba saltando fuera de la escuela sobre una cerca. Me arqueaba hacia atrás para que mi cabello –así como mi falda– cayeran hacia el piso. Ana María corrió y me bajó de la cerca.

—Vamos, que vienen los comunistas —me susurró. Yo no sabía quienes eran pero me imaginé que eran los que le disparaban a las personas en contra de la pared grande... en el paredón.

El 16 de marzo de 1960, el Partido Comunista Cubano emitió una resolución pidiendo armas a los países socialistas. El día siguiente, en Washington, el Presidente Eisenhower aceptó una recomendación de la CIA con el objetivo de armar y entrenar a exiliados cubanos para un ataque en la isla. Luego, nuestro gobierno congeló las cuentas bancarias de unos 400 cubanos acusados de colaborar con Batista.

El 28 de marzo, el presidente de la asociación de peluqueros de La Habana fue sentenciado a tres años en prisión por escribir eslóganes anti-comunistas en varias paredes. El régimen se apoderó de CMQ, la estación de radio y televisión más importante de la isla, pero no antes de que su dueño, Abel Mestre, emitió una diatriba al aire en contra de Fidel Castro y luego huyó al exilio. El gobierno tomó el control del Colegio de Periodistas y la Asociación de Imprentas. La embajada de los Estados Unidos protestó cada vez que algún ciudadano americano fue arrestado, pero nunca recibió respuesta del gobierno.

Uno a uno, amigos y vecinos dejaron sus casas y se fueron a España, México, Puerto Rico, Venezuela, y los Estados Unidos, entre otros. Un día, Guillermito no volvió más a clase. Al lado de mi casa, Cristy no respondió mis insistentes llamadas. Las funciones escolares, sin embargo, continuaron como antes. Durante una actuación escolar, mis profesores me escogieron –a pesar de mi record disciplinario— para el papel principal en una adaptación al ballet de *Blanca Nieves*.

—Ella tiene el cabello y los ojos más oscuros entre todos los estudiantes —le dijo la Señorita Adela a la Señorita Rosa, la segunda al mando.

Miré alrededor y tenían razón, todos mis compañeros tenían el cabello del color de la paja y los ojos del color del mar. Mi cabello y ojos se veían justo como la representación del libro de Blanca Nieves. Nadie me retó, y fui la persona más importante en la escuela por meses.

Para la presentación, la costurera de mi madre diseñó un vestido largo con una vibrante falda azul, una blusa blanca, mangas abombadas negras, y una capa roja. Amarré una cinta roja alrededor de mi cabello, el cual llegaba a la altura de mi cuello y estilaba con un flequillo cuadrado justo sobre las cejas.

Sobre el escenario la noche del ballet, con los labios pintados de rojo y mis ojos delineados con el lápiz de cejas marrón oscuro de mi madre, me acosté sobre una alfombra suave hecha de pedazos de papel verde y, rodeada de arbustos falsos de papel, esperé por mi príncipe. Los ojos oscuros que me habían conseguido el papel de Blanca Nieves recorrieron el escenario y la audiencia, rehusando a cerrarse. Yo observé las hadas bailando a mi alrededor y luego miré dentro de los ojos del príncipe que se acercaba lentamente.

—Cierra los ojos —la Señorita Adela silbó detrás de la cortina.

—Mantenlos cerrados —agregó la Señorita Rosa. Pero yo mantuve mis ojos abiertos, fijados en la mirada del príncipe que pretendía que yo estaba dormida cuando vino a despertarme con un beso. Su rostro estaba a una fracción de pulgada del mío, y pude ver que sus poros estaban abiertos y restregados por un jabón fuerte. Volteé la cabeza y me besó en la mejilla. El niño tomó mi mano y me ayudó a levantar. Yo pisé el dobladillo de mi falda y tambaleé antes de que empezar el baile que habíamos perfeccionado en la escuela. Bailamos el vals por todo el escenario en una escena que yo iba a recrear a lo largo de mi vida: un baile constante que no llevaba a ningún lugar.

Un mes después, estaba de nuevo bajo el foco. No sólo tenía el cabello y los ojos más oscuros, pero era también la más alta de mis compañeros de clase. Mi altura me dio el empuje para el papel principal en un círculo de baile alsaciano, pensado por mis maestras para enseñarnos acerca de la geografía europea. De hecho, era tan alta que mi pareja de baile tuvo que ser traída de otra escuela. Él era el sobrino de la Señorita Adela, un niño de diez años con ojos verdes y pecas color bronce, las cuales estaban repartidas sobre ambas mejillas y bajaban hasta la base de su cuello.

Esta vez, tenía un vestido con una amplia falda floreada y un delantal azul y plateado de lentejuelas alrededor de la cintura. También llevaba un pañuelo atado sobre mi cabeza y bajo mi quijada. Mi pareja tenía unos pantalones hasta los tobillos y una gorra de lado. Él era mucho más alto que yo. El niño puso una mano detrás de mi espalda y la otra quedó suspendida al nivel del hombro mientras circulábamos sobre el escenario al ritmo de la música del tocadiscos. La semana siguiente, mi madre me llevó a un estudio fotográfico usando el vestido de alsaciana.

—¿Tu sabías que las Alsacianas no tienen el dinero para vestirse así de gala? —me preguntó Elsie, cuando le mostré la fotografía—. Ellas son personas pobres del campo y no tienen cómo vestirse así.

—¿Quiénes son las Alsacianas? —pregunté.

—Vamos a buscarlo en el diccionario.

Elsie trajo un libro marrón pesado, y yo pasé varias páginas hasta que encontramos la palabra. Un larga frase explicaba que Alsacia se encontraba en la región noreste de Francia. La última línea que Elsie leyó atrapó la atención de ambas—: Una bohemia o aventurera.

—¿Qué significa eso?

—Eso quiere decir alguien que ama la libertad, odia la opresión y trabaja para acabar con la pobreza de la niña de los fósforos.

Elsie buscó un tornillo en una gaveta de la cocina, lo clavó en la pared con un martillo y colgó la foto. Esa fue otra lección en políticas progresivas que disimuladamente absorbí.

11.

Un forúnculo a un costado de mi pantorrilla izquierda entró en erupción. La capa superficial de la piel se infló como una tienda de campaña y luego se apartó a un lado para que un flujo de pus se derramara sobre las sábanas. Este forúnculo infectado significaba que la partida estaba cerca: era un efecto secundario de la vacuna para la viruela que todos los cubanos recibían justo antes de que les dieran visas para partir. La noche de la inyección, yo estaba acostada temblando de la fiebre que causaba bajo el mosquitero de mi cama.

Yo ya sabía que me iba a los Estados Unidos, e imaginaba el lugar como una gran playa donde mi padre navegaba su yate a lo largo de la orilla. La fiebre causó estragos hasta la mañana, y yo vi formas extrañas entrando y saliendo de la pared. La caja de los juguetes que sostenía a Cenicienta y a Minnie Mouse se asomaba en una esquina como un gigante amenazante. Los personajes de Disney saltaban de los estantes y corrían alrededor del cuarto. Mis muñecas, con cabellos dorados, se les unían en el alboroto. Tan sólo la estatua de una mujer china se mantuvo inmóvil en una repisa. Una de sus manos se había perdido. Mi madre la había pegado con cinta a un lado de la muñeca cuando Fidel entró en La Habana un año antes.

—La pondré de nuevo cuando ella me conceda mi deseo —había dicho ella. Entrecerré los ojos y me enfoqué en el enorme agujero donde la mano debía haber estado, fascinada por la idea. Yo nunca descubrí lo que mi madre había pedido, y la estatua se perdió en una de nuestras tantas mudanzas.

Ninguna persona en nuestro vecindario confiaba en las demás.

—La mamá de Oscarito denunció a su esposo con el gobierno —le dijo Ana María a mi madre.

—Yo escuché que Marcelino entregó a su propia hija también —respondió ella.

Nadie se atrevía a hablar en contra de Fidel. Cuando desfilé con mis compañeros de clase alrededor del patio del Colegio Kopi, manteniendo el ritmo de la marcha de Sousa, pude sentir una división entre las lealtades de las familias del vecindario.

—¿A quién le pertenece nuestra bandera, entonces? —una madre le preguntó a otra cuando vinieron a recoger a sus hijos. Algunos hablaban de nuestro pasado colonial, nuestros gobernadores españoles que dieron paso a los independistas después de la guerra entre los españoles y los americanos en 1898; otros mencionaron la breve colonización por parte de Gran Bretaña; otros discutían la colonización incluso más breve de los Americanos antes de que una enmienda constitucional les impidiera anexar la isla como hicieron con Puerto Rico.

—Si, pero todos nuestros presidentes han sido dictadores —alguien más se quejó—. Tal vez las ideas de Fidel de igualdad y justicia es lo que necesitamos.

Mientras que muchos celebraban la revolución de Fidel, un flujo constante de emigrantes continuaron partiendo en silencio: hombres de negocios, ganaderos, simpatizantes de Batista, hombres sin familias, familias sin hombres. En el Colegio Kopi, un estudiante desaparecía cada día.

—A los Estados Unidos —susurraron la Señorita Adela y la Señorita Rosa. Elsie sacudía la cabeza por las salidas.

—¿Cómo puedes justificar sacar dinero fuera del país? —le preguntó ella a mi padre antes de que partiera.

—Es mi dinero —le respondió mi padre—. Castro no debe interferir si yo quiero hacer una transferencia bancaria.

Una semana después, el forúnculo se secó en una cicatriz redonda permanente, parecida a un cráter lunar gris, a un lado de mi pierna izquierda—. ¿Por qué el doctor le inyectó la pierna? —Ana María dijo mientras inspeccionaba la herida desinflada.

—Porque yo no quería una cicatriz en su brazo —respondió mi madre—. No se le va a ver tan mal en la pierna cuando crezca. Puede cubrírsela siempre con pantalones.

Me recuperé y volví a la escuela, pero en casa siempre estaba sola. Todos los niños del vecindario se habían ido. Jugué con mi perro, Negrito, pero él tenia que quedarse afuera en el patio. Así que tomé como compañía a un pollito pintado de azul que mi madre me había comprado por ser la época de Pascua. La pintura azul se estaba cayendo y él crecía cada día, siguiéndome a todos lados. A veces le pisaba las patas sin querer porque estaba muy cerca. Cuando eso ocurría, yo corría por la botella de mercurocromo, un antiséptico que curaba todo, y pintaba sus patas heridas de rojo. Yo usaba el mercurocromo libremente sobre mi cuerpo también. Las rabias de mi madre casi siempre terminaban en golpes en mis brazos, muslos y manos. Cuando me pegaba, yo pintaba todos los lugares llenos de "heridas" con la tintura.

—Ahora, ve y te paras en la esquina —me dijo después de que me curaba.

Pero cuando no estaba observando, yo me acercaba al teléfono grande y negro y marcaba números al azar. Me gustaba como el metal se sentía contra mis dedos. Mi madre, inmersa en sus pensamientos, nunca me escuchó conversar con extraños en tonos bajos, algo que hacía regularmente para calmar la soledad y compensar su falta de atención.

—Hola, ¿cómo estas? —susurraba hacia el auricular—. Yo tengo un pollito y un perrito —qué encantador era escuchar esas voces hablándome de vuelta y preguntándome por el pollito y el perro.

Después de la pascua, la gasolina rusa comenzó a llegar a Cuba. En mayo, Rusia despachó un embajador a La Habana. Fidel cerró *El Diario de la Marina* y su editor voló hacia la embajada de Perú. El gobierno se apoderó de *Prensa Libre*, alegando que el periódico estaba atacando "la verdad, la justicia, y la decencia". El arzobispo de Santiago emitió una carta pastoral denunciando retaliaciones con Rusia. La campaña de alfabetización empezó seriamente con 800 profesores enviados para enseñar a los campesinos en La Sierra Maestra. Estudiantes revolucionarios organizaron la toma de la Universidad de La Habana. Al mismo tiempo en Miami, la CIA persuadía a cubanos exiliados para que se organizaran en contra de Fidel. Aquellos que estuvieron de acuerdo fueron enviados a Nicaragua a ser entrenados para una invasión. Texaco, Royal Dutch y Standard Oil se rehusaron a procesar petróleo ruso. Así que en junio, todos los directores de petróleo estadounidense se fueron del país, y el gobierno tomó las refinerías de Esso y Shell. El azúcar llegó a su precio más bajo y, si los Estados Unidos no la compraban, nos podíamos morir de hambre.

El calor en La Habana ocupaba espacio como una máscara de oxígeno fuertemente ajustada mientras mi madre abría su sombrilla para protegernos del caliente sol entre la parada del autobús y nuestro destino. Mi padre había mandado a decir que yo debía recibir tratamiento con aerosol antes de irnos: mis infecciones respiratorias en la parte superior eran severas ahora y me dejaban débil. La clínica que siempre visitábamos había cerrado, y un doctor privado ofrecía los tratamientos en su sala de estar en un vecindario a tres paradas de nuestra casa.

Me senté en una silla de cromo y cuero y me puse el tubo en la boca desde una maquina que mantenía el claro liquido mentolado. Yo inhalé y exhalé con fuerza. La mezcla vaporosa llenó mis pulmones. Hice esto por una hora, dos veces a la semana, durante los meses antes de nuestra partida. La meta era que se me permitiera respirar de noche. El doctor me recetó tetraciclina por diez días. Nadie sabía que la tetraciclina –tomada antes de que el segundo conjunto de dientes saliera– condenaba a los niños a una vida de dientes amarillos permanentes que ningún agente blanqueador podría aclarar. Pero por ahora, mis dientes de seis años brillaban como perlas.

Una semana después tuvimos la diligencia más importante que hacer en el centro de la ciudad. Yo caminé detrás de las caderas balanceantes de mi madre hacia la parada del autobús. Dentro del concurrido vehículo, me senté sobre el regazo de mi madre para que no tuviera que pagar el pasaje por mi. Luego, a tan sólo unas cuadras ya estábamos en el distrito de los negocios, al lado de lo que parecía ser un almacén inmenso. Dentro del edificio, bajo interminables techos altos, oficiales del gobierno garabateaban sobre documentos y barajeaban papeles sobre mesas de madera que estaban alineadas en filas rectas.

Mi madre, vestida con un traje Coco Chanel azul oscuro hecho a la medida y con sus piernas atrapadas en las más transparentes medias de seda, no habló ni explicó por qué estábamos allí. Otras familias estaban esperando también, recostadas contra las paredes. Finalmente, fue nuestro turno. Un hombre vestido con una guayabera blanca arrugada con una mancha marrón en el cuello, nos llevó a su escritorio con una seña de mano. El hombre se peinó un largo mechón de cabello hacia un lado, revelando su calvicie. Luego, mirando a mi madre de arriba abajo, selló con fuerza, imprimiendo la estampilla del gobierno que nos daba permiso para dejar nuestro hogar. Luego le devolvió la carpeta a mi madre con un gesto desdeñoso en la muñeca.

Nos fuimos, mi madre sosteniendo los documentos con fuerza, y nos desviamos hacia una cafetería al final del edificio. Yo caminé más rápido con cuidado, sintiéndome mareada y distanciada, como lo hacía cada vez que entraba a un mundo hostil, y me senté en un taburete. Todos los trabajadores aquí simpatizaban con Fidel, y nosotras éramos las odiadas "gusanos". Sólo los gusanos querían irse del país en este momento.

—¿Qué les puedo servir? —la mesera, una mujer mulata que llevaba una malla ajustada alrededor de su cabello, le dijo de mala gana a mi madre.

—Dos coca colas, por favor.

Cuando llevé el vaso a mis labios, observé dentro. Allí, en el liquido frio y negro, dos cucarachas nadaban hacía mi. Las doce patas remaban en cámara lenta en el rio turbulento de cola marrón. Yo puse el vaso sobre el contador y miré a la mesera, quien rió abiertamente. Mi madre había visto los insectos también. Puso su vaso junto con unas monedas en el contador, y nos fuimos sin decir una palabra. Después de eso, más nunca salimos de la casa.

Con los documentos escondidos en una gaveta bajo una pila de sábanas, mi madre comenzó a empacar formalmente. Ella envió nuestro set de comedor de caoba a un almacén en Miami. Llenó cajas grandes con sábanas de lino bordadas y toallas de algodón, una vajilla Inglesa grabada con hojas de oro de 24 quilates que había pertenecido a su madre, y una colección de vasos altos ilustrados con dibujos del artista francés Henri Toulouse Lautrec. Cajas más pequeñas contenían mi vestido blanco del bautizo, ropa de bebe, el disfraz de Blanca Nieves, una enciclopedia-diccionario en español, un tomo ilustrado de cuentos de hadas europeos, libros de cocina de Fanny Farmer y de Betty Crocker, fotografías familiares desde los años 1800, un huevo de madera para zurcir, y lo que restaba del ajuar de mi abuela.

Mi padre envió un telegrama diciendo que se había ido de Ciudad de México y había conseguido un trabajo en un hospital en Miami Beach con la ayuda de su amigo, David Cohen, un vendedor de automóviles que había conocido en La Habana a principios de los años 50. En las últimas semanas antes de nuestra partida, leí, jugué a la escuela y pasé mucho tiempo observando televisión a blanco y negro. En las noticias, vi a gente todavía gritando en las calles "Cuba si, Yankee no. Pa'rriba, pa'bajo, los Yankees pal carajo". Pero las caricaturas y los demás programas aun provenían de lo que Fidel denominaba el imperialismo del norte, los norteamericanos.

Yo amaba el programa *Ozzie and Harriet*. Estaba flechada por el hijo menor, Ricky Nelson. ¡Ese muchacho si que sabía moverse y cantar! Cuando se agachaba a rocanrolear con su guitarra y miraba hacia a la cámara directo a mi, sentía que me desmayaba. Con Ana María observando preocupadamente, me paré de un salto y salí corriendo. Ricky Nelson me estaba cantando mientras yo estaba de pie escondiendo mi cara en la esquina contra la pared—. Aayyy, Reekee Nel-son... *Me gusta mucho.*

Un programa de caricaturas me fascinaba en particular. Yo observaba nerviosa cuando Popeye lanzaba una lata de espinacas dentro de su boca segundos antes de despedazar las cuerdas gruesas que amarraban a su novia Oliva a los rieles de un tren. Me gustaban los músculos de Popeye sobresaliendo de su traje blanco de marinero. "Help, help, help", Oliva gritaba.

—He-o. He-o. He-o —gritaba yo. Era la primera palabra en inglés que pronunciaba, una versión de "help" o "ayuda" en español, la cual me iba a ayudar en mi futuro como niña cubana perdida en Norte América. Sin embargo, la mayoría de la ayuda que recibí en nuestra nueva tierra fue autoayuda, mientras mi madre continuaba sumergiéndose en la esquizofrenia, y mi padre se desenredaba de nuestras vidas.

12.

El día que nos fuimos de La Habana, me desperté sobre sábanas mojadas. En realidad no era una cuestión de controlar mi vejiga: yo simplemente no quería detener el liquido caliente a mitad de la noche porque se sentía bien, como un baño reconfortante que me ayudaba a dormir mejor. Yo seguí acostada en la cama mientras que Ana María y Amparo abrían las cortinas y quitaban el mosquitero.

—Hora de levantarse —dijo Ana María. La mujer se agachó para abrazarme y yo me retorcí en la humedad. Las sábanas estaban pegadas a mi parte trasera y espalda, duras y rasposas y apestosas a orina y sudor. Pero esta mañana, a Ana María, con su falda floreada apretada sobre su amplia circunferencia, no le importó que yo había mojado la cama. Amparo, vestida como casi siempre en un uniforme azul claro con las mangas arremangadas, revoloteó detrás de ella. Apenas Ana María me soltó de sus brazos, Amparo me recogió en los suyos. Me aferré a su cuello, sentándome sobre la blanda humedad, ambas llorando.

—No te olvides que siempre serás la hija de mi corazón —susurró Ana María mientras sacaba mi vestido, con calcetines y zapatos que combinaban. Me salí de la cama, y Amparo levantó las sábanas mojadas. Se secó las lágrimas de los ojos con las esquinas secas.

¿Cómo uno recuerda el amor de los primeros años para reafirmar que era verdadero después? Me quedé ahí de pie, absorbiendo este sentimiento. Yo conocí el amor gracias a Ana María y Amparo, ambas pobres y analfabetas, con manos callosas que se sentían ásperas sobre mi piel y uñas desiguales que se enganchaban a mis ropas. Ellas estaban ahí, solidas, con aceptación, mientras mi madre y mi padre llevaban sus ocupadas vidas. Si la memoria es hambre, como dijo Hadley, la esposa de Hemingway, en *Paris Era Una Fiesta*, entonces con pérdida y arrepentimiento, para mi empezó allí.

Ana María abrió la puerta y la ventana que daban al patio trasero. El aire húmedo y caliente atrapado en el cuarto se disipó. Estaba lloviendo afuera. Un rápido crujido de truenos había dado paso a un chorro de lluvia. La noche anterior, los truenos explotaron como bombas, haciéndonos gritar y trayendo una lluvia torrencial. Más allá en el pasillo, una sábana blanca aun cubría el hueco de la pared donde había estado el aire acondicionado, cerca de las habitaciones de las sirvientas. Mi madre ahora dormía en una silla por las noches, vigilando la entrada a nuestro apartamento del tercer piso. Disparos se oían a menudo, sobretodo durante el amanecer, provenientes del tenebroso campo abierto detrás de nuestro edificio.

La isla entró en un estado de alerta militar. Un grupo de abogados en uniforme de la milicia tomó posesión de la sede de la asociación de abogados en La Habana. El 6 de julio, el presidente Eisenhower redujo la cuota de azúcar para Cuba en 700.000 toneladas, diciendo que esta acción ascendía "a sanciones económicas contra Castro." Khrushchev tomó represalias anunciando que Rusia iba a pagar el azúcar despreciado y, que de ser necesario, artilleros iban a defender a Cuba con cohetes. En La Plaza de la Revolución, Castro habló por horas acerca de la agresión económica estadounidense. Mientras tanto, oficiales del gobierno ordenaron a los dueños de 600 compañías americanas a presentar declaraciones juradas que mostraran su inventario, el primer paso hacia la nacionalización.

—Apúrate y alístate —dijo Ana María—. Te vas a ir de viaje hoy.

—A los Estados Unidos —dije yo.

¡Qué aventura! Y luego voy a regresar a casa con Ana María y Amparo. Por supuesto.

—Todavía hay muchas cosas por empacar —agregó Amparo. Me di un rápido chapuzón en la bañera, luego luché para meterme en un vestido, me subí los calcetines y me puse los zapatos.

—Yiya está aquí —gritó mi madre desde la sala.

Alta, con una ruidosa voz y caderas anchas, Yiya era amiga de la familia. Ella entró en mi cuarto con un collar para perros en su mano. Saludó a todas con un beso y salió al patio donde mi perro estaba acostado bajo el sol. Yiya luego entró de nuevo con Negrito encadenado. El perro me observó con ojos saltones y tristes. Sus orejas caídas, su cola cojeando.

—¿A dónde se lo llevan?

—Negrito necesita una nueva casa por ahora —dijo mi madre. Ana María estaba de pie a su lado y frunció el ceño—. Él no se puede quedar aquí sólo.

—¿Por qué?, ¿por qué? —dije llorando—. ¿Por qué no se puede venir con nosotros?

Apresurada, Yiya se despidió, y Negrito se fue antes de que pudiera abrazarlo. Mi madre, Ana María y Amparo continuaron con una ráfaga de embalaje de último minuto. El pollito bebe, que ahora había crecido, revoloteó entre mis piernas, ya no era azul y amarillo, sino blanco y marrón. Lo alcé, pero mi madre me lo arrebato de los brazos y se lo entregó a Ana María—. Toma, para fricasé de pollo.

Ana María aceptó el pollo, lo escondió bajo su brazo y se puso a empacar de nuevo. ¿Qué significaba eso? ¿Fricasé? Había demasiadas cosas por hacer como para detenerse y obtener respuestas.

— Te queremos mucho, mi hija —dijo Amparo—. Escríbenos —salí corriendo a buscar mi libreta y garabateé sus nombres y direcciones.

—Nunca las voy a olvidar —Y nunca lo hice, desarrollando un intercambio de cartas con las que formamos un puente con la isla. Décadas después de la muerte de mis cuidadoras, sigo viendo sus palabras –tesoros cuidadosamente salvados en una vieja caja de madera– como prueba de que el amor existe.

Esa tarde en el aeropuerto, caminé con mi madre a lo largo de un pasillo flanqueado con ventanas de vidrio. Mis abuelos paternos, Amalia y Rafael, a quienes rara vez vimos desde que mi padre se fue, estaban recostados a una pared en un extremo y la madrastra de mi madre, Elsie, ahora una comunista declarada marginada por la familia, estaba de pie en el otro. Nadie explicó por qué nos íbamos. Nadie derramó una lagrima. Ninguna mención se hizo respecto a cuando nos volveríamos a ver. Nos despedimos, caminamos hacia la pista, subimos las escaleras tambaleantes de metal y entramos al avión.

Arriba en las nubes, mire abajo sobre la isla tendida como un cocodrilo dormido en medio del Mar Caribe. Se hizo cada vez más pequeña y luego desapareció. Abrí mi cartera y saqué una pedazo de papel cebolla. Escribí:

Querida Elsie,
Una niña pequeña en el avión dejó sus pulseras de oro en el baño cuando se fue a lavar las manos. La gente dice que los Fidelistas sentados frente a nosotros se las robaron. Ellos están vestidos con uniformes verdes y tienen barbas largas. ¿Por qué ellos harían algo así? Todo el mundo está en silencio porque no confían en ellos. ¿Por qué pasa esto? Ya te extraño mucho. ¿Vas a venir a visitarme en mi cumpleaños?
Te quiero mucho, Cecilita.

Elsie nunca respondió mis preguntas. En su continuo flujo de cartas, se dirigió a mí sin ninguna mención política, y sin señalar la transformación de nuestra isla. Varios familiares le dijeron a mi madre que Elsie continuó siendo una firme comunista hasta sus últimos días.

2
NI AQUÍ, NI ALLÁ

Todo esto, dije yo, es excesivamente claro…simple y explícito.
— Edgar Allen Poe

1.

Mi padre sacudió ferozmente su chaqueta de lado a lado desde la veranda del Aeropuerto Internacional de Miami durante esa sofocante tarde del 20 de julio. El viento permanecía estático como si estuviera dentro de una caja a nuestro alrededor, justo seis días antes del primer aniversario oficial de la revolución de Fidel en Cuba. El sol era de un naranja brillante y parecía hundirse. La luz comenzaba a tornarse gris. Sombras caían desde la torre de control a la distancia, y yo descendía las escaleras del avión y pisaba la pista de aterrizaje. Caminé hacia mi padre –quien tirando la chaqueta a un lado ahora extendía sus brazos– como si lo hiciera sobre el aire, los últimos rayos de sol se reflejaban en sus gruesos lentes de aviador, contra un fondo de pequeñas luces intermitentes.

Ahora conocido como la puerta hacia Latinoamérica, el aeropuerto comenzó a funcionar en 1928 bajo el nombre de "Pan American Airfield", al sur de la ciudad de Miami Springs. El crecimiento continuo lo llevó a una expansión masiva y, el año antes de nuestra llegada, el aeropuerto agregó los hangares para las aerolíneas Eastern, National y Delta. Nadie sabía en aquel entonces que esos primeros vuelos que transportaban a los cubanos durante 1959 y 1960 marcarían el comienzo de una avalancha de refugiados que transformarían dramáticamente la demografía de Miami, no sólo con cubanos, sino más tarde con miles de inmigrantes descontentos de toda Latinoamérica y el Caribe, atraídos por la cultura hispanohablante de la ciudad. Hoy, el Aeropuerto Internacional de Miami ocupa el primer lugar en todo el país en cuanto a porcentaje de vuelos internacionales, y es el segundo en cuanto a volumen de pasajeros internacionales; J.F.K. en Nueva York, ocupa el primer lugar.

Encaramado en ese balcón del aeropuerto, mi padre no tenía idea de que era un pionero en el abrumador golpe de inmigración al sur de la Florida, y también uno de los primeros en construir el área en la meca internacional que es hoy. Él era simplemente un hombre feliz recibiendo a su familia en una tierra desconocida donde creía que eventualmente iba a amasar una fortuna. Esta es la imagen de él, sonriendo y gritando de alegría, la que veo cuando trato de explicar lo que mi padre sentía por mí en ese entonces, ya que expresa una emoción que quiero mantener viva. Yo supongo que era amor, y que iba dirigido a mí, así que eso significa que alguna vez me amó. Es importante para mi saberlo y escribirlo aquí.

Él una vez me amó.

Mi madre y yo nos acercamos a un mostrador estrecho. Ella vestía un elegante traje de dos piezas. El agente selló nuestros pasaportes, miró a mi madre y silbó silenciosamente. Luego, seguimos a la multitud hacia el área de espera cruzando una barrera invisible tan palpable que suspendía mi respiración. Esa tarde, en su temprana oscuridad, me mudé a un lugar que irrevocablemente alteró mi vida.

Se sentía como si hubiera abierto mi mosquitero y la luz hubiera cambiado, como si estuviera subiendo en busca de aire después de estar sumergida por largo tiempo bajo un mar revuelto, como si intentara pasar a través de telarañas pegajosas, o de atravesar una cascada. Era como si hubiese arrancado un pedazo de cinta adhesiva de un escrito y las palabras hubiesen quedado pegadas, impresas en sentido contrario. Tan imaginario como real, esa línea separaba el Antes del Ahora. Pasando por encima de ella, digo de nuevo, fue un paso tan distintivo que puedo revivirlo una y otra vez y siempre se siente igual. En este mundo nuevo, comencé a amar a mi padre y a odiar a mi madre, para luego amar a mi madre y odiar a mi padre. El largo camino a lo largo de la pista marcó una transición entre la perfecta hija de un doctor hacia alguien que tenía que luchar muy fuerte para poderse definir.

—¡Pelonita! —gritó mi padre cuando estábamos tan cerca que nos podíamos tocar. Ese era el sobrenombre que me había puesto. (Unos meses antes de irnos de Cuba, mi madre me había afeitado la cabeza para acabar con mis cabellos finos. Pero ahora ya estaba casi al nivel de la quijada). Su rostro sonriente brillaba en el crepúsculo de ese atardecer. Sentí la misma calidez cuando leí lo que me había escrito en una foto que me regaló antes de irse de La Habana: "*Para la hijita más linda del mundo, del papito más lindo del mundo*".

Ciertamente se veía apuesto en la foto: lentes con montura de carey, camisa blanca, corbata, chaqueta gris oscura, y el oliva suave de un rostro recientemente rasurado. Décadas después, dejamos de hablarnos. Después de todo lo que estaba por venir, era mejor así. Pero en el aeropuerto esa noche, con la pista detrás y el sol ahora oculto completamente, me jaló del silencio melancólico de mi madre y me llevó al mundo de los vivos. Sujeté mis brazos ferozmente alrededor de sus piernas, mientras él abrazaba a mi madre de la mejor manera que podía. ¿Nos aferramos por largos minutos esperando a que el duelo, congelado por la separación, se derritiera en medio de un abrazo? No. Aquí estábamos, recreando una reunión familiar como la que miles de familias cubanas experimentaron. Sin embargo, cada uno de nosotros estaba a punto de empezar una aventura separada donde nuestras vidas iban a intersectarse en breves ocasiones y luego tomarían diferentes direcciones. ¿Acaso sabíamos que ese duelo no hablado, el cual persistía, tenía que ver con el luto por el pasado y con la lucha para aceptar que nada iba a ser como antes?

La aventura en América comenzó cuando nos montamos en el maltratado Chrysler blanco de mi padre que olía a cuero mojado y condujimos hacia la soñolienta ciudad turística de Miami Beach. En el camino, avisos de neón gritaban palabras inteligibles desde las puertas, edificios y vallas publicitarias. Mi padre señaló varias palabras intermitentes en amarillo—. Pick'n Chick'n —leyó—. Y esas de allá, en letras rojas, son Joe's Hot Dogs —los avisos estaban colocados impresionantemente en contra de la noche. Cruzamos el puente Julia Tuttle, donde el agua por debajo se agitaba en una masa de olas negras. Olí la sal y escuché el chapoteo contra los pilares de concreto. Cientos de hoteles estilo Art Deco nos saludaron al otro extremo, bajos como si estuvieran de cuclillas y acomodados en enredadas calles angostas. Décadas después, este área iba a aparecer listada en el Registro Nacional de Lugares Históricos, jactándose de la más grande colección en el mundo de arquitectura Art Deco erigida entre 1923 y 1943. Nuestro destino, el Hotel Fontana, agachado cerca de los demás en la avenida Collins, trataba de verse digno pero le hacía falta una capa de pintura.

—No estoy haciendo mucho dinero ahora —dijo mi padre. Su amigo David lo había ayudado a conseguir un puesto de residente en el hospital Mount Sinai. Él planeaba revalidar sus credenciales de médico y especializarse como cirujano. Llevando nuestro equipaje dentro de la habitación, se puso de pie al lado de la puerta, listo para irse—. Mañana buscaremos un apartamento. Algo pequeño.

—¿No te vas a quedar?

—Tengo que regresar a la sala de residentes del hospital —dijo—. Estoy de guardia —mi madre titubeó, pero luego relajó su rostro en resignación. ¿Por qué no se le acercó a mi madre y la alzó entre sus brazos? ¿Por qué se fue tan pronto? Su mano permanecía en el pomo de la puerta, pero mi madre se volteó para desempacar.

—Tengo que vivir en los dormitorios de los residentes por los próximos tres años —dijo—. Si no, no puedo sobrevivir. Me pagaran dinero extra.

Mi madre aceptó su explicación como la verdad. Yo aún no lo sabía, pero ya éramos una familia rota. Para mi padre, este era el principio de algo grande. Para mi madre, el sueño americano era muy difícil de creer posible.

2.

Nuestro primer hogar fue un apartamento de una habitación escasamente amoblado en un edificio blanco y rosa de poca altura en North Miami Beach, una ciudad suburbana de cinco millas cuadradas que daba hogar a una observante comunidad judía. Hoy en día es el cuarto enclave Haitiano más grande de los Estados Unidos, con grupos dispersos de residentes dominicanos, peruanos, jamaiquinos, bahameños y cubanos. Los edificios siguen siendo tan modestos como lo fueron en los años sesenta. El nuestro, como muchos otros ahora, necesitaba una nueva capa de pintura. El óxido rayaba la temblorosa baranda del balcón. La mayoría del barniz había sido quitado con rayones sobre el piso de madera. Un canal de agua marrón fluía a lo largo de la calle, sus orillas recrecidas con hierbas, raíces de árbol cortadas y malezas.

Cocinar a fuego lento frijoles negros y lechón no era parte de nuestra nueva vida; no teníamos sirvienta ni cocinera. En su lugar, mi madre servía cenas pre-empacadas todas las noches: carne, pollo frito, puré de patatas, maíz, panecillos de manzana... todos empacados apretadamente en moldes de aluminio que yo guardaba para usar como juguetes. A veces ella freía unos huevos y los servía sobre un plato de arroz. Sus plátanos maduros, siempre quemados, goteaban aceite.

—Yo nunca tuve que aprender —dijo ella—. Siempre tuve cocinera. Y yo odio cocinar.

Mi madre se conformó con unos platos y sartenes baratos que compró en Pic 'N Pay. Todos nuestros muebles, porcelana y cristalería, seguían bajo llave en un almacén esperando por un apartamento lo suficientemente grande como para darles un hogar. Eventualmente, mi padre vendió el comedor de caoba que había enviado, pero los artículos de porcelana, la cristalería y varios libros, incluyendo una enciclopedia-diccionario magníficamente encuadernada, hicieron una aparición años después en una casa que mis padres compraron en La Pequeña Habana. Los artículos me llevaban de vuelta a Cuba, y aún me aferro a ellos, ya que me recuerdan a una identidad previa forzada a una metamorfosis con la cual nunca me iba a sentir cómoda. Así como mis padres, yo también tenía un pie sobre la isla y el otro sobre la nueva tierra, una situación que hoy en día se reúsa a desaparecer.

Me encantaría decir que mi madre se mantuvo en contacto con nuestros familiares, escribiendo cartas sobre nuestra desvencijada mesa del comedor, haciendo llamadas desesperadas a la isla, esperando ansiosa por cada nueva llegada de familias cubanas durante esos primeros años. En su lugar, escribió unas pocas veces y luego se detuvo. Mientras los años pasaron, ella recibió las noticias de que dieciséis de sus tías y tíos y treinta y dos de sus primos llegaron a Miami con una encogida de hombros.

—Yo estoy muy ocupada tratando de sobrevivir —dijo, luchando con una cesta de plástico llena de ropa sucia—. No tengo la energía para ir a visitar a nadie.

Durante el día, ella practicaba diligentemente en una máquina de escribir alquilada y una caja registradora con la esperanza de encontrar un trabajo en una oficina o una tienda. Durante la noche, se acostaba sola sobre su cama doble, mirando el techo y abrazando su almohada. Yo dormía en una cama individual contra la pared al lado de la de ella.

Cuando yo estaba enferma con dolor de garganta, algo que sucedía muy a menudo, mi madre se sentaba al borde de mi cama a escribir en una libreta amarilla las historias que yo le dictaba en español e inglés acerca de hadas, Santa Claus, renos y perros. Estas historias volaban dentro de mi cabeza a partir de la nada, y yo creaba personajes y escenas con alegría. Fue en este momento en que puedo decir que mis aspiraciones literarias nacieron, por el sentimiento mezclado del amor y la cercanía de mi madre, y el lazo que nos unía al compartir un lenguaje en aislamiento. Después de que mi madre escribía las historias, las organizaba con una portada y un índice. Estos fueron mis primeros libros.

Mi padre permaneció en la periferia de nuestras vidas. Solamente lo veíamos los domingos cuando conducíamos en nuestra vieja camioneta para recogerlo del hospital. Yo extrañaba su vibrante voz alta, en contraste con la silenciosa de mi madre.

—¿Por qué no puedes vivir con nosotros? —le pregunté varias veces. Mi madre nunca lo hizo.

—Siempre estoy de guardia. No puedo irme del hospital —su respuesta era siempre la misma.

Durante estas salidas, mis padres raramente hablaban entre ellos y nunca se tocaban. ¿Podría ser que mi padre sólo estaba allí para verme? Mirando atrás, veo a un hombre que ya estaba marcando el tiempo para su próxima partida, tal vez planeando su salida conmigo a cuestas.

El ritual de los domingos, mágico cuando los tres estábamos juntos, incluía pescar desde el puente en Crandon Park, el cual ocupaba la parte norte de la isla de Key Biscayne, al este de Miami y al sur de Miami Beach. Crandon, un parque urbano de 800 acres que alguna vez fue la plantación de coco más grande en los Estados Unidos, albergaba un zoológico y una pista de patinaje, los cuales fueron demolidos después. En el extremo sur de la isla, el pequeño pueblo de Key Biscayne era y sigue siendo considerado una de las comunidades más exclusivas en América con casas de millones de dólares pertenecientes a celebridades y a ejecutivos de la lista Fortune 500. En 1969, el presidente Richard Nixon, famoso por sus conexiones cubanas en el escándalo de Watergate, el cual lo llevó a juicio, construyó allí su Casa Blanca con vista al mar. Me pregunto si mi padre alguna vez soñó que iba a vivir en Key Biscayne.

En estas salidas domingueras, mi padre contentamente mezclaba una pasta de harina de avena, la tiraba al agua y luego bajaba una red de pesca formada por finos aros. En apenas minutos, capturábamos docenas de sardinas. Él las cortaba y las usaba como carnada para atrapar peces más grandes. Mientras mi padre y yo corríamos arriba y abajo del puente, felices bajo el sol, mi madre fijaba su mirada en el horizonte.

—Tal vez puedo ver a Cuba —dijo ella. Esa era la única indicación de que extrañaba su hogar, sus familiares y su trabajo. Mi padre gruñó ignorándola. En cuanto a mí, nuestra nueva vida era emocionante y deslumbrante.

Cuando llegó la hora del almuerzo, mi padre tiró todos los pescados dentro del agua. Agarró una bolsa de carbón y la volcó en una parrilla que estaba enterrada en la tierra. Después de rociarla con líquido para encender y lanzarle un fósforo dentro, él asó tres grandes bistecs de solomillo que tenía refrigerados en una hielera. Mientras se cocinaba la carne, él leía libros médicos. Mi madre se sentó sin moverse en su silla de aluminio. Después de nuestra comida, dejó a mi padre en el hospital y condujimos de vuelta a casa. Nunca se despidió de él con un abrazo ni le reclamó nada, soportando estoicamente el rompimiento. ¿Qué estaba pensando ella? ¿Por qué no le decía que estaba sola? ¿Por qué no podía ver lo que estaba a punto de pasar?

3.

No estábamos solas en nuestro vecindario de North Miami Beach. Mi mejor amiga Cristy, del balcón de al lado en La Habana, se había ido de la isla con su familia meses antes que nosotras y ahora vivía en una casa cerca.

—Cristy, Cristy —grité con alegría mientras la abrazaba.

Luego, ella corrió a su habitación y salió con dos Hula Hoops, aros que giran alrededor de la cintura. Yo me metí en el más pequeño de color rosado y batí mi cintura con furia alrededor del aro sin éxito. Cristy giró el aro más grande de color azul en el aire y se movió a un ritmo que tan sólo ella podía oír. El aro giró alrededor de ella constantemente.

—Vamos a hacer el giro —Gritó Pilar, la hermana mayor de Cristy, mientras prendía la radio y le subía el volumen—. Esta canción es de Chubby Checker ¡Vamos! —ella barajeó sus pies de lado a lado y batió sus brazos al mismo tiempo. Yo solté el aro que se rehusaba a girar alrededor de mi cintura y copié sus movimientos ¡Esto sí lo podía hacer! Yo giré para adelante y para atrás, e incluso bajé hasta casi tocar el piso con mis rodillas ¡No había nada así en La Habana!

Pilar sintonizó una nueva estación y cambió su paso— Y este baile se llama "The Mashed Potatoes" —exclamó. Ella hizo un pie volar a la izquierda y el otro a la derecha. Yo copié su movimiento y a los cinco segundos estaba rocanroleando con ella mientras que Cristy, que no era buena bailarina, siguió con el hula hula con pasión. En la radio, Elvis Presley cantaba *"You ain't nothing but a hound dog"* o, en español, tú no eres más que un perro sabueso. ¡Instantáneamente suplantó a Ricky Nelson como mi nuevo héroe! En la cocina, mi madre y Lena, la madre de Cristy, ajenas a los efectos del rock en nosotras, hablaban de política, sacudiendo la cabeza ante los nuevos desarrollos en la isla.

—Ese desgraciado —dijo Lena refiriéndose a Fidel. Su diatriba explotó a través de la música.

Las compañía de electricidad y la de telefonía, las refinerías de petróleo y los ingenios azucareros ahora pertenecían al estado. Y durante el primer congreso de la Juventud Latinoamericana en agosto, el Che Guevara le dijo al grupo— Nuestra revolución ha descubierto con sus métodos los caminos que Marx señaló.

—¿Cómo vamos a poder regresar? —mi madre exclamó en desespero.

Pero a mí no me interesaba regresar. Yo estaba muy feliz jugando con Cristy de nuevo y disfrutando de las nuevas emociones de mi nuevo mundo. Vivir en los *United States* iba a ser muy bien. Sin embargo, unas semanas después, la familia de Cristy –la única gente de Cuba que conocíamos–se fue.

El papá de Cristy consiguió un trabajo en Puerto Rico —dijo mi madre—. Él y Lena no pudieron aprender el inglés. Se les hizo muy difícil. Puerto Rico se parece mucho a Cuba.

Pero si mi madre se quisiera ir, ella –dependiente de mi padre– no tenía esa opción. Antes de partir, el padre de Cristy, un vendedor de televisores, nos trajo un aparato en blanco y negro. No reemplazó a Cristy pero si llenó el vacío de las tardes: los viernes por la noche con Mitch Miller, los sábados por la mañana con *Los Tres Chiflados*, Dale Evans y *El Llanero Solitario*, y los domingos por la noche con Lawrence Welk. El set de televisión ayudó a mi madre a purgar emociones.

Una noche, la encontré sentada en la oscuridad con el televisor como la única luz en el cuarto. Ella se acercó más a la pantalla, paralizada por la escena final de la película *La Imitación de la Vida*. En la pantalla, una mujer joven gritaba con angustia y golpeaba con sus puños el ataúd que le arrebataba a su madre.

Mi madre lloró y gimió algo indescifrable. Yo estiré mis brazos para consolarla, con las palmas de mis manos sudando, pero ella colapsó sobre el sofá enterrando su rostro entre sus brazos estrechamente cerrados.

En ese momento no entendí el desconcierto, la soledad, el dolor y el miedo de mi madre, una mujer huérfana y una esposa abandonada, lejos de la comodidad y seguridad de su hogar, con muy pocos amigos, sin trabajo, y sin salida de la trampa en la cual ella voluntariamente cayó cuando dejó la isla. Si mi padre no quería estar con mi madre, ¿por qué no la dejó en Cuba?, ¿acaso era a mí a quien intentaba rescatar de un sistema que él creía iba a esclavizar a cualquiera que se quedara?

4.

Con Cristy lejos, David Cohen y su familia se convirtieron en una parte central de nuestras vida. David había sido una pieza instrumental en la partida de mi padre de Cuba. Cohen transportó el yate de mi padre hasta el sur de la Florida, lo ayudó a venderlo, transfirió el dinero desde la isla hasta una cuenta en un banco de los Estados Unidos, y movió sus influencias para conseguirle a mi padre un puesto como residente en el hospital Mount Sinai. David, un vendedor de carros que hacía negocios en La Habana, conoció a mi padre a principios de los años cincuenta. Mi padre le compró un brillante Chrysler del año 1955, y desde ahí se la llevaron bien. Tiempo después escuché, aunque no pude comprobarlo, que David tenía vínculos con Meyer Lansky, un mafioso que se rumoraba manejaba gran parte de la vida nocturna cubana. Sin David, el comienzo de mi padre en los Estados Unidos hubiera sido mucho más difícil. Mi padre vivió con él antes de mudarse a los dormitorios de los residentes, y ahora su fiel amigo nos abrió las puertas de su casa en North Miami Beach a mi madre y a mí. Nosotras nos convertimos en visitantes frecuentes.

Muchos años después, mi padre dejó de hablarle a David ante la insistencia de una tercera esposa celosa. Cohen se convirtió en un amigo olvidado, así como yo me convertí en una hija olvidada. Era un patrón que mi padre comenzó a seguir desechando a las personas que se atravesaban en su nueva, afluente –y romántica– vida en América. Sin embargo, durante los años sesenta, David fue el mejor amigo de mi padre, y mi padre contaba con él para mantener a su esposa y a su hija fuera de problemas.

Fui forzada a aprender inglés para comunicarme con los Cohen. Durante ese primer verano, el inglés se sintió como duros golpes de martillo sobre mi cabeza. Así era cuando estaba escuchándolo. Cuando no, las palabras sonaban como el zumbido de las abejas, un simple ruido de fondo. Luego, repentinamente... milagrosamente, antes de que se terminara el verano, yo hablaba inglés.

—¡Deténganse, deténganse! —le grité a las hijas de David que estaban presionándome con los dedos. Las gemelas, Sherry y Elise, curiosas y de seis años como yo, se aturdían con mi español. Mientras Sherry y Elise saltaban sobre mí, David las regañaba.

—Nada te va a pasar a ti —me dijo él—. Yo soy tu segundo padre.

Yo entendí esas palabras, y olvidando a Ricky Nelson y a Elvis Presley, me enamoré de nuevo. Alto, con una mata de pelo negro peinado hacia atrás, David se reía con alegría pero explotaba de ira al mismo tiempo. Su nariz ganchuda lo hacía parecer un elegante príncipe del Medio Oriente. Él me abrazaba y hablaba a menudo, algo que mi padre rara vez hacía.

—David, por favor cuida de mi hija cuando yo no esté —mi padre dijo una vez.

—Pero Rafael, ella es tu hija —David le respondió.

—No puedo ahora —pero no era una solución momentánea mientras mi padre trabajaba como residente. David me contó luego que durante varios años, mi padre le pedía mantener un ojo sobre mí, argumentando que él no estaba en condición de hacer ese trabajo, y que mi madre tampoco lo estaba. Hoy, David observa ansiosamente una fotografía de mi madre tendida en un sillón en su casa de ese entonces. Yo puedo ver un resplandor romántico en sus ojos—. Estaba tan frágil —dice él en voz baja—. Tan frágil.

Lo opuesto a mi padre. David lo recuerda como un hombre enfocado, resistente y diligente que trabajaba para recuperar sus credenciales profesionales. Con la mente en su futuro, pensando solamente en riquezas materiales y libertad emocional con sus amantes. Mi padre, cuando se dio cuenta que yo era indomable, inconscientemente se empezó a alejar de mí. Él sabía que yo no iba a figurar prominentemente en su vida.

En la casa de los Cohen, como tenían alfombras de pared a pared, cosa que yo nunca había visto antes, yo caminaba cuidadosamente, con miedo de manchar lo que parecía una tela suave de lujo. Aire acondicionado central, en vez de unidades en la pared, enfriaban la casa. Cortinas pesadas cubrían todas las ventanas y hacían parecer el lugar obscuro por dentro. En la sala de la familia, un bar cargado con botellas de licor se extendía a lo largo de tres paredes. Dos perros gigantes raza poodle, Onyx y Calypso, resguardaban un gabinete bajo llave lleno de rifles en una esquina, y en el patio trasero, una piscina relucía bajo el sol. El olor a pelo de perro, humo de cigarrillo y humedad, colgaba por encima de todo.

Le tomaba a mi madre diez minutos conducir hasta la casa de los Cohen desde nuestro apartamento en nuestro nuevo carro, un vagón usado marca Ford verde oliva, que parecía a una tanqueta de guerra. David, quien se convirtió en el confidente de mi madre y en el intermediario en el matrimonio de mis padres, la había ayudado a escogerlo entre su lote. El cuero se estaba rompiendo en los asientos y el óxido estaba comenzando a corroer las manijas de cromo en las puertas, pero el precio era bueno.

—Siéntate atrás y no hables —mi madre ordenó detrás del timón volante. Esta era la primera vez que conducía un carro. Manejaba lentamente y con cuidado, deteniéndose ante cada señal y mirando hacia cada esquina varias veces antes de acelerar—. David me dio una clase en el estacionamiento y me dijo que vas a estar a salvo en el asiento de atrás —en esa época no existían los cinturones de seguridad.

Cada mañana, recogíamos a las gemelas y conducíamos al cine de verano en el Shopping Center de la calle 163, vibrante al aire libre lleno de tiendas que habían sido construidas en 1956, e incluía Burdine's, Richard's y Woolworth. Ahora es un centro comercial cerrado con colosales arcos de metal y techos de lona transparente con una variedad de tiendas de descuento. La esposa de David, Sheila, una mujer delgada con los ojos verde jade y una nube de cabello obscuro, nunca me dejaba ir antes de ofrecerme un vaso de agua.

—¿Agua? —me preguntaba.

En la tarde, nos dirigíamos al parque Victory. Me recordaba a un pequeño bosque. Agujas de pino y piñas de los pinos cubrían el lugar. Un carrusel, columpios y un tobogán formaban la parte central del área despejada. Mi madre se sentaba en un banco mientras las gemelas y yo nos colgábamos de las barras, gritando y riendo. Una tarde, otra familia vino al parque. Los niños hablaban en español entre ellos y me señalaron. Yo hablaba en inglés con las gemelas que estaban al otro lado del tobogán y aún no habían visto a los nuevos niños.

—Mira a esa niña —dijo uno de ellos—. La camisa le queda mal. ¡Demasiado pequeña! ¡Se le ve la barriga! Ja, ja, ja. ¡Se ve estúpida!

Me les quedé viendo. *¡Yo hablo español! ¿Acaso no se dan cuenta con tan sólo mirarme?* Grité dentro de mi cabeza. Sentí una extraña separación de mi misma. Los dos niños que hablaban español no se habían dado cuenta que yo hablaba su idioma. Yo era invisible, en lo que a ellos respecta, en el mundo americano el cual ellos aun trataban de descifrar ¿Acaso eso quería decir que las palabras en inglés que acababa de intercambiar con Sherry y Elise estaban libres del acento cubano? ¿Acaso podían notar la diferencia en ese momento?

Los ignoré, sintiendo absolutamente ningún tipo de conexión. Era una sensación que iba a sentir a menudo después, cuando recién llegados intentaran hacerse mis amigos. Yo ya había navegado más allá del despiadado proceso de asimilación dentro de los Estados Unidos, y no quería tenerlos de amigos.

5.

En el otoño, empecé el primer grado de la Señorita Abel en la escuela Fulford, que recibía su nombre de un guardia costero quien –mientras navegaba a casa proveniente de la Guerra Hispanoamericana en 1897– descubrió lo que sería North Miami Beach, y se apoderó del territorio para construir su granja. Todos los estudiantes me observaban. Se reían de mi cuando trataba de pronunciar palabras y no lograba hacerlo bien. Yo quería hacer nuevos amigos, ser aceptada, así que me reía con ellos también.

La maestra me entregó creyones y lápices tan gruesos como dos dedos pulgares juntos, y el papel se sentía como papel de prensa con espacios de tres pulgadas entre línea y línea. Yo sumaba, restaba y escribía letras mayúsculas fácilmente. En el colegio Kopi en La Habana, yo tenía cuadernos en blanco y negro, lápices largos y finos, y bolígrafos elegantes.

—Yo creo que deberíamos pasarla a segundo grado —La Señorita Abel le dijo a mi madre dos semanas después.

—No, yo no quiero eso. Yo no quiero a mi hija con niños mayores.

¿Qué? ¡No podía creerlo! Yo quería estar con los más grandes—. Mami, la maestra cree que yo soy buena estudiante, mejor que los demás —protesté—. Además, los niños de segundo grado se divierten más en la cafetería. Yo quiero pasar a segundo grado.

—Las escuelas son mejores en Cuba —dijo ella, en seco—. Esa es la única razón por la que sabes más. Es peligroso que estés con niños mayores que tú.

Con esas palabras, mi madre selló mi destino. Al día siguiente regresé a clase con la cresta caída, observando con nostalgia a los niños de segundo grado, quienes hacían la fila en la cafetería de últimos. Si tan sólo fuera una de ellos, me dije suspirando. Desde ese comienzo decepcionante arrancó mi carrera escolar en los Estados Unidos. Muchas veces me he preguntado si, de haber sido puesta un año adelante, hubiera podido evitar los años turbulentos en la escuela. Desde ya, mi primera boleta escolar anunciaba problemas. Al lado de una columna, donde se repetía la letra A, la maestra había indicado que no poseía "Autocontrol". A pesar de luchar con el nuevo idioma, yo hablaba con cualquiera que se sentara a mi alrededor y reía a carcajadas en el jardín de juegos.

Un día, en vez de pasar el tiempo caminando sobre la acera, escalé la pared que separaba mi salón de clases con el jardín de juegos para llegar a la diversión más rápido. La maestra, quien me estaba observando, llamó de inmediato a mi madre.

Mi madre, de nuevo en una reunión padre-profesor, no supo qué decir.

—Es obvio que su hija está aburrida —dijo la maestra.

—Ella siempre tiene el ánimo elevado —respondió mi madre.

Nada podía hacer que mi madre me dejara avanzar al segundo grado, y ella reiteraba sus razones firmemente. Yo me di cuenta rápidamente que una de las ventajas de tener una madre que hablara inglés, es que nunca tenía que traducir. Una desventaja es que no me necesitaba para sobrevivir en una tierra desconocida. Años después, me di cuenta como las familias de mis amigos cubanos constantemente los llamaban para que lo ayudaran a negociar asuntos importantes con los vecinos Estadounidenses, dependientes de las tiendas, o trabajadores del gobierno. Yo veía como ellos disfrutaban de una relación cercana con sus padres, mientras que yo era dispensable. De igual manera, yo me sentía orgullosa de que mi madre hablara inglés y que navegara el sistema escolar como una profesional. El idioma, como muchas otras cosas, es un arma de doble filo.

En esta nueva tierra, era común para los estudiantes practicar la salida de la escuela en caso incendio. En silencio nos formábamos fuera durante los simulacros mensuales. Luego aprendimos un nuevo procedimiento. Los maestros anunciaron que íbamos a practicar como sobrevivir en caso de que una bomba explotara. Cuando sonó la campana, nos pidieron que camináramos en fila hacia un cuarto grande, gateáramos hasta llegar debajo de una mesa y nos quedáramos ahí hasta que nos avisaran. Ninguno de los estudiantes sabía que mi país estaba conectado con los eventos que llevaron a que nos instruyeran en simulacros en caso de bombas.

Pero yo sí sabía. David Cohen le había contado a mi madre que Cuba y los Estados Unidos estaban a punto de declararse en guerra. A pesar de que no podía comprender el concepto, me puse nerviosa. ¿Acaso la guerra significaba que mis familiares en Cuba iban a ser bombardeados?, ¿o que mis padres y yo vamos a ser las víctimas de las bombas?

Ese septiembre, Castro anunció que iba a aceptar la oferta de misiles de Rusia para repeler una rumorada invasión de los americanos. En octubre, el aspirante a la presidencia, John F. Kennedy, acusó al presidente Eisenhower de crear "la primera base comunista en el Caribe" en Cuba al ser tan suave con Fidel. Eisenhower contraatacó anunciando que no habría más exportaciones desde los Estados Unidos hacia Cuba. Fidel mostró sus músculos expropiando casi 400 empresas privadas, incluyendo todos los bancos y fábricas azucareras, 18 destilerías, 61 fábricas textiles, 16 fábricas de azúcar, 11 compañías de cine, y 13 tiendas. Mi padre tan sólo movió su cabeza. Las noticias de Cuba lo ponían con un humor de perros, haciéndolo caminar de un lado al otro y estrellar su puño en la palma de la otra mano.

—Hice lo correcto al irme de Cuba —dijo—. Nuestro país está perdido, totalmente perdido ¡PERDIDO!

Yo, por otra parte, sentí que una pared gigante estaba cayendo sobre todo lo que había conocido en la isla. A pesar de que disfrutaba mis nuevas experiencias, quería seguir conectada con mis familiares y amigos. Tomaba semanas para que las cartas desde Cuba llegaran. En la última carta, nuestra antigua ama de casas, Ana María, me explicó el destino de Negrito, mi Boston Terrier. Entrecerrando los ojos para entender la tambaleante letra de Ana María, pude darme cuenta de que apenas podía escribir. Ella había sido una de las campesinas que Fidel había querido ayudar. Yo no pensé esto en ese momento, pero ahora me pregunto, ¿cómo pudo un hombre con ideas tan brillantes como una campaña nacional de alfabetismo –que le da voz al pueblo– ser capaz de apagar la libertad individual de una isla completa? ¿Acaso las ideas progresistas siempre deben terminar en un sistema de gobierno represivo? Estas preguntas aun me atormentan.

—Se volvió loco sin ti —escribió Ana María acerca del perro—. La mujer que se lo llevó, lo ató a un árbol y se volvió loco —yo me desesperé porque quería saber más, pero llamar por teléfono a Cuba estaba prohibido en ese entonces. Me sentía aislada de todos mis familiares, mi padre nunca estaba en casa, y las conversaciones con mi madre eran limitadas. La mayoría del tiempo, ella estaba sobre la cama con la cara hacia la pared.

—A lo mejor podemos comunicarnos a través de un telegrama —ofrecí.

—Muy caro —dijo mi madre. Estaba de pie al lado de la ventana, mirando silenciosamente hacia fuera, algo que hacía cada vez que la depresión la abrumaba. Eventualmente, aprendí a dejarla sola durante esos momentos.

6.

Serpentinas de papel color naranja y negro colgaban del techo de la cafetería en la escuela Fulford. Calabazas, con rostros tallados y velas por dentro, estaban puestas en las mesas al lado del ponche y las palomitas de maíz. Los estudiantes se empujaban unos a otros, exhibiendo sus rostros pintados en rayas multicolores. Yo estaba en el medio de la acción vestida con mi disfraz de Blanca Nieves que usé durante el recital de ballet en el Colegio Kopi el año anterior. Las mangas apretaban mis brazos y la falda atrapaba mis piernas.

Ese octubre de 1960, en mi primera fiesta de Halloween, observé con nostalgia a los estudiantes de primer y segundo grado disfrazados como "Beatniks": pantalones negros, camisa cuello de tortuga negra, y un cigarro sostenido en una larga boquilla de marfil. Podía percibir que ese disfraz era una declaración de libertad personal. Luego aprendí que ese atuendo representaba a la generación "Beat" de los años 50 –la cual incluía a los escritores Allen Ginsberg y Jack Kerouac– predecesora a la generación Hippie, un movimiento que tendría un gran impacto en mí.

Yo lucía completamente diferente a mis compañeros de clase. Pero sólo por fuera. Mi espíritu había tomado vuelo hacia un lugar donde mis padres nunca irían. Quería sentirme segura en este nuevo país, pero también quería explorar y hacer nuevas cosas. Los disfraces tipo "beatnik" me hacían desear crecer y vivir una vida emocionante.

Esa noche, corrí de casa en casa en el vecindario de los Cohen. Qué dicha recibir un manojo de dulces con tan sólo gritar ¡dulce o truco! Las gemelas Sherry y Elise estaban disfrazadas de "beatniks" y corrían mucho más rápido de lo que yo podía con mi vestido largo, así que me recogí la falda a la altura de los muslos y la até en un nudo. Mi padre dijo que no podía salir del hospital esa noche, pero mi madre y Sheila, la madre de las gemelas, se apresuraban para seguirnos el paso y esperaban en la acera mientras llenábamos nuestras bolsas en cada puerta. *El año que viene me voy a disfrazar de Beatnik, y voy a ser libre, y me voy a ver misteriosa y grande*, pensé. Mi instinto me dio a entender que podía hacer lo que quisiera en la presencia de mi distraída madre.

En noviembre, después de la elección de Kennedy, la depresión de mi madre se fue con la posibilidad de que los Estados Unidos sacara a Fidel del poder. Escuchamos rumores de que los exiliados cubanos se estaban entrenando en secreto en Guatemala para una posible invasión. Pequeñas bandas guerrilleras de cubanos en la isla aún se resistían al régimen, batallando con poca fuerza las tropas de Fidel en las Montañas Escambray y protegidos por aviones americanos piloteados por cubanos. A pesar de que los detalles alrededor de las conversaciones de mis padres no formaban una imagen concreta en mi cabeza, yo percibía peligro, disturbios y sentía nervios. Mi padre una vez más usó estos increíbles nuevos acontecimientos para justificar su decisión de venir a los Estados Unidos y arrancar desde cero.

—Fidel va a estar ahí de por vida —le dijo a David mientras nos sentábamos a disfrutar de nuestra primera cena de Acción de Gracias—. Lo que importa es que nadie me quite mi dinero de nuevo. Lo perdí todo. Yo me voy a quedar en este país y voy a ser médico. Sé que tengo que trabajar duro porque no soy rico. Yo no estoy pensando en regresar como los demás exiliados que no están haciendo nada con sus vidas, sólo esperando que Fidel caiga.

David presumió unos cuchillos gigantes sobre su cabeza y escarbó un pavo de 20 libras mientras Sheila traía platos rebosantes de maíz, puré de patatas dulces, salsa de arándanos y bizcochos. ¡Qué diferencia de nuestro lechón asado, frijoles negros y arroz! Los abuelos de las gemelas estaban de visita desde Nueva York, y todos reían y conversaban, incluyendo mis padres quienes se sentaron uno al lado del otro dando cero indicaciones de sus problemas personales.

De repente, los dos poodles, Onyx y Calypso –justo debajo de mis pies– saltaron a morder el cuello el uno al otro en una vorágine de rugidos. Podía sentir sus respiraciones en mis tobillos. No me moví, rogando que sus mandíbulas no se fueran a aferrar a mi carne. Temblando, me paré de la mesa. Todos los demás se rieron—. Es una pelea entre padre e hijo —dijo David acerca de sus perros—. Tienes que ser más valiente. Esto no es La Habana donde todo es fácil, tú ya sabes —pensé en mi espacioso apartamento en Nuevo Vedado, mi casa de muñecas, mi perro, nuestras queridas amas de casa. Las cosas eran más fáciles en La Habana, yo estaba de acuerdo. Pero esta América era interesante.

Más tarde esa noche, David regañó a las gemelas porque habían dicho "groserías" –palabras que no había podido entender. Observé con horror como David haló la larga cinta de cuero de su cintura y llevó a las niñas a su habitación. Escuché los lloriqueos de las niñas. Fue una terrible manera de terminar el día festivo. Pero me sentí afortunada; los golpes de mi madre no eran nada comparados con el cinturón.

La Noche Buena de nuestro primer año en el exilio fue la más fría que se había registrado en lo que siempre solían ser calientes inviernos al Sur de la Florida. Ninguno de nuestros conocidos en Cuba estaba aquí todavía y los Cohen eran judíos. Así que esa noche mi padre nos vino a buscar para una salida en South Beach en la que estaríamos solos los tres: un trio de inmigrantes cubanos, apretujados entre docenas de turistas montados en un tranvía de Lincoln Road, un destino turístico favorito de mis padres cuando estaban recién casados. En este distrito Art Deco, Lincoln Road contaba con tiendas de lujo como Bonwit Teller, Saks Fifth Avenue, e incluso concesionarios de carros Cadillac y Packard. El camino para peatones tenía jardines y fuentes de agua reflejando la Arquitectura Moderna de Miami, –"MiMo" por sus siglas en Inglés– un estilo del cual el arquitecto Morris Lapidus fue pionero en los años 50.

Pero la inauguración en 1965 de la exclusiva zona Bal Harbor Shops, unas cuantas millas al norte, se llevó consigo varias tiendas importantes y el área declinó en una pobre comunidad para retiros, llegando a una desintegración casi total. Al final de los años 80, sin embargo, varios inversionistas visionarios comenzaron a reconstruir South Beach. Hoy en día, la zona es una atracción para los turistas internacionales y la mejor opción en el mundo para disfrutar de la vida nocturna.

En el tranvía esa Noche Buena, el aire frío golpeaba mi rostro así que me escondí tras una cortina de plástico, instalada cerca de las puertas, intentando mantenerme caliente en un abrigo rojo y grueso que mi padre me había comprado en la tienda de descuento Goodwill. Este era un nuevo tipo de frío, algo que yo nunca había experimentado en La Habana. Nos bajamos para observar dentro de las ventanas de las diferentes tiendas y luego nos montamos de nuevo para calentarnos. Hicimos esto a lo largo de todo Lincoln Road. Yo no paraba de hablar con mi padre, mientras que mi madre permanecía callada. En un momento, cuando le pregunté que por qué hablaba tan poco, ella respondió—. Esta es la mujer de la que se enamoró tu padre —si hubo tensión entre mis padres esa noche, yo ni me di cuenta. Las luces inundaban las calles, y observábamos a los turistas atravesando el aire frío como si estuviéramos en medio del verano *¿No tienen frío?*

El siguiente día, Navidad, mi padre condujo desde la sala de residentes para compartir algunas horas con nosotras. Se sentó en una silla a verme jugar con lo que Santa Claus me había traído: un tocadiscos, un disco del popular Kingston Trio y una muñeca con su coche. El tocadiscos fue el mejor regalo y muy pronto, cuando los Beatles llegaron a mi nueva vida y la cambiaron por completo, siempre estaba prendido con "I Wanna Hold Your Hand". Ese año nadie dijo nada acerca de los Reyes Magos el 6 de enero. De igual manera dejé mi zapato afuera, pero no encontré ningún regalo al despertarme.

Los adornos de nuestra vida en la isla se estaban despedazando, capa por capa.

7.

Esta es la razón por la cual me gustaba mi nuevo hogar mucho más que el viejo de La Habana: las fiestas de cumpleaños en el Greynold's Park –el hogar de una antigua mina de rocas y de los indios Seminoles– con botes para remar en un lago, pececillos nadando cerca de la orilla, patos caminando alrededor y un castillo de piedra sobre una colina; los circos de Barnum y Bailey; la obra escolar *Sueño de Una Noche de Verano* donde interpreté a una hada; un programa de artes donde obtuve el primer lugar por un elegante tazón y una cuchara que hice con arcilla; John Kelly, mi compañero de clases rubio y de ojos azules; un patio para realizar carreras; una bicicleta usada que pinté de rosado en el lavadero del edificio donde vivía, sobre la que luego conduje hacia el borde de una canal de agua sucia, viré hacia la derecha y terminé cayendo sobre un montón de hierbas malas; y el disfraz de "Beatnik" que finalmente utilicé en mi segundo Halloween.

Yo era una niña de siete años muy ocupada en 1962, pero siempre encontraba tiempo para escribirle cartas a mis familiares en La Habana, detallando mi nueva vida mientras me aferraba fuertemente a mi antiguo mundo. A diferencia de mi madre, me gustaba saber de la vida de nuestras amas de casa, Ana María y Amparo, la madrastra de mi madre Elsie, Tío Cesar, y mis abuelos paternos, Amalia y Rafael. Todos respondían mi correspondencia, demostrando el interés que mis padres no querían, ni podían, demostrar.

En La Habana, mis padres llevaban vidas intensas en las que muy a menudo no estaba incluida yo, pero todos los demás alrededor llenaban ese vacío. Aquí en esta nueva tierra, la falta de atención de mis padres se traducía en un silencio que a veces era imposible de superar. Yo leía las cartas una y otra vez, aprendiéndomelas de memoria: la letra de gran tamaño a lápiz de Ana María y la cursiva en pluma de Elsie. Todas deletreaban amor. En una ocasión, Elsie incluso envió una con varias figuras que ella misma había dibujado. Para las faldas, Elsie pegó pequeñas conchas de mar. Cautivada por su imaginación y llena de nostalgia, no sabía si Elsie había tenido que recurrir a esa técnica por la falta de tarjetas de regalo en la isla debido al embargo de los Estados Unidos.

Al escribirle a mis familiares, practicaba el español, el cual sin darme cuenta pasó a segundo plano como idioma. Nunca discutimos acerca de Fidel, pero luego descubrí que Elsie abogó por la campaña de Castro para redistribuir las tierras agrícolas, mientras que mis abuelos paternos condenaban el régimen por forzar al editor de *Bohemia*, la revista política y cultural más importante de la isla, a escapar después de que acusó a Fidel de someterse al "Vasallaje Ruso."

Mi padre continuó sus insultos contra Elsie, y mi madre me regañaba cada vez que me veía escribiéndole. Pero mi necesidad por el amor era más fuerte que una ideología política. No presté atención y continué escribiendo.

—La política me da asco —declaró mi padre—. No quiero saber más nada de Fidel.

En Miami, la invasión estadounidense a Cuba ya no era un secreto. El 14 de abril de 1961, la Brigada 2506, que recibía su nombre del número de serial de uno de sus miembros quien murió por accidente durante un entrenamiento, partió vía marítima desde Puerto Cabezas en Nicaragua hacia Playa Girón. Luis Somoza, el dictador de ese país, observó desde el muelle. Durante las primeras horas del 15 de abril, varios aviones estadounidenses comenzaron a bombardear Cuba. Pero luego Kennedy cortó abruptamente a la mitad el número de aviones B-26, utilizados para bombardear, y cientos de los miembros de la Brigada 2506 murieron o fueron tomados como prisioneros en Playa Girón. La historia nos dice que, desde un principio, a Kennedy no le gustaba la idea de la intervención militar estadounidense. Él quería que la caída de Fidel pareciera ser únicamente obra de la comunidad de cubanos exiliados y así poder negar cualquier implicación de los Estados Unidos. Pero el director de la CIA en la Casa Blanca, Allan Dulles, y el Jefe de Operaciones, Richard Bissell, se dieron cuenta que era necesario un apoyo más fuerte para el éxito de la misión: si la aviación no apoyaba la brigada cubana desde el aire, y si los buques de guerra americanos no flotaban cerca de la costa para ayudar a los batallantes exiliados, entonces la misión fallaría.

Eso fue exactamente lo que sucedió. Dulles y Bissell no le dijeron a Kennedy que con 200.000 tropas y la milicia a su disposición, Castro no iba a tener problema en acabar con 1.300 voluntarios, de los cuales la mayoría no tenía entrenamiento alguno. Luego, Kennedy le confesó a su hermano que hubiera deseado haber permitido el uso de embarcaciones estadounidenses para apoyar a los exiliados. En menos de un año, creyendo que Kennedy era un presidente débil, el líder de la Unión Soviética, Nikita Khruschev, y Castro, comenzaron a instalar misiles nucleares en la isla –a tan sólo 90 millas de la Florida– una decisión que precipitó la Crisis Cubana de los Misiles y llevó al mundo al borde de una guerra nuclear.

—Kennedy es un comunista —dijo mi padre—. Los comunistas están en todo el mundo —como resultado, mis pensamientos se reforzaron; los comunistas no sólo eran personas peligrosas que nos quitaban nuestras casas, sino que también querían matarnos. Mi padre siempre le recordaba a todos con quien hablaba que, de no haberse ido de Cuba cuando lo hizo, los comunistas lo hubieran asesinado en su oficina.

Incluso mi madre salió de su letargo—. Es un sinvergüenza —dijo acerca de Kennedy por no apoyar a la Brigada 2506—. No sabe lo que significa perder el país de uno.

En cuanto a mí, hablar de Cuba traía consigo imágenes de muerte. ¿Acaso las personas que amamos van a morir? ¿Estamos a salvo en los Estados Unidos? Los ceños fruncidos y silencios de mis padres no me daban ninguna pista, así que la tensión continuaba. Pero nuestra situación política perdía toda importancia cuando la comparaba con la tormenta de emociones que se nos avecinaba.

8.

Los resortes del asiento trasero del vagón hacían fuerza a través del relleno contra mi pequeña espalda, por lo cual acomodé mi almohada y me doblé en una nueva posición. Mi madre, al volante, aceleró a lo largo del puente Julia Tuttle, que conectaba a Miami con Miami Beach y luego cruzó a la izquierda en una calle obscura cerca del estacionamiento del Hospital Mount Sinai. Observé a través de la ventana varios focos de luz azul barriendo el negro cielo como limpia parabrisas en cámara lenta. Con ocho años, y muy bien versada en ideología de la Guerra Fría, rápidamente entendía en clase cuando alguien explicaba que las luces servían para descubrir aviones enemigos rusos. Yo sabía que los focos tenían que ver con Cuba.

—*Twinkle, twinkle little star* —susurré, mirando a las estrellas por la ventana de mi cuarto. Yo quería rezar pero lo único que salió de mi boca fue la segunda frase de la canción —. *Me pregunto dónde estás* —¿Acaso Dios estaba allá arriba? ¿Nos estaba cuidando?

—Los comunistas se van a apoderar del mundo —dijo mi padre—. Ya están viviendo dentro de nuestras casas en La Habana y se quieren mudar aquí también —los focos de luz en nuestro nuevo país, dijo él, tenían que ver con los misiles que estaba instalando Rusia en Cuba apuntando directo a los Estados Unidos. Tiempo después descubrí que durante el verano de 1962, Rusia había estado enviando misiles suelo-aire a Cuba. Una aeronave U-2 de reconocimiento había capturado varias imágenes aéreas de 42 misiles balísticos con rangos de 2.000 millas.

Ese año, el presidente Kennedy llamó a movilizarse a más de 150.000 reservas militares para pelear contra Rusia en Cuba. Por segunda vez, Kennedy tuvo que decidir entre atacar la isla por aire o no. Mientras tanto, el presidente envió un bloqueo naval –16 destructores, tres cruceros de guerra, una aeronave anti-submarinos y seis barcos de carga– para impedir que los buques Rusos llegaran a Cuba. A pesar de que yo desconocía todos estos detalles durante la época, la atmosfera de tensión y ansiedad que rodeaba a mis padres cuando observaban las noticias o escuchaban la radio en el carro, sigue latente en mi mente. El peligro asechaba nuestra casa en la isla, pero también hacía apariciones en varias esquinas de nuestro nuevo hogar también. ¿Acaso mi padre iba a vivir con nosotras en nuestro apartamento algún día? ¿Estaríamos más seguras viviendo con él?

El carro viejo dio un salto al detenerse de un frenazo. Mi madre observó un edificio que yo no reconocía. Se bajó del carro y se asomó entre los arbustos para fisgonear lo que parecía ser una sala de estar muy bien iluminada. Su mirada se deslizó hasta la ventana del segundo piso. Las cortinas brillaban desde adentro. Mi madre saltó de nuevo dentro del carro y arrancó. Giramos en una esquina, y me di cuenta que estábamos cerca de la residencia donde vivía mi padre en el hospital, a tan sólo unas cuadras del lugar donde lo recogíamos los domingos. A veces subíamos a jugar ping-pong en un salón recreacional con vista a la bahía de Biscayne. Otras veces, mi padre lanzaba una caña de pescar al agua justo detrás del estacionamiento donde nos habíamos parado. Mi madre condujo despacio observando profundamente cada uno de los carros.

—¿Vinimos a ver a papi?

—No creo que esté ahora.

—¿Por qué estamos aquí? —no entendía qué estaba pasando. Nunca habíamos hecho algo así.

Mi madre no respondió mientras conducía fuera del estacionamiento y entraba a otra calle. El carro retumbó por unas cuantas cuadras, saltando sobre huecos y rocas. Esta vez, ella cruzó dentro del estacionamiento del edificio y condujo alrededor de varias filas de carros hasta que se detuvo al lado del Chrysler blanco de mi padre.

—Está aquí —dije mientras me acomodaba en mi asiento—. ¿Vamos a ir a verlo? —Yo podía sentir una nueva y rara energía en mi madre, quien, esa noche, había logrado desligarse de su depresión habitual y embarcarse en una misión para buscar evidencias en contra de mi padre.

Mi madre buscó dentro de su cartera y encontró un pedazo de papel. Ella arrancó una pequeña esquina y escribió algo. Luego colocó el papel bajo el parabrisas del Chrysler de mi padre y le dio una patada a la puerta del copiloto mientras murmuraba palabras que no pude descifrar. Después se subió de nuevo a nuestro carro.

—Quiero ver a papi —grité mientras nos alejábamos del lugar.

De vuelta en nuestra habitación, me di cuenta que mi madre había dejado abierto sobre la cama un sobre que le habían enviado. De seguro había olvidado echarlo a la basura. Ya era tarde y mi madre estaba sentada en la sala hablando por teléfono en inglés. Cuidadosamente saqué un pedazo de papel cebolla del sobre. Observé la letra cursiva de mi abuela fluir en elegante tinta azul: "*No dejes que ninguna mujer te quite tú lugar. Recuerda que tienes que luchar por tú familia. Cariños, Cuca.*" ¿Tenía que ver esta carta con la persecución de mi madre a su esposo? ¿Estaba ella tratando de salvar su matrimonio?

Doblé el papel y lo puse en la caja con todas las demás cartas de Cuba, relatos que me mantienen conectada a todo lo que sucedió en el pasado. ¿Por qué mi madre no tocó la puerta del apartamento? ¿Había alguien allí con mi padre? Son preguntas a las que nunca les conseguí respuesta.

9.

La vida secreta de aflicción y desesperación de mi madre fue saliendo a la luz poco a poco. Ella se hizo amiga de una mujer americana del vecindario quien vivía en una casa que olía a talco y polilla. Gladys era tan alta como mi padre, de seis pies, con caderas anchas y lucía un cinturón apretado en la cintura. Su cabello rojo caía ensortijado sobre sus hombros. Cuando yo estaba cerca, ella hablaba español –Gladys había aprendido el idioma de niña en Sur América– pero por teléfono, sus conversaciones con mi madre eran en inglés, así como eran las que sostenía con Elsie en La Habana. A mi madre se le olvidaba que yo tenía un excelente dominio de los dos idiomas.

—No sé qué hacer —se quejaba mi madre.

Yo sólo escuchaba la mitad de sus palabras mientras observaba *Los Tres Chiflados* aporrearse el uno al otro. Pero los tonos de ira y frustración atrapaban mi atención.

—¿Qué crees que estaba haciendo ahí? Yo creo que es la misma mujer. Es tan de lo peor, tan de baja clase. ¿Quién es ella?, ¿me estás preguntando quién es ella? —mi madre gritó en el teléfono—. Claro que se exactamente quién es. Ella era una enfermera en su oficina en La Habana. ¡Él se la trajo para acá!

Incluso en esa época, esa noticia me impactó. ¿Cómo se atrevió mi padre?, ¿acaso eso quería decir que amaba a esa mujer más que a mi madre?, ¿será que ya no iba a volver a pasar la noche con nosotras? Eran pensamientos inquietantes.

Gladys nos visitaba a menudo, y eso le levantaba el ánimo a mi madre. Siempre traía consigo discos de música movida de los años 20 y 30. Cada vez que venía, mi madre guardaba la máquina de escribir y la caja registradora, en las que practicaba tanto, y las remplazaba por copas burbujeantes. Mi madre exprimía cuatro limones en agua y hielo y los mezclaba con tres cucharadas de azúcar cada uno. Luego mezclaba energéticamente la poderosa bebida, riendo y hablando, y nos daba una copa a cada una. La atmosfera perdía tensión y se volvía festiva, y yo incluso podía unirme de vez en cuando a la conversación contando las historias de la escuela. En esa época, yo relataba todo lo que sucedía en clase en libros multicolor que mi madre compraba en Pic 'N Pay y los colocaba uno encima del otro sobre el piso del closet.

—Vamos a escuchar esto —dijo Gladys alegremente. Ella abrió mi tocadiscos, ajustó la velocidad a 33 revoluciones por minuto, y colocó la aguja en la mitad de un pesado disco negro—. Yo bailaba con esta música cuando era joven.

Gladys se balanceaba en el centro de la sala, y salvajemente movía sus brazos. Ella levantaba su pierna derecha, la lanzaba sobre la izquierda, se inclinaba hacia delante y luego la colocaba atrás. El movimiento después se repetía con la pierna izquierda.

—Vamos, yo te enseño —su rostro enrojecido y lleno de pecas se arrugó con risas.

Yo salté y copié sus movimientos.

—Este es el *Charleston* —dijo Gladys—. Lo hacíamos en el sur cuando yo estaba en el colegio. Los hombres se volvían locos por mí. ¿No te gusta la canción? —me preguntó antes de lanzarse a cantar la letra—. *Ain't she sweet? See her walking down the street. And I ask you very confidently, ain't she sweet?*

Agarré mi muñeca de trapo, la que habíamos traído de Cuba de mi misma altura, y amarré sus pies a los míos con los lazos de sus zapatos de ballet. Sosteniéndola de cerca y balanceando la algarabía con la tristeza que podía sentir en el corazón de mi madre, bailé descabelladamente mientras Gladys seguía danzando a un ritmo constante con el paso *Charleston*. El disco se detuvo, y me di la vuelta para observar el show de Lawrence Welk. Empecé a bailar el vals tratando de imitar a los bailarines en la televisión.

Mi madre, observándonos desde la silla, reía a carcajadas, y yo hubiera bailado por el resto de la noche tan sólo para mantenerla sonriendo.

—Buenas noches, damas —dijo Lawrence Welk desde la pista de baile, mientras burbujas llovían sobre él desde el techo.

10.

—¿Qué tal Jim? —le preguntó Gladys a mi madre una tarde cuando nos detuvimos para echar gasolina.

—No sé —mi madre sonrió de una manera en la que nunca lo había hecho conmigo. Yo podía ver su perfil desde el asiento de atrás del vagón. Ella saltó del carro y esperó. Un hombre, usando una braga gris con el nombre "Jim" cosido sobre el bolsillo izquierdo delantero caminó hacia ella.

—Te extraño —dijo él. Gladys se dio la vuelta y comenzó a hablarme en voz alta acerca de mis exámenes en la escuela, pero yo quería escuchar la respuesta de mi madre.

Mi madre, vestida en unos pantalones negros cortos y una blusa floreada sin mangas, lucía fresca y relajada. Jim agarró la manguera de la gasolina del tanque y comenzó a llenar el carro. Ella murmuró algo y él la miró de arriba abajo. Yo fruncí el ceño. ¿Jim era el novio de mi madre?, ¿se quería casar con ella? Sentí algo inquietante en mi corazón. Tal vez debo decirle a mi padre que mi madre tiene un novio. ¿Qué nos sucedería si mis predicciones fueran ciertas? Yo no quería que mi padre se alejará más de lo que ya estaba. Lo quería cerca. De vuelta con nosotras.

—Ven, tómate esto —mi madre me dio dos pastillas blancas pequeñas cuando llegamos a la casa—. Tienes dolor de garganta.

—¿Yo tengo dolor de garganta?

—Sí, no te ves bien. Tienes que acostarte para que te mejores.

Me tomé las pastillas.

Cuando desperté, mi madre y Gladys ya no estaban. Confundida, me quedé observando el techo. Varias figuras danzaban a mi alrededor, acelerando por las paredes y fuera de la ventana. Luego, la puerta se abrió y mi madre miró dentro.

Yo podía escuchar la voz de Gladys al fondo. El teléfono sonó y mi madre salió afuera de nuevo.

—Es tu padre —gritó mi madre desde la sala—. ¿Te sientes bien para contestar el teléfono?

Caminé hacia la sala confundida.

—¿Quién está ahí? —preguntó mi padre.

—Es Gladys —susurré. Mi madre y Gladys habían salido al pasillo y se estaban riendo de algo. Yo luchaba para poder despertarme completamente.

—Esa bruja le está metiendo ideas a tú madre en la cabeza. Siempre está hablando mal de mí.

—Claro que no.

—Sí. Yo sé que sí. Todas las mujeres son iguales.

—Yo no, papi. Yo no.

—No, tú eres muy dulce.

—Pero —yo dije bajando mi voz un poco más—. Hay un hombre —durante un momento confuso, mis lealtades se rompieron. Si mi padre tenía una novia, ¿por qué mi madre no puede tener un novio? Yo quería que mi madre tuviera un novio. El sentimiento tenía mucho que ver con la justicia. Yo no quería que ella fuera una víctima, pero, ¿acaso mi padre no merecía saberlo? Yo quería advertirle que mi madre podría dejarlo por Jim, pero, ¿qué tal si mi padre la dejaba por la mujer de la cual mi madre siempre hablaba por teléfono? No sabía qué hacer, y mi estómago retumbó en protesta.

—¡¿Qué?!

—Jim. Se llama Jim y es…es un americano —Yo pensé que esta increíble revelación iba a hacer que mi padre luchara por recuperar a su esposa y enmendar el matrimonio, pero no. Nunca presencié un intercambio de palabras respecto al tema.

Mi madre tiró de la correa y dirigió a Onyx, el poodle negro y gigante de los Cohen, de la furgoneta—. Cecilita, no le vayas a abrir la puerta a nadie —ordenó mi madre—. Tengo que ir a hacer unas diligencias. Onyx se va a quedar aquí contigo para que nada te pase. Ponte a leer tus libros. No me tardo.

Para ese momento, yo tenía una colección de libros impresionante: los cuentos de hadas de Grimm y Andersen que mi madre había comprado en una venta de garaje, una colección de historias cortas llamada *Erase Una Vez* que Elsie me había enviado desde Cuba, y un set de Los Gemelos Bobbsey y de *The Happy Hollisters*. Escribiendo mis propias historias, intentaba copiar el estilo de los escritores de mis nuevos libros en inglés, Laura Lee Hope y Jerry West. Había logrado coleccionar estos libros engañando a mi padre.

—Por favor, papi, cómprame estos —le decía, hipnotizada con los estantes en la tienda de descuentos Met en Coral Way—. Los necesito.

—No tenemos dinero sino para las cosas básicas.

—Pero me los pidieron en la escuela —le mentí—. Me van a poner malas calificaciones —increíblemente, mi padre me creía y me compraba un tomo nuevo cada vez que íbamos a la tienda.

Onyx cojeó por las escaleras siguiendo a mi madre hasta el apartamento. Se acostó de lado cerca de la puerta de nuestra habitación, estiró las patas y respiró profundamente.

—¿Qué tiene?

—David dijo que lo operaron —mi madre se agachó para acariciarlo—. Pero que va a estar bien. David dice que es un buen vigilante y que vas a estar a salvo con él. Gladys esta fuera de la ciudad y Sheila y las niñas están de viaje, así que vamos a cuidar a Onyx.

Pero David estaba en su casa, acababa de llamar a mi madre por teléfono. ¿Sera que se estaba viendo con David y Jim al mismo tiempo?

Acaricié a Onyx, pero él no se movió. No se parecía en nada al perro que me asustó al gruñir y ladrarle a su hijo Calypso bajo la mesa del comedor el día de Acción de Gracias.

—Tómate estas pastillas. Son vitaminas. Y acuéstate a leer.

—Se parecen a las que me tomé cuando me dolía la garganta.

—Claro que no. Apúrate que voy tarde. Vamos, acuéstate.

Me fui a la cama y me tomé las pastillas con un vaso de agua que mi madre había dejado en la mesa de noche. Mi madre escogió *Los Gemelos Bobbsey en la Orilla del Mar* y me lo pasó. Me acomodé en la cama con el libro. Horas después, desperté en un cuarto obscuro. Mareada, me salí lentamente de la cama y caminé hacia el pasillo. No había nadie en casa. Poca luz atravesaba la ventana de la sala. Me arrodillé al lado de Onyx, y él lucho para levantarse, jadeando con la lengua afuera. Se intentó parar sobre sus cuatro patas, pero no pudo. Luego se sentó sobre sus patas traseras aunque terminó cayendo de nuevo al piso. Se le hacía imposible sostener su peso. Una piscina de sangre se había acumulado en el piso de madera donde él perro había estado sentado.

Yo grité.

El sonido hizo eco a lo largo del apartamento. Onyx gimió y luego se estiró sobre la sangre. Mi madre abrió la puerta principal. Me di la vuelta y vi su obscura silueta contra la última luz de la tarde, flameante como un halo a su alrededor.

Después de ese día, mi madre no volvió a dejarme sola más nunca. Donde sea que haya ido, y a quien sea que haya visto, sigue siendo un misterio. Luego descubrí que mi madre utilizó tranquilizantes para que yo no le estorbara mientras ella se hacía cargo de su complicada vida. Ella podía estarse viendo con Jim o con David, e incluso con mi padre. O tal vez negociando su futuro en esta tierra aterradora. Poco tiempo después, Gladys se mudó de vuelta a su casa en Alabama y más nunca supimos de ella. Mi madre más nunca volvió a la estación de gasolina, ni tampoco intentó de nuevo, hasta donde sé, volver a salir con un hombre. Más sola que nunca en su vida, se hundió profundamente en el aislamiento.

Respecto a Onyx, unas semanas después se sintió lo suficientemente bien como para lanzarse de clavado en la piscina de los Cohen, atrapar pelotas y saltar en el aire.

11.

Nuestra vieja furgoneta brincó constantemente en dirección sur, giró al este hacia Miami Beach y tembló al frenar en el estacionamiento de Rascal House justo antes de que la vía se extendiera a la 79th Causeway. El restaurante era parte de un centro comercial casi abandonado en un vecindario en decadencia, pero era el lugar favorito de mi padre para desayunar. Mi madre y yo nos bajamos del carro para encontrarnos con el aire bañado en calor de la mañana y cargado de humedad, el cual señalaba claramente el fin de la escuela y el principio del verano de 1963. Yo tenía nueve años, sobresalía en la escuela, y tenía una vida social activa con muchos amigos y varias visitas a la playa.

—¿No era que nos íbamos de vacaciones hoy?, ¿papi no nos va a buscar en la casa?

—Tenemos que venir para acá primero.

—¿Por qué? ¡Ya desayunamos!

—Has silencio.

Yo seguí a mi madre hasta una mesa en el fondo. Allí, como por arte de magia, estaba mi padre, y a su lado, la amante. Quién sabe cómo me daba cuenta en esa época de que ella era la amante. Había algo en esta nueva tierra que hacía que todos los secretos salieran a la superficie.

Cuando estábamos en Cuba, las infidelidades de mi padre eran apenas silenciosos murmullos en medio de conversaciones bulliciosas. En contraste, durante los tres primeros años de nuestras vidas en los Estados Unidos, mi madre y yo habíamos vivido tangiblemente bajo la sombra de la amante de mi padre. Era una amenaza que acechaba invisiblemente, pero con la fuerza de millones de fantasmas. Ahora, la amenaza era real. Yo me eché para atrás, simplemente observando. Mi madre clavó su mirada también.

La mujer tenía el cabello más negro que jamás había visto, peinado con algún tipo de producto grasoso. Su cara, morena clara, revelaba los rastros furiosos de un acné adolescente. Dos arcos, gruesamente pintados de negro, servían de cejas sobre dos ojos que nunca se encontraron con los míos. Y sus labios, de un rojo flameante, yacían entreabiertos. Ella y mi padre estaban sentados frente a un festín de huevos fritos, tocino, jamón, patatas ralladas al estilo *hash brown*, una cesta de panecillos, pastelitos y café.

¿Será que nos estaban esperando?

Mi madre empujó la mesa con su muslo en un movimiento de cadera que nunca había visto. Los platos chocaron con los cubiertos y el agua se rebosó fuera de los bordes de los vasos. Mi madre gritó insultos a mi padre. Su dolor hacía eco a lo largo del comedor llamando la atención de los comensales. Mi padre respondió hablando tranquilamente y salió despacio de su silla. Le hizo señas al mesero, puso dinero al lado de su plato, agarró a mi madre por el brazo y la llevó consigo afuera. Yo esperé al lado de la mesa. Sola, con la amante.

La querida.

Fijé mis ojos sobre los suyos, pero ella estaba mirando atentamente algo al otro lado del restaurante. Fui caminando hacia atrás, con miedo, desconcertada, hasta que salí del lugar y llegué al estacionamiento. Mi madre gritaba mientras mi padre hablaba tranquilamente. Ella golpeaba el techo del carro con su puño. Él se le acercaba con intenciones de detenerla.

—¡Hoy nos íbamos a ir a New Orleans de vacaciones! —explotó mi madre.

¿Lo iba a cachetear?

—¡Son nuestras vacaciones! ¿Ya no terminaste tus tres años como residente en ese terrible hospital?, ¿no piensas volver a vivir con nosotras como habías dicho?

¿Por qué no lo cacheteaba?

—Vete para la casa y las recojo en un rato. Ya casi termino aquí. Ella es una enfermera del hospital. Teníamos que discutir un caso muy difícil —incluso cuando era descubierto, mi padre negaba todo lo malo que hacía, y mi madre, queriendo creerle, no lo llamaba mentiroso.

En vez, se puso las manos sobre la cabeza y la apretó con los ojos cerrados. Yo miré a mi padre con reproche. Él se subió de nuevo a la acera ignorándome. Hundiéndose de hombros en exasperación, mi madre se dio la vuelta, aun sosteniendo su cabeza, y se lanzó sobre el asiento del copiloto.

¿Por qué no le exigía que respondiera sus preguntas?

Yo me subí al asiento trasero, y condujimos a casa, humilladas. Esa temprana mañana, sentí un lazo que me unió con mi madre en diferentes maneras que nunca pude comprender. Mi madre, traicionada y derrotada, tenía ahora prueba ocular de la infidelidad de mi padre. Yo absorbí su dolor, su soledad, el frustrante sentimiento de inutilidad con el que vivía, y la imaginaria –aunque real para ella– impotencia que la forzaba a la inactividad. Mi proteccionismo hacia ella creció con cada crisis, mientras que el resentimiento contra mi padre se extendió exponencialmente. Estos son los momentos que definen la adultez de un niño, siempre irrevocables e imperdonables. Esa experiencia me empezó a abrir los ojos.

En menos de una hora, mi padre se estacionó en nuestro edificio y nosotras saltamos dentro de su carro para nuestro viaje hacia New Orleans. Yo escribí en mi diario, un pequeño cuaderno brillante y rojo que podía cerrarse bajo llave, acerca de todo lo que vi por la ventana. Sin embargo, suprimí todos los detalles del evento de ese día. Detalles que estaban escritos con tinta indeleble en el cuaderno de mi memoria.

¿Qué iba a pasar ahora?, ¿será que mi madre iba a dejar a mi padre? ¿sería capaz?

—¿No vamos a buscar un apartamento para los tres? —preguntó mi madre de nuevo.

—Sí, papi, por favor.

¿Cómo era que mi padre lograba salirse con la suya y no responder ninguna pregunta?

Condujimos hasta New Orleans durante ese día de verano de 1963. Mi padre escogió un hotel en Bourbon Street, y nos dieron una habitación con una cama tamaño king. El reloj marcaba más de la media noche. Exhausta, me dejé caer a dormir. Mi padre se acostó a mi lado, y mi madre al otro. Cada uno dando la cara a la pared.

12.

El timbre sonó. Cientos de niños se regaron fuera de los salones de clase e inundaron el patio de juegos de la escuela elemental Fulford. Cerca de la calle, los padres luchaban por sacar manojos de periódicos de sus carros y llevarlos a un refugio techado, lugar donde acumulamos los periódicos esa tarde. Mi madre, estacionada en la curva, esperó por mí para que la ayudara a llevar pilas de periódicos desde el carro. Corrí para agarrar un manojo, y lo llevé a una esquina al mismo tiempo y en el mismo lugar donde Billy dejó sus papeles. Nuestros cuerpos chocaron. Varios papeles sueltos bajo mis pies actuaron como hielo resbaladizo y casi termino sobre el piso.

—Spic —me gritó Billy mientras se fue corriendo. Varios niños se detuvieron a reír. Otro estudiante repitió la misma palabra. Y luego otro más. Nunca la había escuchado antes. Sonaba feo, como 'Spit', que en español significa escupir, pero nadie estaba escupiendo. La nueva palabra resonaba a mi alrededor como un eco. Yo sabía que era degradante. Me tropecé con los periódicos y corrí hacia el carro de mi madre.

—Me están diciendo 'Spic' —dije, intentando ventilar mi rabia en el asiento trasero—. ¿Qué es un 'Spic'? me lo estaban gritando y se reían de mí. El niño con dientes de Bugs Bunny fue el que empezó. ¿Soy una 'Spic'?

En esa época, mi madre a veces lograba improvisar.

—Tiene que ver con que somos cubanas. Pero no te preocupes —dijo ella—. Los americanos no saben de gramática. Sólo diles que hablas mejor inglés que ellos.

¿Por qué no me defendí de Billy? El shock de haber sido socialmente inmovilizada por una pequeña palabra fue abrumador y nunca lo olvidé. Esa experiencia me forjó por siempre a sentirme diferente, una sensación inquietante que tendría que albergar por el resto de mi vida. Era el sentimiento de nunca poder asimilarme por completo; no importaba el éxito que pudiera conseguir. E incluso cuando, décadas después, mi hija se graduó de Princeton University, y me senté en la audiencia al lado de la crema y nata de la elite Estadounidense –de los cuales muchos eran descendientes de los primeros inmigrantes que llegaron a esta nación cuando el país era tan sólo 13 colonias– nuestras diferencias seguían siendo fuertes, palpables, desconcertantes y lamentables. Me definieron como una refugiada cubana en los años sesenta, y me definen ahora.

Después de esa hiriente tarde en Fulford, no volví a oír el epíteto dirigido a mí de nuevo, no porque la comunidad había sido culturizada en su mayoría, sino porque la escuela se llenó rápidamente de estudiantes cubanos. Éramos la nueva mayoría. Los niños estadounidenses comenzaron a desaparecer, sus familias comenzaron a irse del sur de la Florida u otros estados en un fenómeno denominado "White Flight", el cual describía la migración a larga escala de los blancos, con ancestros europeos, para alejarse de las zonas urbanas racial o étnicamente mezcladas y reestablecerse en regiones más homogéneas.

Pero la tensión racial se extendió más allá de la llegada de los cubanos. Esto sucedió en 1963, durante el tiempo en que los activistas abogando por los derechos civiles marcharon desde Selma, Alabama hasta Washington, D.C. y en la época del discurso de Martin Luther King, *Tengo un Sueño*. Una explosión en una iglesia en Birmingham, a manos del Ku Klux Klan, acabó con la vida de cuatro mujeres de la raza negra. Los estudiantes universitarios, protestando la violencia, asumieron el control de cafeterías que prohibían la entrada de aquellos de la raza negra. Otro grupo de activistas organizaron eventos para registrar a las personas para votar a lo largo del Sur del país. Las peleas de desegregación en las escuelas ocupaban las noticias.

Al día siguiente, fui parte de una pelea en el patio de juegos. Pero no fue con Billy. Fue con Laverne, la primera y única estudiante Afroamericana de la escuela Fulford. Mi madre no quería que yo fuera su amiga, pero yo insistí en hablarle porque me caía bien. Me gustaba que cuando se rascaba las piernas con sus uñas, dejaba grandes rayas blancas sobre su piel negra. Cada noche marcaba su número en nuestra "party-line," un sistema en el cual varios vecinos compartían la misma línea telefónica –casi siempre ganándole por poco a los demás que también querían hacer llamadas– ya que no nos alcanzaba el dinero para tener el servicio de teléfono privado.

Ese día, cuando hicimos la fila después del almuerzo, Laverne y yo comenzamos a pelear por un caramelo. Yo la cacheteé y la agarré por el cuello. Ella me pateó y caímos al piso. Uno de los profesores se acercó corriendo y gritando. Luego otro se acercó y ambos nos separaron. Uno me agarró de un brazo, el otro se hizo cargo de Laverne, y marchamos todos juntos a la oficina del director.

Yo sabía por instinto, que al ser una niña blanca, no iba a tener ningún problema convenciendo a las autoridades de mi inocencia. Utilicé ese conocimiento para salir del problema.

—¿Quién comenzó? —preguntó el director con voz sensata.

—Fue ella —respondí, señalando a Laverne, quien se abrazaba fuertemente mirando al piso. El director miró a Laverne con cara de 'lo sabía'.

—¿Usted tiene algo que decir?

—Yo no fui —susurró Laverne—. Yo no hice nada.

—Claro que sí. Ella me pegó primero —mentí—. Y me agarró del cuello.

—Jovencita, voy a llamar a su madre ahora mismo —le dijo el director a Laverne—. Está suspendida de clase por varios días. Cecilia, puedes volver a clase.

Laverne se sentaba a mi lado en la clase de cuarto grado de la señora White. Su voz flotaba por encima de la del resto de los estudiantes durante el Padre Nuestro cada mañana. Cuando ella regresó de su suspensión, la oración había sido prohibida en la escuela después de que la Corte Suprema la declarara inconstitucional. En mi opinión, tenían razón. En la clase de catecismo de los sábados, el Padre Nuestro terminaba en "y líbranos del mal, Amén", la versión católica. Pero en Fulford, los estudiantes continuaban rezando hasta "porque tuyo es el reino, y el poder, y la gloria, por todos los siglos, Amén", la versión protestante. Yo sentía deslealtad a algo que no podía si quiera nombrar, así que me detenía en la frase "líbranos del mal, Amen", robando miradas de odio de mis compañeros.

Ese primer día de vuelta a clases, Laverne mostró coraje. Antes del Juramento de Lealtad, juntó sus manos y comenzó a susurrar el Padre Nuestro de principio a fin. Al terminar, se sentó. La profesora la ignoró, y los demás estudiantes se rieron. Laverne no volvió a mirarme de nuevo por el resto del año escolar. Yo tenía muchos otros amigos, así que me olvidé de ella rápidamente. Pero la recuerdo claramente hoy. El prejuicio racial que tuvo lugar en la oficina del director ese día aun trae consigo vergüenza y arrepentimiento en mi corazón.

Días después, durante el almuerzo en la cafetería, me metí de nuevo en problemas. Escondí mi cabeza entre mis brazos y me senté en una esquina. El sonido de las sonrisas, el traqueteo de las bandejas y el arrastre de las sillas entraba y salía de mis oídos como si alguien estuviera jugando con el volumen de la radio. ¿Acaso estaba llorando?, ¿Acaso estaba durmiendo? Todos los estudiantes hicieron la fila afuera y volvieron a clase, pero yo permanecí inmóvil. Una profunda tristeza se había apoderado de mí, y no podía alejarla para ponerme de pie. Un profesor me levantó de mi trance y me llevó a la oficina del director por segunda vez esa semana.

La secretaria llamó a mi madre, pero fue mi padre quien vino a recogerme. Esa fue su primera –y única– vez que fue a la escuela. Mi siempre ocupado padre dejó todos los asuntos de disciplina y escolaridad a mi madre, sabiendo muy bien, como luego descubrí, que su condición mental y emocional la hacían a ella incompetente para llevar a cabo ese trabajo. Atrapado en su visión personal de grandeza, y a la vez tan incapaz como mi madre, no podía detener nuestra destrucción familiar. Tenso, se sentó en una silla. Olía a colonia y llevaba puesta una camisa blanca, corbata y pantalones oscuros. Mi padre nunca iba a ningún lugar sin una corbata.

—¿Qué sucedió? —dijo mi padre en un inglés no tan bueno como el de mi madre.

—Al parecer, su hija tiene un problema —dijo el director.

—Tan sólo está cansada —dijo mi padre.

—¿No cree que algo le puede estar afectando?

—Yo me encargaré de eso.

—Papi, vente a vivir con nosotras —le dije mientras caminábamos hacia su carro.

—Pronto, pronto —respondió, extendiendo la esperanza y arrancamos.

Poco tiempo después, una semana antes del Día de Acción de Gracias de 1963, el país se paralizó con la noticia del asesinato del Presidente. El director, luchando por respirar, dijo a través del micrófono—. Niños y niñas, el Presidente John F. Kennedy ha sido asesinado en Dallas, Texas.

Intentamos encontrarle sentido a esas impresionantes palabras permaneciendo sentados en silencio por un largo tiempo. La señora White, tan obesa que rara vez se paraba de su escritorio, se movió lentamente por cada fila recogiendo pedazos de papel y lápices como si eso mejorara la situación. La mujer olía a grasa y sudor. Estuvimos tiesos sentados hasta que sonó la campana y pudimos irnos. Era el 22 de noviembre, el día de mi santa, Santa Cecilia, la patrona de la música, y mi madre y yo no celebramos durante la cena.

—Esto está peor que nuestro país —comentó ella, sirviendo arroz con *picadillo*—. No hay ni ley ni orden. Es que ni Fidel, que todo el mundo odia, es asesinado a plena luz del día —estas palabras marcaron sobre mí la invencibilidad de Castro. Me sentí contenta de que estábamos fuera de su alcance, pero igual un poco asustada por la seguridad en los Estados Unidos. Tiempo después, pude conectar el comentario de mi madre con la realidad de la experiencia de un inmigrante: no importa que tan corrupto y opresor un país pueda llegar a ser, no hay lugar como nuestro hogar.

13.

Una banda de niños gritando en español invadió el Hotel Carlyle en el número 1250 de Ocean Drive, y yo era una de ellos. Con diez años en 1964, yo no sabía que el abandonado y destripado Carlyle –donde actualmente los condominios se venden en más de un millón de dólares– simbolizaba el rápido declive de South Beach. Un declive visible en cada esquina de nuestro vecindario.

—Ra, ra, ra —gritábamos mientras corríamos arriba y abajo por las escaleras y fuera y dentro del primer piso del dilapidado y rancio edificio construido en el año

1941. Llevábamos platos con galletas y jarras con Kool-Aid al hotel que en algún momento brilló y armábamos fiestas ruidosas en la terraza. La radio –conectada a un toma corriente en una pared afuera– explotaba al ritmo de "I Saw Her Standing There", "I Wanna Hold Your Hand", "It's All Over Now" y "Where Did Our Love Go".

Al lado del Carlyle, Mudda y Fadda, los dueños de nuestro nuevo hogar, dos edificios del año 1934 unidos por un patio en el centro, estaban sentados en el porche y hablaban en yiddish el uno al otro. Mudda tenía puesto un vestido ancho con estampados y unas sandalias, y Fadda vestía pantalones holgados grises plisados con un cinturón ancho que los mantenía en su lugar. Su camisa estaba abotonada hasta el cuello. Inconscientes de nuestro ruido –con más de 80 años y posiblemente un poco sordos– respondían preguntas de sus inquilinos quienes hablaban en un inglés distorsionado. La mayoría de ellos eran cubanos recién llegados que ahora volaban a Miami desde Cuba libremente. La pareja –parte de una comunidad de retirados predominantemente judíos que empezó a asentarse en South Beach después de la Segunda Guerra Mundial– había adquirido el Hotel Ocean Front con los ahorros de toda su vida.

Hoy en día, multitudes de parranderos beben y comen en la terraza del Carlyle y una anfitriona lleva a los transeúntes a mesas en el exclusivo restaurante italiano del Ocean Front, en el mismo porche donde Mudda y Fadda se sentaban con mis padres. Mi padre estudiaba para revalidar su licencia de médico, y mi madre observaba el océano.

La estancia de mi padre como residente en el Hospital Mount Sinai había llegado a su fin, y al no estar produciendo mucho dinero todavía, decidió escoger este apartamento, deteriorado y con vista al mar, por el bajo precio del alquiler y por lo cerca que le quedaba de su nuevo trabajo como asistente médico. Una posición que su amigo David le ayudó a conseguir. Milagrosamente, mi padre había cumplido su promesa y mi sueño se había hecho realidad: los tres vivíamos juntos de nuevo. Me sentía feliz y segura. Mi padre trabajaba largas horas, pero llegaba todas las noches a la casa. Entre mis padres no había mucho afecto, pero se veían más relajados, mantenían conversaciones y nunca peleaban.

A pesar de la nueva paz familiar, mi padre se veía cansado y con ganas de conseguir algo más—. No puedo conseguir otro trabajo —se quejó con rabia—. No quieren contratar a cubanos en los hospitales. Pero el Doctor Gray me está dando una oportunidad y es lo único que tengo ahora. Además, es un buen médico —el sueño, simplemente diferido, brillaba en una esquina secreta de su mente.

Mi madre se entrevistó para varios trabajos como ayudante de profesor, pero hasta ahora nadie la había llamado de vuelta—. Me alegra, por que por ahora no tengo con quien dejarte —dijo. Así que paseaba alrededor de Ocean Drive, internacionalmente conocida hoy en día como la muy de moda y brillante Deco Drive. Otras veces, simplemente se sentaba a recibir la brisa. Ni modelos de moda ni turistas la molestaban; las calles estaban casi vacías.

Ese verano de 1964, nuestra tierra adoptiva estaba pasando por convulsiones que tenían a todos hablando. La propuesta federal de los Derechos Humanos fue aprobada en el Senado en Washington, D.C. Los disturbios sociales estallaron en New York, New Jersey y Puerto Rico. Tres trabajadores de los derechos humanos que registraban a hombres de la raza negra para que pudieran votar, desaparecieron. La policía arrestó a Martin Luther King por comer en un restaurante de la Florida. Malcolm X fundó la Organización de la Unidad Afroamericana, y el número de tropas en Vietnam llego a 21.000. Mi padre agregó su voz a la convulsión, vociferantemente apoyando a Barry Goldwater –un firme anticomunista conocido como "Mr. Conservative," o "Señor Conservativo" en español– para Presidente.

En mi mundo, la escuela comenzó de nuevo y cada mañana mi madre caminaba conmigo a la escuela elemental Ida M. Fisher en la Avenida Washington. Ubicada un poco después de varios edificios tapiados y abandonados como el Carlyle y otros todavía bulliciosos como el White House, el Netherlands y el Tide.

—No puedo creer que estoy aquí después de tantos años —dijo mi madre mientras caminábamos al lado del Hotel Tide, donde ella y mi padre pasaron su luna de miel en los años cuarenta—. Tu padre y yo estuvimos en ese balcón —dijo señalando hacia arriba.

En la escuela, intentaba adaptarme a los nuevos maestros y compañeros de clase. Lentamente, la ventaja académica que tenía por haber comenzado la escuela más temprano en Cuba, comenzaba a desvanecerse. Un día, la maestra nos dividió en equipos para una competencia de matemáticas. Era mi turno. Corrí sin respirar a la pizarra, mastiqué la tiza y miré a mis compañeros de equipo buscando inspiración.

—Vamos, tú te sabes la respuesta —gritó uno. Pero no me la sabía. Lentamente escribí dos números. Incorrecto. *¡Boo!* Gritaron los de mi equipo. Caminé de vuelta escondiendo mi vergüenza detrás de una tiesa sonrisa. Al día siguiente, la maestra me degradó a un equipo más lento. En matemáticas, ya no podía llevarle el paso a los estudiantes más avanzados.

En cuanto a mis dotes literarias, en esta área, aún seguía sobresaliendo. Constantemente me pedían que leyera ya que milagrosamente conocía todas las palabras largas y difíciles y no me tropezaba. Mis ensayos siempre recibían altas calificaciones. Pero un día escribí un poema, y la maestra lo desgarró con tinta roja. Aparentemente, no le impresionó que había emulado a un poeta de mi libro de inglés. ¿Por qué el poeta del libro si podía repetir líneas en estrofas alternadas y yo no?

Después de clase, mi madre y yo íbamos a la playa. A veces me metía al agua en un caucho negro inflable y me alejaba considerablemente de la orilla, subiendo y bajando con cada ola sin preocuparme de los tiburones, mientras mi madre me observaba desde la arena. En las tardes, nuestra vecina Iraidita de 16 años, corría con su perro collie alrededor del parque Lummus, un terraplén de césped que dividía la calle de la arena. El ágil collie pasaba veloz ante el crepúsculo, mientras su melena brillaba gracias a las numerosas veces que era peinada a diario. Mirtica, una niña de doce años que vivía en el piso de abajo, y sufría de parálisis cerebral, gruñía extraños sonidos desde su silla de ruedas. Su madre y su abuela siempre estaban a su lado. Ella me recordaba a mi primo Cesarito.

Cuando el sol se movía al oeste, dejando tan sólo un rastro de luz, las parejas se apoyaban en un muro de piedras que bordeaba la arena y se extendía por varias cuadras a lo largo de la playa. La arena blanca, fría al anochecer, había sido excavada del fondo de Biscayne Bay cuando el magnate Carl Fisher diseñó su isla del paraíso a principios de 1900—. No es tan fina como Varadero —dijo mi madre, haciendo un circulo en ella con el dedo de un pie.

El océano chocaba con la orilla un poco más allá. Algunos días, el mar batía con furia, durante otros, estaba más calmado que un plato. Esa noche, mi madre tenía puesto un vestido de seda azul salpicado con flores. Su labial rosa, contrastaba con sus dientes alineados y blancos, y con su cabello espumoso arreglado en varias capas. Ella se alejó caminando de la arena, pasó por el césped y entró por el patio de nuestro edificio. Se sentó en una silla de plástico al lado de mi padre, quien leía un libro médico a la luz de un poste. Mudda y Fadda asentían con sueño en sus sillas mientras niños gritando pasaban corriendo a su alrededor. Mi padre levantó la mirada y se encontró con la de mi madre; un toque de deseo saltó en sus ojos.

Mi corazón saltó. Para una niña, ignorante y solitaria, la esperanza es realidad. Me aferré con avidez a este cambio en mi destino, un respiro en la marcha de mis padres hacia una desintegración familiar, y no lo cuestioné. Después de todo, ¿Cómo podía él comparar a mi madre con la mujer regordeta y llena de acné que habíamos visto en Rascal House? Mi padre colocó su brazo ligeramente alrededor de sus hombros. Durante la noche, acostada en el sofá de la sala –mi cama improvisada– observé el cielo con su multitud de estrellas y canté... *Twinkle, twinkle little star, estoy tan sola y tan lejos...* mientras mis padres no paraban de conversar en la habitación.

Ese otoño me dio neumonía. Mi padre me llevó al Hospital Mount Sinai donde las enfermeras me instalaron bajo una carpa de plástico llena de oxígeno. Estuve allí diez días, contentamente leyendo y dibujando con un nuevo set de colores que me había comprado mi padre después de que lo engatusé con mis encantos. Mi madre condujo a verme cada mañana y cada tarde. En uno de los viajes, tuvo un accidente que dejó el carro en pérdida total. Ella sufrió un latigazo y tuvo que usar un cojín grande alrededor del cuello por meses. Nunca se quejó ni pidió nuestra ayuda, y a mí no me importó si de ahora en adelante nos tocaba caminar todo el tiempo. Sin yo saberlo, mi padre astuto –dejando a un lado los problemas maritales– había negociado un acuerdo substancial por el accidente que nos ayudaría a salir de nuestro rancio apartamento en Miami Beach y nos llevaría directo al centro del lugar más deseado por los inmigrantes que soñaban con el *American Dream*.

14.

Cajas maltratadas con los restos de nuestra vida en La Habana llenaban el patio y también estaban alineadas unas con otras en el porche. Algunas incluso bloqueaban la puerta principal. Aquí estaba la vieja vajilla de porcelana inglesa cuidadosamente empacada en papel periódico. Allá, bajo una pila de sábanas de lino blanco, se asomaban las elegantes copas que tenían impreso los carteles de Toulouse-Lautrec invitando a los parranderos al *concert bal* en el Moulin Rouge. Todos los artículos habían sobrevivido las 90 millas de viaje desde la isla y varios años en un almacén. Nuestras pertenencias habían sido enviadas apresuradamente a Miami antes de la repentina, y para mi padre de vida o muerte, partida de la isla en 1959. Todas estaban listas para ser colocadas en nuestro nuevo hogar en una casa modesta de una zona conocida como La Pequeña Habana. Ahora, la vajilla y las copas están acomodadas prominentemente en los estantes de mi propia cocina, símbolos de una nostalgia tenaz por una vida cuyas memorias se rehusaban a desaparecer.

—Ah, tener que empezar de nuevo después de todo lo que hemos pasado — exclamó mi padre, mientras movía unas tacitas doradas adornadas con filigrana, y con la otra mano despeinaba mi cabello.

—Nunca pensé que iba a volver a ver esto de nuevo — dijo mi madre –su depresión era indetectable en este momento– levantando una bandeja de plata tallada en los bordes y con agarraderos curvos, la misma bandeja que años después empeñó para comprar pastillas para dormir. Afuera, el conductor del camión de la mueblería Modernage se alejaba después de depositar nuevos muebles a lo largo de la casa.

Felizmente yo corría dentro y fuera de las habitaciones y alrededor del patio, y luego a la mitad de la calle para unirme a un grupo de niños y jugar con una pelota. Yo nunca había vivido en una casa antes; todos los espacios abiertos invitaban a los niños del vecindario –Lola, Elizabeth, Marilyn, Maritza, Aurora, y yo– a jugar afuera día y noche. Las raíces rebeldes de los árboles levantaban las aceras, haciendo tropezar a las personas mayores y a los niños en bicicletas. En medio del calor que hacía difícil el respirar, los arbustos de gardenias y los árboles de mango mantenían el aire dulce y húmedo. El terreno era similar al paisaje cubano: sensual.

La harmonía que tentativamente había sembrado raíces en el hotel de South Beach aun reinaba entre mis padres. La amante había quedado sepultada en el pasado. Mi padre quería una segunda oportunidad. Mi madre perdonó y olvidó. Ambos celebraron nuestra fortuna; inmigrantes desde apenas tres años y medio, y ya habíamos alcanzado el sueño americano al ser propietarios de una casa.

Nuestro nuevo hogar, construido en 1940 entre la Avenida 29 del Northwest y la calle Nueve, justo al norte de los vecindarios cubanos y al sur de las comunidades de la raza negra, estaba situado al lado de una acera larga que parecía un hilo torcido corriendo sobre una prenda. En frente, estaba la escuela primaria Kensington Park, donde yo asistía al quinto grado. El área se extendió rápidamente al oeste del centro de Miami y sirvió como punto focal para los exiliados políticos cubanos y sus actividades sociales. Mucho antes de que los cubanos escapando de Castro llegaran a este pedazo de alquileres bajos, miles de exiliados de la dictadura de Batista se habían asentado aquí, y ofrecían su ayuda en español a los nuevos inmigrantes.

Hoy, La Pequeña Habana, la capital de los cubano-americanos, es la sede del famoso carnaval Calle Ocho que cada marzo atrae a más de un millón de fiesteros. A pesar de que muchos cubanos se han ido del lugar y que cientos de centroamericanos –particularmente Nicaragüenses y Hondureños– han llegado, la zona sigue siendo una comunidad de bajos ingresos, un refugio para los nuevos inmigrantes donde todo es más económico en las bodegas y el café cuesta apenas 25 centavos en algunos lugares.

A pesar de los vagabundos husmeando la basura y el aspecto deteriorado de varios lugares, hoy en día las fuerzas comerciales que revitalizaron muchas ciudades estadounidenses siguen adelante aquí en La Pequeña Habana: se pueden ver edificios viejos y dilapidados junto a restaurantes exclusivos y condominios de lujo, populares por su proximidad con la avenida Brickell, conocida como el Wall Street del sur. Dos veces al mes, la Calle Ocho del Southwest, el corazón de la comunidad, organiza una exposición de arte, presentando no sólo galerías de moda, sino también el monumento a la Invasión de Playa Girón en la avenida trece y el parque Máximo Gómez, conocido como el parque Dominó, en la avenida quince. Lugar donde los hombres de la tercera edad juegan dominó, ajedrez y fuman puros, aun quejándose de Fidel.

Mi madre escogió el vecindario porque las casas desbordaban una elegancia que le recordaban su hogar en Cuba. Muchas, como la nuestra, tenían pisos de madera y chimeneas de mármol. Nuestra casa, blanca con detalles en amarillo y con un techo plano de tejas, lucía altos y densos abetos color esmeralda que flanqueaban en la entrada con la cerámica roja de nuestro porche. Durante la temporada de huracanes, toldos blancos con rayas amarillas se cerraban sobre nuestras ventanas para protegernos de la lluvia y los objetos voladores.

Era un vecindario típico del Sur de la Florida a principios de los años sesenta, comenzando una transformación radical cuando miles de jóvenes cubanos exiliados, obsesionados con tumbar a Fidel, comenzaron a mudarse al lado de norteños retirados que vivían allí desde que terminó la Segunda Guerra Mundial. Los ancianos deseaban la tranquilidad, y les costaba entender tanta pasión de sus nuevos vecinos. En 1959, ellos habían observado los noticieros en blanco y negro con la imagen de Fidel haciendo su entrada triunfal en La Habana, luego la noticia de la Invasión de Playa Girón en 1961 y la Crisis de Misiles en 1962.

Los escuché decir que los recién llegados causaban caos en la nación. Nos preguntaban: ---¿Acaso Castro no liberó a Cuba de la tiranía de un dictador? ¿Acaso no le está enseñando a los pobres a leer?

—Es un comunista —respondía mi padre.

Cada cubano en el vecindario quería regresar a la isla, insistiendo en que su estancia aquí era sólo temporal. Pero mi padre dijo que eso no iba a ocurrir nunca. Los cubanos estaban aquí para quedarse. A principios de año él señaló un desarrollo como prueba: Castro había firmado un importante acuerdo de azúcar con Rusia, que ahora era el más grande aliado comercial y militar de la isla, asegurando así la esclavitud de Cuba bajo el enemigo comunista más grande de los Estados Unidos. Como un profesional con un brillante futuro, mi padre se sintió motivado a ajustarse al estilo de vida americano rápidamente. Él creía que iba a poder hacer mucho más dinero en los Estados Unidos del que podía hacer en Cuba.

Nuestros vecinos cubanos, por otro lado, trabajadores pero con conocimiento limitado del inglés, creían que sus vidas serían mucho menos estresantes de vuelta en Cuba donde sus familiares clamaban por su regreso. La mayoría de los familiares de mis padres estaban en Miami ahora, y mi padre –sucumbiendo al estallido de alegría de esta nueva época de harmonía con mi madre– ya había comenzado el proceso de traer a sus padres a los Estados Unidos.

Los vecinos antiguos, de los cuales muy pocos se hicieron amigos nuestros, vivían también absorbidos en el pasado. Estaban cansados de la vida pero le temían a la muerte, y formaban un marco de inmovilidad alrededor del ruido en las casas cubanas. Sospechosos de cualquier estruendo afuera, corrían a la ventana ante el primer sonido en la calle. Tan sólo el viudo que vivía en lo más alto de la cuesta parecía ser indiferente a los nuevos vecinos cubanos. Era dueño de una casa de dos pisos color gris y con chimenea. Nadie sabía su nombre, pero los chismes decían que se volvió loco después de que murió su esposa. El hombre había sellado sus ventanas con tablas de madera como si estuviese esperando la muerte. Sus gatos se acostaban a coger sol sobre la acera de su casa, su patio, porche y techo. Los oficiales del Servicio de Control Animal vinieron en una oportunidad pero no hicieron nada.

Ese Halloween, tocamos su puerta, gritamos "trick or treat", o trato o truco, y evitamos su mirada cuando salió al porche a llenar nuestras bolsas con caramelos. Por una apuesta, conseguí el coraje y rompí el silencio. Yo quería escuchar al viudo hablar.

—¿Cómo te llamas? —le pregunté, estirando mi bolsa de caramelos y mirando a otro lado bajo la máscara de ángel que llevaba puesta.

—Jim McCoy —su tono, como un eco retumbando en las paredes de un túnel, me perturbó.

Estuvimos ahí de pie inmóviles, desconcertados por el sonido. Bajo mi máscara, me sentía expuesta a la resonancia de su voz. Yo quería observarlo a través de mi máscara, pero no pude. En vez, logré sentir más que observar una forma humana vestida de negro, con una barba que cubría una piel más blanca que la cascara de los huevos. Continuamos parados allí hasta que el viudo dio un paso hacia delante.

—Vámonos de aquí —gritó uno de mis amigos—. Él da miedo.

Corrí detrás de mis amigos por las escaleras de su porche, confundida acerca de mi deseo de observar el rostro del viudo. ¿Qué era lo que quería ver? Tal vez quería ver el reflejo de mi propia tristeza en la cara de un extraño. O estampar el aspecto de la rendición en mi mente para poder evitarlo. Luchaba constantemente, no sólo con mi madre, sino conmigo, y con cualquiera que me hiciera enojar. A veces me sentía tentada a retirarme, a encerrarme lejos como el viudo.

15.

Mi padre no duró mucho en nuestro nuevo código postal. Parecía que nada pudiera detenerlo. Ni nuestra nueva casa, ni mi madre actuando más relajada, ni siquiera su hija en crecimiento. En diciembre, él anunció que había conseguido un nuevo trabajo en el Hospital Edgewater en Chicago. Mi padre compró ropa interior térmica y una chaqueta gruesa de lana que le llegaba a los tobillos del catálogo de Sears

—Es una buena oportunidad para mí —dijo. Y así, mientras el año iba terminando, mi padre estaba listo para irse con él.

—En unas semanas vamos a estar juntos de nuevo —me dijo—. Ustedes se vienen a Chicago apenas tu mamá logre alquilar la casa.

—¿Estás seguro? —le pregunté.

Él asintió con la cabeza.

Una mañana antes del amanecer, saltó en su carro, se despidió con la mano y se fue. Mi madre volvió inmediatamente a la cama. Yo me quedé parada en la puerta viendo las luces de su carro disolverse en la obscuridad, como el azúcar blanca devorado por mi café negro. Yo caminé de vuelta a mi habitación, agarré su foto de mi mesa de noche y la apreté contra mi corazón. No pude volver a quedarme dormida.

Al día siguiente, mi madre comenzó el ritual familiar de empacar. Envolvió la vajilla de porcelana inglesa en periódico y las copas de Toulouse-Lautrec entre las sábanas. Cuadró todo para que los muebles fueran enviados a Chicago y cortó el servicio de teléfono. Una semana después, el cartero tenía en sus manos la primera carta de mi padre.

Querida Cecilita.

Tuve un muy buen viaje a Chicago a pesar de que nevó los últimos dos días. No ha dejado de nevar desde que llegué y hay montañas de nieve en las calles. Acabo de conseguir un apartamento cerca del hospital. Es muy pequeño pero está bien mientras consigo algo mejor. Te extraño mucho. No puedo esperar a que llegues. Hay una escuela cerca del hospital.
Muchos besitos. Tu papi.

Plateado y brillante, el tren se estremecía y agarraba rapidez mientras se alejaba de Miami. Estábamos sentadas en unos asientos tiesos, abrigos largos de lana estaban doblados en los compartimientos superiores. Mi madre llevaba un bolso con ropa interior térmica, calcetines de lana y bufandas. Dormimos en un coche-cama y comimos en el vagón restaurante. Porteros y meseros de la raza negra nos atendían cuidadosamente. Tres días después, el tren rugió dentro de Chicago.

Me bajé en la plataforma, y el frío se sintió sobre mi como una capa de hielo ese marzo de 1965. Miré con asombro los montones de nieve apilados más altos que yo. Me agaché para examinar los cristales de hielo que crujían bajo mis nuevas botas. La ropa interior térmica se sentía apretada y me picaba, pero actuaba como barrera contra las frías corrientes de viento evitando que llegaran a mi piel. Nunca imaginé que podía existir un aire tan frío cuando al mismo tiempo el sol brillaba brindando un día claro e iluminado.

Mi padre, esperándonos en la estación, me atrapó entre sus brazos, sombrío y distante, nunca como el padre que nos había recibido en el aeropuerto hace casi cinco años. Era un hombre diferente al que se había sentado en el porche de nuestra casa en South Beach silbando y riendo mientras organizaba la vajilla en nuestra casa de la Pequeña Habana. ¿Qué había ocurrido con esa luz de amor que yo había presenciado?, ¿acaso la había imaginado?

—Rafael —dijo mi madre extendiendo su mano. Pero se detuvo ante las palabras de desdén de mi padre. Ella se echó para atrás. La cara de mi padre se retorcía mientras gesticulaba con las manos como si estuviera espantando una nube de insectos. Mi madre amarró su bufanda alrededor del cuello mientras temblaba por el frio. Su voz era de súplica y su cara se desmoronaba.

Yo me quedé de pie retorciéndome miserablemente en mi abrigo de invierno. El frío y el abrigo intentaban tumbarme aplicando peso en mis hombros, distrayéndome y no permitiéndome registrar las palabras exactas. Pero el tono era claro: resentimiento, daño irreparable ya hecho.

—¿Por qué? —insistía mi madre. No hubo respuesta.

Mi padre condujo hacia un pequeño edificio en el centro de Chicago y nos dejó en un departamento con sobre calefacción y pobremente amoblado. Él no se quedó. Mi madre, cansada de su vigilia en la ventana, se arrastró hasta una silla cercana y colapsó en ella durante toda la noche.

Al día siguiente, molesta y confusa, me puse el odiado abrigo de lana, tambaleando bajo su peso, y corrí hacia la nieve. Tenía once años y cada vez me volvía más testaruda e independiente. El hielo blanco se había compactado en un terreno inquebrantable. Yo me resbalaba pero seguía atravesándolo con determinación. La suave nieve succionaba debajo de mis botas, negándose a soltar mis pies. Usé toda mi fuerza para viajar a través del agua sucia congelada. Corrí hacia delante ciegamente.

Luego, en frente de mí, el museo de historia natural se elevaba hasta el cielo, sus ladrillos grises y marrones reflejaban los pálidos rayos del sol. Decidí entrar y salté al encontrarme con un oso gigante congelado justo al momento en que el animal pretendía arañar el techo. Yo caminé a través de los pasillos, perdida ante tanto que ver y en el silencio del museo. Las horas pasaron velozmente. El anochecer llegó rápido, y con él la hora de cierre del lugar. Me empujé hacia la nieve. Ahora las montañas de hielo me llegaban a los muslos. Finalmente, observé nuestro edificio y las luces brillando a través de las ventanas. Mi madre abrió la puerta y no mencionó nada acerca de mi día fuera de casa. Su cara, hinchada y mojada por las lágrimas, yacía sin expresión. Me quedé dormida mientras la radio cantaba "Red Roses for a Blue Lady".

Mi padre llegó temprano en la mañana para llevarnos de nuevo a la estación del tren. Estuvimos de pie en la plataforma por un incómodo minuto. Yo lloré y abracé a mi padre, quien se deslizó fuera de mi alcance, me dio un beso de despedida, y no pudo darme una fecha exacta en la cual nos volveríamos a ver. Mis padres no se dijeron nada entre ellos. El tren retumbó de nuevo durante tres días de vuelta a Miami. Yo me senté abatida al lado de la ventana. Lágrimas amargas empañaron el paisaje blanco que lentamente desaparecía ante mí.

—¿Por qué nos fuimos tan rápido? —le pregunté a mi madre con un dolor que apretaba mi corazón.

—Tu papá me dijo algo que no me gustó —luego, suspiró una alarmante conjetura—. Puede que sea posible amar a dos personas al mismo tiempo.

En ese entonces esas palabras no tenían sentido. ¿Por qué ella no había luchado con más fuerza para no perderlo?, ¿por qué ella no se deshizo de la amante? –la razón para mi de esta nueva ruptura– Me doy cuenta ahora que su nivel de energía y su fuerza emocional no coincidían con la de mi padre, razón por la cual ella se retiró de la batalla. En una oportunidad, mis familiares me habían dicho que mis padres eran inseparables. La idea despertaba siempre mi nostalgia por el pasado.

Mi espíritu se levantó de nuevo al día siguiente cuando observé lo que parecía ser un grupo de músicos de rock sentado en uno de los vagones. Yo amaba los Beatles y los Rolling Stones, y el rock era parte de mi vida diaria. Era el grupo Jay and the Americans, riendo, bromeando y fumando con todos sus instrumentos amontonados alrededor. Uno de los miembros de la banda —¿Acaso era Jay?— comenzó a tararear "the concrete and the clay beneath my feet begins to crumble but love will never die" –en español: el concreto y la arcilla debajo de mis pies comienza a desmoronarse, pero el amor nunca morirá–los demás miembros se le unieron, terminando la canción.

Rápidamente la canción inundó el aburrido zumbido de las ruedas sobre los rieles de acero. Me senté con ellos cuando fueron al vagón de la comida, y los observé cantar con la boca llena de puré de patatas "if I had a hammer, I'd hammer in the morning" –en español: si tuviera un martillo, martillaría en la mañana.

Yo conversé con ellos mientras mi madre estaba a mi lado, su labial rosa brillando, su cabello sedosamente en su lugar y su rostro como la muñeca de porcelana, con la mano pegada a un lado, que habíamos empacado en una de las cajas.

Varios días después, destrocé un sobre para leer una carta de mi padre,

Querida Cecilita:
No sabes cuánto te extraño. La nieve ya se fue y no está haciendo tanto frío. Te estoy enviando 10 sobres con estampillas para que puedas escribirme de vuelta. También te estoy enviando sobres con estampillas de 13 centavos para que le puedas escribir a tus abuelos en Cuba. Pídele el teléfono a los vecinos para que me llames (diles que vas a hacer una llamada por cobrar) en las noches después de las siete. Vamos a estar juntos de nuevo. Nada puede separarnos.
Tu papitón.

El fiasco de Chicago estimuló una grieta irreversible en la relación de mis padres. Ese fue el momento en que mi padre finalmente decidió que nada se iba a interponer en la reinvención de su vida. Él consideraba que nuestra casa, recientemente adquirida en la Pequeña Habana, era un lugar seguro donde dejarnos mientras él cumplía sus sueños.

—Yo le pregunté a tu padre —dijo David años después—. "¿Cómo está Ceci? ¿Cómo está su mamá?" y su respuesta fue "no quiero hablar de ellas. Yo sólo quiero seguir adelante con mi vida. Tu sabes, tener una buena vida. Ya he tenido suficientes problemas. Yo voy a ser un médico en este país. Eso es lo que cuenta. Yo voy a tener una nueva vida".

Me gustaría decir que ese fue el momento en que mi madre vio una oportunidad para su felicidad personal, y que ella también terminó triunfante con una nueva vida. Pero eso nunca sucedió. Aquí, en los Estados Unidos, nada ni nadie podía detener el deseo de mi padre por dejarnos atrás en busca de romance, riqueza y estatus social, ni siquiera la caída de mi madre en la locura y la pobreza.

16.

Para mi madre, la partida de Chicago significó el principio de episodios de llanto y días completos encerrados en su habitación a oscuras. Su silencio se extendía por largo tiempo y era tan pesado que parecía que ella se fundiera en la cama, paredes y piso de su habitación. Como una tortuga barricada dentro de su caparazón, ella cementaba cada abertura contra el mundo. Esta época marcó el inicio de un ciclo de pobreza, de trabajos que no la llevaban a ningún lugar, y de una horrible caída hacia la locura. Respecto a mí, yo la culpé por dejar a mi padre amado, el enlace a un vibrante mundo feliz.

—¿Algún día vamos a vivir con papi de nuevo?

—No. Yo lo he llamado varias veces y no me contesta el teléfono ni me devuelve las llamadas.

Tiempo después, David intentó explicarme—. Yo le dije que fuera sexy con él, que actuara más como una mujer para él, pero no me hizo caso —dijo él—. Ella tan sólo se quedaba sentada ahí, moviendo la cabeza, como si no entendiera lo que le estaba diciendo. Ella siempre me pareció tan frágil, tan delicada.

Sin padre, no habían reglas. Ya había llegado el verano. Me podía acostar y despertarme cuando me diera la gana. Los niños del vecindario corrían dentro y fuera de mi casa día y noche. Patinábamos, montábamos bicicleta y jugábamos en las calles. Durante las noches, jugábamos al cuarto obscuro.

Yo le subía todo el volumen al tocadiscos. Me encantaba escuchar la canción "The Jerk" y a el grupo The Lovin' Spoonfuls con su canción acerca de cómo el verano te hacía sentir el cuello arenoso. El sonido de la música escapaba por la puerta principal, abierta para atrapar la brisa porque el aire acondicionado se había dañado, y mi madre no tenía el dinero para repararlo. Los ventiladores oscilaban en mi habitación y en la sala de estar. Mi madre puso uno en su vestidor. Hacía más calor dentro que afuera.

La biblioteca pública Grosse Pointe, situada a unas cuadras en la calle Siete, me ofrecía un receso del calor. Yo caminé hasta el lugar todos los días y leí 26 libros ese verano de 1965, ganándome el primer premio en un concurso de lectura. Los bibliotecarios colocaron mi nombre y los títulos de los libros que leí en papeles de colores en una cartelera y me premiaron con un certificado.

A pesar de su estado emocional, mi madre ocasionalmente hacía cosas sorprendentes. Cuando vio el certificado, caminó rápidamente hasta la escuela Kensington Park y me inscribió en una clase de escritura creativa, la cual formaba parte del programa de verano. La experiencia cambió mi vida. Entré al salón el primer día de clase y sentí una emoción que nunca antes había experimentado.

—Niños y niñas —dijo la maestra—. Quiero que dejen sus pensamientos correr libremente y escriban cualquier cosa que se les venga a la cabeza.

Yo esperé a que las ideas llegaran. De repente, varias imágenes ardieron en mi imaginación, de manera similar a las veces en que le dicté a mi madre historias de Santa Claus. Agarré mi lápiz y empecé a trabajar creando una historieta que contaba la historia de un niño al que le costaba estudiar.

La maestra, impresionada, compartió mi trabajo con el resto de la clase. Regresé a casa exaltada.

Esos momentos visionarios fueron escasos en mi madre. Ella no se dio cuenta cuando, en nuestro propio patio trasero, encendí un cigarro por primera vez a los 11 años. Tampoco sabía que Conchi, al otro lado de la calle, golpeaba incansablemente a su sobrina Aurora, quien, llorando, se escondía en una esquina. No era testigo del horror que vivía Rosa, dos casas más abajo, quien luchaba por separar a su padre de su madre, a quien él había apuñaleado con un cuchillo de cocina repetidamente. No podía ver la desesperación en los ojos de Enrique, el esposo de Conchi, quien había planeado maniobras militares que fracasaron en los Everglades tratando de recuperar a su país.

Mi madre era ajena a todo eso; pero yo lo absorbía todo. Yo sabía que ella estaba pensando en mi padre, pero también sabía que flotaba sin ancla a la deriva en un país nuevo que hasta ahora sólo le había ofrecido decepciones y soledad. A veces le hablaba a visitantes en el porche, pero cuando yo salía a observar, no había nadie afuera. Durante las noches, desde su cama, le hablaba a alguien cerca de la ventana.

—Vete —decía llena de rabia—. Deja de molestarme.

Hurgando en su closet un día, encontré el revolver de mi padre en una caja que no había sido desempacada. Acaricié sus bordes fríos. Abrí el cartucho y observé que no tenía balas dentro. Pero un pensamiento cruzó mi mente. La iba a usar contra los ladrones y los visitantes invisibles. Pensé que de tan sólo verla, iba a asustar a cualquiera. La escondí bajo mi almohada, sintiéndome inmediatamente más segura.

La siguiente vez que escuché la voz de mi madre, saqué el revólver, me lo puse debajo de la pijama y corrí a su habitación. Yo le tenía pánico a los ladrones después de que la vecina de al lado, la señora Lockliar, me dijo que un ladrón se había deslizado dentro de nuestra cocina a través de la puerta trasera justo antes de que compráramos la casa. Durante varias semanas, pensé en lo que haría durante una situación como esa. Mantuve el arma fuera de la vista de mi madre para que no me la fuera a quitar, y estuve en guardia. Pero no fue un ladrón lo que tuve que enfrentar; no me imaginaba que iba a ser un enemigo incluso peor.

Mi madre saltó de la cama y se asomó por fuera de la ventana.

—Vete —gritó.

—¿Quién está ahí? —le pregunté, asomándome entre la obscuridad con ella. Ni una hoja se movía.

—Nadie —dijo mientras se arropaba de nuevo. Yo volví a mi cama, confundida.

¿Quiénes eran las personas afuera de la ventana? No sé en qué momento me di cuenta que sólo existían en su cabeza.

Desde la acera, podíamos ver a la viuda Lockliar podando los arbustos de rosas a un lado de su casa, la cual estaba pintada, por dentro y fuera, de color rosa. Con un pañuelo amarillo escondiendo su cabello blanco, ella llevaba puesto un vestido floreado que se extendía sobre su cuerpo masivo como una tienda de campaña.

Mi madre y yo caminamos hasta la puerta de su casa. Mi madre la tocó claramente. Yo me escondí detrás de ella—. Quisiera que no nos hablara más —dijo mi madre en un suave, casi imperceptible acento cuando la señora Lockliar abrió la puerta. Mi madre, la única madre cubana en el vecindario que hablaba inglés, dijo las palabras con orgullo en el porche de la señora. Con sus hombros hacia atrás y usando lentes obscuros para ocultar los ojos hinchados de tanto llorar, mi madre se veía tan glamorosa como Jacqueline Kennedy. Tenía puesto un traje tejido marca Chanel color azul turquesa y tacones de cuero de patente blanco con un lazo sobre los dedos de los pies. Yo tenía mi diario y un libro bajo mi brazo; en caso de que la conversación se tornara aburrida, estaba preparada para escribir cuentos o leer para pasar el tiempo. Pero no había nada aburrido acerca de esta confrontación. ¿Acaso mi madre iba a cachetearla?

Otra viuda, la señora White, regordeta y baja, quien vivía en un dúplex —también pintado de rosado— al otro lado de nuestra casa, estaba sentada en la sala tomando té. La señora White sonreía amablemente pero sus ojos no enfocaban completamente. La señora Lockliar, una figura imponente, le dijo algo a la señora White, se detuvo y se quitó el pañuelo amarillo de la cabeza. La mujer estaba pensando. Alta y ancha, con un vozarrón entrenado en el arte de las protestas, se dio la vuelta, caminó hacia el fondo y cerró la puerta trasera quejándose de los mosquitos e ignorando a mi madre. Cortinas pesadas cubrían las ventanas y varias alfombras gruesas tapaban el piso de madera. Estantes cargados con figuras de vidrio estaban alineados en las paredes hasta la altura del techo. En el patio trasero, árboles de fruta emanaban una humedad dulce en medio del calor del día, el penetrante olor se mezclaba con el aire encerrado dentro. Cada noche, antes de dormir, yo olía la dulzura, y cuando despertaba por las pesadillas con los ladrones, el olor seguía ahí para calmarme.

—No sé qué hice para ofenderla —dijo la señora Lockliar. Mi madre no cambió su postura en la puerta—. Lo único que le dije es que podía contar conmigo si necesitaba algo.

—Yo no necesito su ayuda.

Sentí rabia de la grosería de mi madre. Tenía miedo de que la señora Lockliar y la señora White, ambas frunciendo el ceño ahora, no me dejaran jugar más con sus gatos siameses.

—¿Me entiende lo que le estoy diciendo? —continuó mi madre.

Las viudas observaban, calladas.

—Vámonos, Cecilita. Vámonos —se dio la vuelta para irse como si fuera una reina. Yo volteé los ojos. Lo único que quería era jugar con los gatos, divertirme con mis amigos y dejar de temerle a los ladrones. Mi madre no tenía ningún motivo para pelear con las amables viudas. Ella manifestaba una personalidad algunas veces, y otra personalidad en distintas ocasiones. Clara y obscura.

Pasé esos primeros años en Miami persiguiendo ese pequeño brillo de luz en los ojos de mi madre. Esa luz me indicaba que ella estaba bien. Pero la mayoría del tiempo, así como en La Habana, la luz se apagaba antes de que la pudiera alcanzar, y entonces me tocaba correr aterrorizada a un hoyo negro. Este era uno de esos momentos obscuros. Las señoras Lockliar y White movieron sus dedos en señal de despedida mientras yo las observaba cerrando la puerta.

17.

En septiembre de 1965, el huracán Betsy se aproximaba a los cayos de la Florida. Las noticias advertían de ráfagas de viento alcanzando una velocidad de 160 millas por hora. El meteorólogo dijo que el huracán pisaría tierra a la medianoche. El sol quemaba el vecindario, pero el viento comenzaba a sentirse y era tan sólo mediodía.

—¿Por qué no vienes y esperamos el huracán aquí en mi casa? —preguntó Marilyn—. Vamos a divertirnos mucho y puede que mi primo Manny venga.

Marilyn era mi mejor amiga ahora. Ella vivía al otro lado de la calle con sus padres, Conchi y Enrique, sus dos hermanas, Maritza y Marlene, y dos primas, Aurora y Felicia. Desde mi ventana, observaba con envidia como familiares los visitaban cada día de la semana, incluyendo los fines de semana. Estacionaban sus carros en el patio del frente: primos, tías y tíos, sobrinas, sobrinos todos en carros viejos marca Ford y Chrysler. Yo deseaba fervorosamente tener un hermano o hermana, por lo que dejaba notas a la cigüeña, la cual según mi madre traía los bebes. Nunca recibí respuesta, por lo que me contenté adoptando la familia Marilyn y haciéndome parte de su rutina diaria, llenando así el vacío creciente en mi vida.

—Está bien, le voy a preguntar a mi mamá —. A mí me gustaba su primo, Manny, y siempre estaba lista para divertirme. En realidad nunca le pregunté a mi madre. Yo ahora hacía lo que quería; mi madre se había rendido en la tarea de mantener el orden. Pero cuando fui a la casa, mi madre me dijo que ya Conchi le había pedido que pasáramos la noche en su casa. Estaba sorprendida de que mi madre hubiera aceptado. Tal vez se sentía más amigable con Conchi que con las señoras Lockliar y White porque Conchi era cubana y más cercana a su edad. Tal vez reconocían la tristeza en sus ojos cuando hablaban de Cuba.

Cualquiera que fuese la razón, yo estaba feliz de tener compañía esa noche y ayudé a mi madre a buscar linternas y baterías para llevar con nosotras.

De vuelta en casa de Marilyn, fui a la habitación de Conchi para realizar una llamada por cobrar a mi padre. Mi madre aún no había reconectado el servicio de teléfono desde que regresamos de Chicago, quejándose del costo.

—No va a pasar nada —dijo mi padre—. Nosotros pasamos por tantos huracanes en Cuba y aquí estamos. Los noticieros están exagerando.

—Papi, me siento muy sola. Mami nunca habla. ¿Por qué no puedo visitarte en Chicago?

—Me voy a ir a Texas a trabajar en una oficina privada el próximo mes —me dijo—. Apenas terminé de mudarme, cuadro todo para que vengas. Es cerca de la playa y el clima es mejor que aquí en Chicago.

Escuché un clic en el teléfono.

—¿Escuchaste a alguien levantar otro teléfono? —pregunté—. Creo que alguien está escuchando la conversación.

—No. No escuché nada.

—¿Cuándo puedo tener novio?

—No puedes tener novio hasta que cumplas quince.

—También quiero un carro.

—Todavía falta para eso.

—Quiero uno rojo o verde —insistí.

Cuando colgué, Conchi me estaba esperando en la puerta—. No me interesa lo que le tengas que decir a tu papá acerca de carros o novios —gritó, acorralándome en una esquina—. Yo no estaba escuchando por otro teléfono ¿Me escuchaste? ¡Yo no estaba escuchando!

Yo asentí con la cabeza, asustada de la mirada de locura en sus ojos negros, girando en todas direcciones. ¿Si no estaba escuchando, entonces cómo sabía lo que le había dicho a mi padre? Normalmente yo iba a la farmacia Rexall's Drugs en la esquina para usar el teléfono por cobrar, pero era mucho más fácil cruzar la calle. Conchi salió hacia donde su esposo Enrique, sus primos y tíos tapiaban ventanas y puertas, se montó en su auto y se fue. Cuando regresó, cargada de enlatados y velas, no mencionó el incidente. Tal vez Conchi estaba enferma como mi madre.

Horas antes de que llegara el huracán, todos estaban con espíritu fiestero. Desde ya, cajas llenas de mangos estaban alineadas en las paredes de la sala y el comedor. Tres árboles de mango florecían en el patio trasero y la casa estaba siempre surtida de la pegajosa fruta. Los familiares comenzaron a llegar. Mi madre cruzó la calle y se sentó primorosamente en el sofá de Conchi. El sol desapareció, y nos preparamos para el huracán. Jugamos al Parcheesi y con las cartas. Comimos sándwiches. A la medianoche, un viento succionó el calor y enfrió el aire, golpeando las puertas y ventanas con el rugido de un tren en movimiento. Capas de lluvia arrancaron el polvo de las aceras y apedrearon furiosamente las paredes y el techo de la casa. Nadie dijo nada durante varios minutos. Luego, la gran fiesta de pijamas comenzó. Todo el mundo corrió hacia una cama o un sofá para ponerse cómodo. Marilyn tuvo que dormir con sus dos hermanas menores, así que a mí me tocó con su prima, Magda.

—Muévete —dije, empujando a Magda, cuyo amplio cuerpo me apretaba contra la pared. Las tablas clavadas en las ventanas se tensaban contra el viento. Alguien desde la sala gritó que el agua se estaba metiendo dentro de la casa.

—Agarren unas toallas y pónganlas cerca de los marcos —gritó Enrique—. Aléjense de las ventanas.

La casa temblaba como si tuviera escalofríos.

¿Mi madre seguía en el sofá?, ¿será que se había ido a la casa a su cama?

—¡Mami! —grité.

—Estoy aquí — respondió desde la sala.

A la mañana siguiente, me desperté por el sonido del martillo de Enrique sacando los clavos de las tablas que bloqueaban las puertas y ventanas. Un cielo nublado nos esperaba afuera, sin lluvia y con menos calor. El huracán se movió rápidamente a la costa oeste de la Florida. La luz regresó, y nos juntamos en el cuarto familiar para observar *American Bandstand* en la televisión. Mi madre se fue a casa. Mientras el aire soplaba en pequeños remolinos fuera, en ese momento mágico en que la luz perdura antes del anochecer, comenzamos un juego de "freeze tag". Nuestros chillidos hacían eco a lo largo de la cuadra.

La cortina de la ventana de la señora Lockliar revoloteaba y luego volvía a su lugar. Aislada por mi madre, ella había tenido que pasar el huracán sola con la señora White. Me sentí mal por ella, pero al ser casi alcanzada por Marilyn, puse mi cabeza de nuevo en el juego y las ancianas enseguida se desvanecieron de mi mente.

18.

El tráfico silbaba a través de una ventana abierta en la calle Flagler. El aire era grueso debido al calor inmovible. Este octubre de 1965 yo estaba dentro de una oficina en un edificio en el centro de Miami. Mis zapatos crujían sobre los pisos resbalosos de los pasillos. Puertas pesadas de madera sin barniz silenciosamente guardaban la entrada hacia pequeñas oficinas a ambos lados del pasillo. Las puertas se sentían ásperas al tacto; se podía sacar una astilla con tan sólo frotarlas. Placas de bronce anunciaban los nombres de aquellos que se escondían dentro. Tocamos, entramos y una secretaria nos invitó a tomar asiento al lado de un escritorio apilado de papeles en medio de una habitación pequeña. La humedad hacía todo pegajoso.

Un hombre, calvo y rechoncho, llegó apresurado desde una oficina contigua. Mi madre extendió su mano; él la apretó, mostrando sus dientes amarillos. El hielo se sentía en el aire.

—Vine a firmar los papeles —dijo ella.

—Sí, —sonrió de nuevo.

Yo me encontraba en esa incomoda etapa antes de la pubertad. Hacía el baile del "mono" con la canción "Pretty Woman" de Roy Orbison y me admiraba frente al espejo. Los Beatles causaban pandemonio con su música, los fanáticos extáticos se desmayaban en sus conciertos. Mis amigos y yo cantábamos "All My Loving" y "She Loves You" e intentábamos descifrar cual Beatle cantaba cada parte. ¿Es ese Paul? No, debe ser George. Me enteré por un compañero de clase que Santa Claus no existía. Qué decepción; pero igual no le pensaba decir a mi padre para que siguiera comprándome regalos. Mientras ganaba más conocimientos acerca del mundo, comencé a entender las consecuencias del divorcio. Me preocupaba que me fuera a arrancar de mi padre por siempre, y que probablemente iba a tener una madrastra, tal vez una tan odiosa como la de la Cenicienta, cuya historia en un futuro se asemejaría a la mía.

En la pequeña oficina, el borde del escritorio se clavaba en mis costillas. No había lugar para moverme hacia atrás. El hombre al otro lado de la mesa, un abogado que mi padre había contratado, empujó un montón de papeles desordenados frente a mi madre. Vestida resplandecientemente, con un pintalabios fresco y el cabello ondulado recogido, se veía como la actriz de las películas Hedy Lamar. Pero dentro de su cabeza, el dolor arremolinándose no era una actuación. Mantenía la cabeza en alto, luchando por verse digna mientras leía el contrato.

Mi madre no tenía su propio abogado, un claro conflicto de interés que mi padre utilizó a su favor. Posiblemente sintiendo vergüenza por el divorcio, ella no le pidió consejos a nadie. Ni a su amigo David, ni a sus tíos Carmela y Manolo –quienes se habían mudado recientemente desde Nueva York a Miami– ni a mi abuelastra Elsie o a mi abuela paterna Amalia. Ella firmó los papeles y se recostó en la silla.

El contrato estipulaba que mi madre no podía pedir más dinero nunca. Mi padre, cuya carrera como cirujano estaba a punto de despegar, le ofreció una pensión de 150 dólares al mes hasta que mi madre volviera a casarse y 150 dólares al mes para mi manutención hasta que yo cumpliera los 18. Mi madre podía quedarse con la casa. Después de todo, fue su dinero del accidente el que se usó para dar el pago inicial de la propiedad. ¿Estaba ella clara de todas las consecuencias del contrato?, ¿acaso mi padre consideró el estado mental de mi madre cuando redactó los papeles con su abogado?

No. Yo creo que mi madre no sabía lo que le esperaba y que mi padre, un médico quien se jactaba de haber tomado un curso especial en psiquiatría, había diagnosticado hace tiempo la enfermedad mental de mi madre y sin escrúpulos se había aprovechado de su condición.

—Es ahora usted libre —rió el abogado.

—Mi marido es un degenerado —dijo mi madre—. Y usted también.

Mi corazón latía; mis tripas se retorcían. Eché hacia atrás mi silla golpeando la pared como el toque de un tambor. El abogado se puso de pie; era de mi altura. Sentí peligro. Tenía miedo. El hombre extendió sus labios agrietados en una sonrisa. Yo podía ver a través de la abertura de su boca cavernosa un pozo oscuro sin fondo.

—Cecilita —mi madre me dio la mano.

Me retorcí y finalmente pude liberarme de las sillas. Agarré el pomo de la puerta pero estaba atascado. Un tirón fuerte y estaba devuelta sobre el piso resbaladizo del pasillo. Mis zapatos se aferraban a la suavidad de la superficie. El silencioso y brillante pasillo se extendía a lo largo de ambos extremos. Yo corrí hacia cada una de las puertas, buscando la señal del baño.

Finalmente, allí estaba. Entré y sentí un movimiento desgarrador en el estómago que me paralizó antes de poder llegar al inodoro. Allí, sobre este piso sucio y áspero de cerámica pequeña, en patrones blanco y negro que entraban y salían de foco, me agaché y me alivié de una diarrea.

Una semana después, mi madre me envió a hacer una diligencia en la farmacia Rexall's Drugs de la esquina. Caminé hacia la cabina del teléfono, me senté dentro y cerré la puerta deslizante. Agarré el auricular, marqué el número del operador y pedí una llamada por cobrar a Chicago.
—Papi —dije cuando mi padre aceptó pagar por la llamada.
—Sí, Cecilita.
—Se nos acabó el dinero. Mi mamá dice que...
—Yo sé que tu mamá te mandó a llamarme. Yo le mando suficiente dinero.
—No, es verdad —mi padre no había firmado aun los papeles del divorcio, pero desde ya le enviaba a mi madre menos dinero.
—Dije que no.
—¿Cuándo te voy a ver? —las lágrimas corrían por mis brazos.
—Voy a cuadrar para que vengas a visitarme apenas termine de mudarme. Pero cuando tengas doce años, puedes decidir si quieres vivir conmigo o con tu mamá. Puedes venirte a vivir conmigo si quieres. Eso es lo que dice la ley.

Me quedé inmóvil, en shock. Mis lealtades se veían divididas. ¿Acaso eso quería decir que iba a tener que dejar a mi madre? Yo ansiaba la energía y emoción de la vida de mi padre, pero me sentía responsable de ayudar a mi madre.
—¿Entonces nunca vamos a volver a vivir juntos?
—¿Es eso lo que tu mamá quiere saber?

Puse el auricular de nuevo en su lugar, molesta por que no había logrado cumplir con la misión de conseguir lo que mi madre necesitaba, lo que ambas necesitábamos, y confundida por lo que sabía iba a ser verdad: el desequilibrio de poder entre mis padres, y su injusto resultado, estaba destruyendo lentamente a mi madre.

Yo creía que la amante estaba con él en Chicago, y que ella le impedía que nos enviara dinero. Temía que él se la fuera a llevar también a Texas. Saqué una moneda de diez centavos y llamé al amigo de mi padre.

—¿David, mi padre se va a casar con la otra? —así era como había escuchado a mi madre llamarla.

—No, él nunca va a hacer eso —me aseguró David—. Ella es sólo algo pasajero.

Saliendo de la cabina de teléfono, no había sido persuadida. Fruncí el ceño y suspiré. Me di cuenta que debía convertirme en la protectora de mi madre, una situación que mi padre entendía y deploraba. Sus propios celos –al sentir que me alejaba– lo impulsaban a vengarse de mí y de mi madre.

3
ATRAPADA

La juventud de cada persona es un sueño, una forma de locura química.
— F. Scott Fitzgerald

1.

El acuerdo de inmigración de los Vuelos de la Libertad surgió después de un movimiento audaz de Fidel Castro. En octubre de 1965, él abrió el puerto de Camarioca –al este de La Habana– a cualquiera que quisiera irse de la isla en busca de lo que él denominaba el "Paraíso Yanqui." Cuando los familiares exiliados en Miami vinieron a buscarlos en pequeños botes, casi 3.000 cubanos subieron a bordo y zarparon hacia Key West. El éxodo Camarioca, un pequeño punto olvidado en la historia, sirvió como presagio a otro éxodo más trascendental que ocurriría quince años después.

En 1980, cinco personas desesperadas por conseguir asilo, estrellaron un autobús en la embajada de Perú en La Habana. Castro aprovechó la oportunidad para decirle adiós a todos los que se encontraban descontentos dentro de la isla y –así como lo había hecho en Camarioca– abrió un puerto, está vez en Mariel. Durante ese éxodo, 125.000 cubanos escaparon. Los refugiados corrían hacia las embarcaciones –algunas propiedades de sus familiares, otras alquiladas– junto a enfermos mentales y criminales que el dictador forzó a bordo. La crisis internacional sirvió de trasfondo para el personaje de Tony Montana, personificado por Al Pacino, en la película *El Precio del Poder*.

Pero en 1965, el Presidente Johnson creyó erróneamente que el acuerdo de transporte aéreo sin precedentes de los Vuelos de Libertad, al cual había accedido, iba a funcionar como una medida temporal hasta que los cubanos regresaran a su tierra. Empezando en ese diciembre –y durante los siguientes ocho años– vuelos chárter despegaron dos veces al día desde el puerto de Playa Varadero hasta Miami, transportando casi 300.000 refugiados políticos cubanos a los Estados Unidos. Este éxodo transformó al Sur de la Florida en la capital latinoamericana que es hoy en día.

A mediados de los años sesenta, el crecimiento extraordinario de nuestra comunidad nos hizo cada vez más aislados, "parte de un gueto", de los Estados Unidos en general. Los nuevos refugiados se apretujaban en viviendas y casas viejas que estaban a punto de desmoronarse, buscando trabajo en hospitales, hoteles y en las calles vendiendo frutas y flores. El inglés desapareció, y los avisos en español comenzaron a aparecer por todos lados. El café se preparaba en cada restaurante y oficina, y la música al ritmo de la salsa se escuchaba tanto en los hoteles de Miami Beach como en los auditorios gubernamentales. La migración de los nativos anglo-parlantes se incrementó, y pronto, los cubanos comenzaron a expandirse al norte y oeste del condado de Dade, hacia Westchester, Sweetwater, Kendall, dejando atrás una decadente Pequeña Habana. El declive no perturbó a mi padre. Su dinero podía comprar la salida, pero él insistía en que Miami era el único lugar para nosotras.

—En cualquier otro lado, ustedes van a ser otras malditas cubanas del montón —dijo.

Mientras muchos padres trabajadores, privados de sueño, se cerraban sintiéndose protegidos al hablar un idioma conocido y enfrentando un enemigo común, muchos de sus hijos comenzaron a darse cuenta que había mucho más por ver. Mucho más fuera de los bordes de sus comunidades.

2.

Mi padre condujo apresuradamente hacia su oficina médica en un suburbio de Beaumont, un pequeño pueblo en Texas al sur de Houston y al norte de Galveston. Sus manos, cubiertas con guantes de cuero, estaban aferradas al volante. Por la ventana, yo podía ver fugazmente casas con luces de navidad, recién pintadas y con el césped podado, muy diferentes a las de la Pequeña Habana. Estaba de visita, y por primera vez sin mi madre. Afuera, antes de que saliera el sol, todo parecía estar envuelto en sombras, incluyendo la mujer que nos esperaba sobre la acera cerca de la parada del autobús, aferrada a un bolso a reventar y a un maletín maltratado.

—Ella es Beba —dijo mi padre fríamente y sin ningún cuidado. Él redujo la velocidad hasta detenerse, se dio la vuelta y abrió la puerta trasera del carro—. Mi enfermera —él espero a que se subiera, silencioso, de mal humor y con la mirada fija sobre el volante.

La mujer, cuyo rostro aún no había emergido de entre las sombras del frío amanecer, vestía un uniforme blanco almidonado sobre el cual se había puesto un suéter amarillo. Ella se subió al asiento trasero. Yo giré la cabeza para ver su rostro, iluminado por pocos segundos por la luz del carro antes de que la puerta se cerrara y volviera la obscuridad. Vislumbré una pequeña sonrisa, ojos bajos, pestañas largas, mejillas marcadas por el acné y cabello grasoso.

Una imagen, que había tratado de olvidar por tantos años, saltó de nuevo a mi cabeza. ¿Era está mujer la amante de mi padre?, ¿se la había traído a vivir con él en Texas como yo tanto había temido? Tal vez esta mujer tan sólo se parecía a la otra. En el silencio del recorrido esa mañana de diciembre de 1965, con los cauchos crujiendo sobre el hielo de la calle y el calentador zumbando de fondo, la certeza se propagó a lo largo de mi cerebro. La mujer sentada en el asiento trasero, saltando arriba y abajo por los huecos de las calles desiertas de

Beaumont, era la misma que había desayunado con mi padre en Rascal House el día que nos fuimos a New Orleans.

Durante esa húmeda mañana de verano, Beba había decidido esquivar mi mirada, sin sonreír ni fruncir el ceño cuando mi madre y yo nos acercamos a su mesa. Yo recordaba el cabello grasoso, peinado hacia atrás con una crema para peinar que olía ligeramente a óxido. Ese mismo aroma flotó al asiento del pasajero donde luchaba para cubrir mi angustia.

Ahora sabía quién había estado en el apartamento cerca de las residencias del Hospital Mount Sinai esa noche cuando mi madre y yo encontramos el carro de mi padre estacionado afuera. ¿Era Beba la misma mujer mencionada en las cartas anónimas que mi madre recibió justo antes de que nos fuéramos de la isla? ¿o eran esas cartas acerca de otra mujer?

La sacudida de los frenos acabó con mis pensamientos. Mi padre avanzó hacia adelante en un pequeño camino, se salió del carro y tiró los guantes sobre su asiento. El edificio era una simple estructura de concreto con dos ventanas que ocupaban toda la pared del frente y con árboles cuyas ramas se apoyaban en el techo. No había otras casas cerca en por lo menos dos cuadras. Coloqué mi suéter rojo y negro de lana sobre mis hombros y entré. Mi padre no me miró, él prendió todas las luces y se fue a su oficina, sin ofrecerme un tour del lugar. Beba caminó por un pasillo y entró a una habitación al fondo, dejó su bolso y maletín, y comenzó a esterilizar espéculos en una caldera pesada de hierro. Ella colocó las jeringuillas sobre una bandeja de cromo y llenó varios vasos de vidrio con algodón y curitas.

Aguanté las ganas de vomitar. Recogí un estetoscopio y me lo puse alrededor del cuello. Fui a la habitación de examinación y reorganicé los frascos de gasa, los depresores de lengua y los hisopos. Pasé la mano por las superficies brillantes de acero de la mesa y los gabinetes de vidrio. El olor a desinfectante impregnaba el aire. Me apoyé contra la pared, imaginándome a mi madre sola en la casa en Miami, acostada, llorando, señalando a gente que yo no podía ver en las puertas y en las ventanas, con su tez suave hinchada del dolor y sus ojos cerrados. Pensé en las goteras en el techo, el aire acondicionado dañado y en el vagabundo buscando comida en el basurero de la esquina.

Y aquí estaba mi padre, a tan sólo cinco años de haber partido de Cuba, reinventándose con otra mujer, fea, gorda, con cabello grasoso y marcas de acné, en un vecindario donde los residentes parecían agrandados, sin preocupación alguna por la implacable Pequeña Habana. Aun no sabía qué tanto se iba a alejar de mí en su nueva vida. Pero desde ya sentía una distancia entre los dos. Un distanciamiento que no podía identificar—. Tú eres lo único que tengo en la vida —solía decirme por teléfono cuando se mudó a Chicago y durante sus primeros meses en Beaumont, y yo observaba con amor su foto en el portarretratos sobre mi mesa de noche.

Un portazo acabó con el recuerdo. Una mujer con cabello color carbón y ojos redondos azules caminó hacia el escritorio de la entrada—. ¡Buenos días! —gritó. Mi padre y Beba repitieron sus mismas palabras distraídos. Estaban acurrucados juntos, revisando los informes de los pacientes, ignorándome.

—Este caso me recuerda al de La Habana —dijo mi padre.

—¿Crees que necesita una biopsia? —indagó Beba con una mano sobre su brazo.

La recién llegada se quedó mirándome con incertidumbre desde el pasillo—. Soy Luann, la recepcionista —me dijo, mientras se acomodaba en la silla—. Ven para acá, amor, hazme compañía —el teléfono sonó y los pacientes comenzaron a entrar. Podía notar que me tenía lástima porque me acariciaba la mano entre paciente y paciente.

—Yo tengo una hija de tu edad —dijo Luann—. A lo mejor puedes venir al rancho una de estas tardes. Tenemos caballos y muchos perros.

Asentí con la cabeza, observando cautelosamente a Beba, quien hacía pasar a los pacientes al cuarto de examinación, con sus reportes médicos en mano y les tomaba los signos vitales. Mi padre me había prometido que yo lo iba a ayudar, pero ella había tomado el control, sacándome del camino. En menos de seis meses desde que mi padre había llegado a Beaumont, ya tenía una próspera carrera. Había organizado su oficina con otros dos doctores cubanos, Wilfredo García y Raúl Reyes. El Doctor García, quien no había pasado su examen de revalidación, trabajaba solamente como asistente. Su hermana era la esposa del doctor Reyes.

—García era representante de farmacéutica en Cuba —dijo mi padre—. Nunca fue doctor. Yo no sé qué está tratando de hacer. Ese no sabe nada de medicina.

García, Reyes, sus familias, mi padre, Beba, y otra pareja un poco mayor, eran los únicos cubanos en Beaumont y habían formado una comunidad unida que jugaba dominó los sábados y cocinaba *lechón* y *congrí* los domingos. Me hice amiga de los niños, Mary, Carmen, Machito, Lila y Raulito, y nos fuimos de paseo varias veces a Houston y Galveston durante las dos semanas que estuve allí. Mi padre algunas veces respondió a mis persistentes abrazos.

Durante Noche Buena, todos se juntaron en el pequeño apartamento del primer piso de mi padre, uno de muchos en una fila de edificios recientemente pintados de gris, apretujados en forma de círculo. Él montó una parrillera en el pequeño balcón y lanzó un largo pedazo de lomo de res, cocinándolo lentamente mientras nosotros los niños jugábamos a las escondidas en medio del frío. Beba, en la cocina, movía una olla con frijoles negros y aplastaba dientes de ajo para la yuca hervida.

—Esto es chauteaubriand —le explicó mi padre al doctor Reyes, señalando la carne—. La cocinan así en un restaurante francés en Houston. Me pareció que podíamos probarla con nuestro arroz, frijoles y tostones—. Mientras él cocinaba, el resto del círculo conversaba emocionadamente acerca del nuevo acuerdo de inmigración, los Vuelos de Libertad.

—Más cubanos van a empezar a llegar pronto —dijo el doctor Reyes.

Después de la comida de Noche Buena, mi padre peló varios plátanos maduros y los colocó en una mezcla de mantequilla y azúcar que se derretía sobre un sartén para freír. Luego cortó el bizcocho Sara Lee y le puso una cucharada de helado a cada pedazo. Por último, les colocó encima una cucharada de la mezcla de plátanos—. Esto se llama Banana Royale —anunció él, vertiendo un licor naranja de una botella y prendiendo un fosforo sobre el postre. Las llamas saltaron de cada plato ante exclamaciones de "ooh" y "ahh" por parte del grupo. Beba hizo café cubano y lo sirvió a los adultos en copas pequeñas. Los otros niños y yo nos sentamos en el piso a jugar cartas.

No noté insinuaciones románticas entre mi padre y Beba, pero tenía la sensación de que todos en el grupo la aceptaban y se sentían cómodos con el acuerdo de mi padre. Yo no sabía en ese tiempo que, en unos años, Beba se iba a convertir en un accesorio permanente en mi vida. La transición que mi padre había soñado ahora era real. ¿Me había dado cuenta en ese entonces que tenía que crearme un sueño más fuerte –un sueño propio– para poder sobrevivir en la Pequeña Habana?

3.

Nos alineamos en un rectángulo con una pareja a cada lado. Agachándonos y haciendo referencia a nuestras parejas, nos agarramos de las manos y saltamos en círculo al ritmo del chillido de un violín.

—Hagan el Do-si-do con sus parejas —gritaron dos profesores a través de micrófonos conectados a varias bocinas. Golpeando sus pies al ritmo de la música, nos dirigieron a través de la secuencia de pasos de la famosa danza folklórica americana, nada parecida a los salvajes movimientos de cadera de la salsa. Los bailes en las tardes en la cancha de baloncesto de la escuela primaria Kensington Park les daban a los niños y a las niñas una oportunidad para tocarse.

Enlazábamos los codos con nuestras parejas, rotando en círculos. Mi cuerpo se tensaba a la expectativa en contra del de Eddie, y luego en contra del de Aldo –dos de los chicos más apuestos de sexto grado. En 1966 tenía 12 años, y estaba plenamente consciente del poder de mi sexualidad. Agarrar las manos y rozar los hombros de los varones causaba explosiones dentro de mí. Me di cuenta que podía estar atraída a un chico con la fuerza que la luna tira de las mareas, pero luego notaba que no tenía nada de qué hablar con él.

En nuestro vecindario, los vecinos más viejos comenzaron a desaparecer. Un día, una ambulancia llegó y se llevó al viudo McCoy. La señora White y la señora Lockliar se mudaron al norte para estar con sus hijos. Más y más cubanos llegaron al vecindario; nuestro enclave étnico permanecía herméticamente sellado. Algunas de las calles ahora tenían montañas de basura que la ciudad ya no recogía. En una calle cerca de la principal, al lado de un pequeño centro comercial lleno de tiendas de reparación, un salón de belleza y unos locales vacíos, un pervertido se masturbaba en su carro.

Afuera de la Pequeña Habana, la vida en los Estados Unidos existía en un planeta muy lejano para mí, mis amigos y sus familias. Vietnam, protestas estudiantiles, disturbios raciales, el movimiento de liberación de la mujer: a nadie le importaba. Los problemas ante la Comisión de la Ciudad de Miami o la Junta Escolar del Condado de Dade no tenían impacto ante los padres cubanos quienes se mantenían ocupados reconstruyendo sus vidas y carreras. Sin embargo, si encontraban el tiempo para tomar nota de las noticias cubanas. Ellos celebraron cuando el Presidente Johnson firmó la nueva Ley de Ajuste Cubano, la cual eximía a los cubanos de las leyes tradicionales de inmigración. Cualquier cubano que hubiese llegado a los Estados Unidos a partir del primero de enero de 1959 era elegible para recibir residencia permanente después de dos años. Unos 123.000 cubanos inmediatamente aplicaron por el estatus permanente, entre ellos mis padres.

Además de las políticas cubanas y la sobrevivencia diaria, los problemas de género obsesionaban a los padres cubanos. Se aseguraban de reforzar los estereotipos y dejar marcado en sus hijos, quienes experimentaban con el romance en su idioma favorito del spanglish, que tener relaciones sexuales fuera del matrimonio estaba mal.

—Un hombre nunca se va a casar contigo si tienes sexo —decían—. Nunca te va a respetar.

A diferencia de mis amigas Marilyn, Lola y Elizabeth, yo no tenía un padre en casa aterrorizándome al respecto. No sólo eso, mi madre tenía muy poco interés en perforarme con las reglas. La negligencia de mis padres me dio la libertad de hacer lo que mi cuerpo me pedía y esquivar las lavadas de cerebro.

—Ya puedo tener hijos —le dije a Marilyn la mañana después de que vi la sangre en el papel higiénico. Una compañera de clase me había golpeado en el estómago el día antes mientras jugábamos en el patio, y pensé que los dolores de vientre eran el resultado del golpe. Pero cuando vi la sangre, pensé con emoción: Ya soy una mujer.

—Esa es una buena razón por la que no debes tener novio —dijo Marilyn—. Puedes quedar embarazada.

—Soy muy inteligente para eso —dije—. Y no voy a esperar a tener novio hasta los quince años como mi padre piensa —había cortado la imagen de un chico guapo de una revista y la había colocado en mi monedero—. Él es Rubén —ninguna sospechó que no era real.

—Tienes demasiada libertad —dijo Marilyn.

Esa primavera, el divorcio entre mis padres se hizo oficial. Leí el acuerdo –una pila de papeles sobre la mesa del comedor que detallaban la cantidad de dinero que mi padre había aceptado pagar por mi manutención y la pensión alimenticia. Yo no sabía que esas cantidades no iban a cubrir nuestros gastos, y ya estaba muy preocupada con mi propia vida para pensar en el tema de nuestra quiebra. Sólo me importaba leer, escribir y pensar en el amor. Me inscribí en el club del libro del mes para recibir descuentos: diez libros por diez centavos. Leí *Lo que el Viento se Llevó*, hipnotizada por Scarlett O'Hara, mi nueva modelo a seguir. Una mujer vivaz y bella que hacía que las cosas sucedieran. Escribí poemas acerca de amor e historia de damas de compañía en burdeles, inventando escenas de sexo. Llevaba un registro de mi vida en mi diario. Guardaba todos los fragmentos de historias que escribía en cajas, pensando que los iba a continuar desarrollando luego.

Ahora sólo extrañaba a mi padre algunas veces. Estaba emergiendo de un lugar donde mis padres actuaban por mí, hacia un lugar donde yo era la protagonista.

—Estoy feliz de que papi no viva con nosotras —le dije a mi madre. Si él estuviera aquí, estoy segura que me hubiese enviado a una escuela católica donde los estudiantes usan uniformes blancos y azules feos como Lola y Elizabeth, donde están obligados a hacer las tareas y no los dejan salir de sus casas al anochecer.

—Umm —respondió mi madre, acostada.

Una tarde en Rexall's Drugs, un lugar callado y fresco para escapar del calor de la tarde, me senté con Marilyn, Lola y Elizabeth en la fuente de soda. El menú ofrecía bizcochos de siete capas y pastel de manzana con helado encima, pero ordenamos batidos de helados y los pagamos con nuestras excelentes calificaciones de la boleta escolar. El farmaceuta, un hombre viejo con bigotes caídos y que olía a sudor rancio, se nos unió en un taburete. Yo observé la tiña que se había formado sobre mi mano.

—¿Esto tiene cura? —pregunté. Marilyn y Lola arrugaron sus narices.

—Tengo algo en los estantes —dijo él—. Te puedo mostrar los nuevos juegos que acaban de llegarnos también —Marilyn y yo, usando shorts y blusas con volantes, lo seguimos hasta la parte de atrás donde los químicos estaban almacenados en repisas hasta el techo. Lola y Elizabeth, conocidas como las niñas buenas y vestidas en sus uniformes católicos, se quedaron afuera probablemente pensando que no deberíamos hablar con extraños. Ninguna de las dos podía decir malas palabras y tenían que estar en casa antes de las 5 de la tarde. No podían mirar a los chicos, ni siquiera cuando sus padres estaban cerca.

Cuando entré en la parte trasera, ya Marilyn se me había adelantado unos cuantos metros. En ese momento, sentí un objeto duro presionando contra la parte baja de mi espalda. Era duro pero flexible en algunos lugares. El farmaceuta presionó su cuerpo de nuevo, restregándose sobre mis nalgas de lado a lado. Corrí para alejarme pero él también.

—Estos son buenísimos —exclamó Marilyn, deteniéndose a admirar varios juegos de mesa. La empujé cuando le pase por al lado mientras el miedo aumentaba. Corrí de nuevo al taburete, me senté y giré encarando al farmaceuta. Me sentí impotente y me costó aparentar que nada había ocurrido. Esto era diferente a las fantasías románticas que prosperaban en mi cada día. El farmaceuta había tomado su lugar detrás del mostrador, sin hacer contacto visual, llenando botellas con pastillas. La crema para la tiña había sido olvidada.

—¿Qué sucede? —preguntaron Lola y Elizabeth a la misma vez.

—Nada —les dije, pero aprendí que había un lado malévolo del sexo.

4.

—¡Papi, estoy loca por los chicos! — así saludé a mi padre cuando me bajé del avión en el Aeropuerto Municipal de Houston, conocido ahora como el George Bush Intercontinental. Estaba preparada para las vacaciones de verano. Con 12 años, ya me veía como una mujer. Yo vestía shorts y en la parte de arriba, una bufanda amarrada en el cuello. Los hombres me silbaban y gritaban en cualquier lugar donde fuera. Pero Texas no era la Pequeña Habana. A mi alrededor, hombres tranquilos bajo sombreros de vaquero y en botas de cuero, caminaban agarrados de la mano de mujeres coronadas bajo pilares de cabello, engalanadas en vestidos floreados. Los hombres cargaban maletines, y las mujeres carteras de paja. Los jóvenes, tanto varones como hembras, deambulaban alrededor con expresión confundida y con el cabello hasta la cintura –yo no sabía que eran hippies– vistiendo ropa desaliñada, y cargando bolsos a reventar en la espalda. Los observaba con interés, notando el signo de la paz, los collares largos, y los pantalones bota de campana. Artículos que luego incluiría en mi armario.

—¿Ah, sí? —me miró sorprendido.

—Quiero tener un novio aquí en Texas —le dije—. Me divertí mucho en mi baile de sexto grado y todos los chicos estaban detrás de mí. Me puse un vestido rosa, verde y blanco bellísimo —mis hormonas fluían a toda velocidad—. ¡No puedo esperar a empezar séptimo grado en el otoño! ¿Tú crees que podamos ir a comprar ropa nueva, maquillaje y un traje de baño?

—Vamos mañana.

Yo acababa de leer el libro *El Sexo y la Mujer Soltera* de Helen Gurley Brown publicado en 1962. Brown me ofreció consejos sencillos acerca de cómo atrapar chicos en su revista *Cosmopolitan*, la cual siempre leía de portada a portada. Los reportajes hablaban acerca de empoderar a las mujeres y apoyarlas en sus deseos de darle forma a sus vidas. Yo estaba de acuerdo con cada palabra. Yo quería la vida emocionante de mi padre y no la estrecha y silenciosa que llevaba mi madre en casa.

Desde ya era una feminista, sólo que aún no conocía la terminología. Yo aborrecía el poder superior de los hombres que definía no a sólo mi comunidad, sino al mundo entero. Interior e intuitivamente, resolví destruir sistemáticamente todas las restricciones que tenía sobre mí como mujer. No podía haber un tiempo más apropiado para mi liberación personal. Ese verano de 1966, la Organización Nacional para la Mujer denunció la agencia federal a cargo de defender el Acta de los Derechos Civiles y exigió mayor igualdad entre los géneros, Timothy Leary, quien sólo unos años antes había sido profesor de la universidad Harvard, le dijo a la nación que experimentasen con la droga LSD, protestantes anti-guerra marcharon en docenas de ciudades a lo largo de los Estados Unidos, y Stokely Carmichael lanzó el movimiento del Poder Negro.

Esta generación se convirtió en una poderosa fuerza, con millones de jóvenes –incluyéndome– proclamando querer derrotar una sociedad dominada por valores materialistas. Éramos los famosos "Baby-Boomers", la mitad de la población estadounidense con menos de 25 años. Mientras la mayoría de los cubanos en la Pequeña Habana ignoraban los trastornos de la América convencional, muchos de sus hijos no. Yo comencé a interesarme cada vez más en el mundo afuera de Miami. Un día, escuché en las noticias a una joven de dieciséis años declarar—. Todo es falso y el mundo es un desastre. Creo que por eso estamos rebelándonos. Yo estaba de acuerdo, sabiendo exactamente como ella se sentía.

Mi padre –inconsciente de la rebelión que sentía su hija– condujo durante casi una hora hasta su apartamento en Beaumount. El pueblo había cambiado desde mi primera visita en diciembre. Ahora brillaba por la luz del sol que revotaba felizmente de los bordes recortados y floreados de los arbustos, y un leve olor a sal flotaba en el aire. Condujimos a través de campos que desaparecían en el horizonte, con caballos y vacas comiendo pasto. Pasamos sobre calles tranquilas con casas pequeñas. Luego él cruzó dentro de su complejo residencial de ladrillos grises.

—Llegamos —dijo mi padre empujando la puerta.

Dejé mi maleta en mi habitación y fui a la cocina a preparar empanadas. A mi padre le encantaba cocinar y comer, y últimamente yo estaba muy interesada en las recetas de mi abuela, las cuales enviaba escondidas entre sus cartas desde Cuba. Seguí las instrucciones escritas en tinta fina, y con una elaborada letra cursiva, y mezclé harina y agua, moldeé las empanadas, piqué un poco de jamón, lo puse en el centro, doblé la masa y la sumergí en un sartén en aceite de oliva.

—Es el único aceite que no sube el colesterol —insistió mi padre—. ¡El Crisco y el Wesson me dan asco! ¿Cómo vas a sacar aceite del maíz? Eso es aceite para carros; eso es lo que es. En esta casa sólo usamos aceite de oliva.

Puse las empanadas sobre un plato, pero mi padre, caminando nerviosamente alrededor de la sala, parecía no estar interesado. Me di cuenta que tenía un disco que no había visto antes: *A Taste of Honey* (Sabor a Miel). Dentro de su habitación, hizo una llamada por teléfono, murmurando dentro del auricular.

—Bueno, vamos a la tienda, ¿no es que quieres un nuevo traje de baño?

—¡Si, vamos! —salté de arriba abajo, imitando a una bailarina de ballet.

—Beba viene con nosotros.

Me detuve en medio de un salto.

—Ella se mudó al apartamento de arriba. Yo estaba perdiendo mucho tiempo recogiéndola cada mañana para ir al consultorio —dijo mi padre—. Ella está aquí sola sin su familia. Todos ellos están enfermos en Cuba.

Mis padres habían firmado el acta de divorcio el siete de marzo, así que técnicamente– no había nada de malo en que mi padre saliera con Beba. ¿Será que se piensan casar? Durante un sólo culposo y desleal minuto consideré que tal vez iba a poder escoger mudarme con mi padre y tener una vida familiar normal con Beba alrededor. Pero la culpa de traicionar a mi madre me hizo desechar de inmediato la idea. Mantuve un rostro sin expresión cuando Beba bajó por las escaleras de su apartamento y se subió al carro.

Durante el camino a la tienda, miré fijamente varios estilos de trajes de baño en la nueva edición de *Cosmopolitan*. Cuando llegamos, mi padre caminó hacia la sección de deportes, y Beba vino conmigo alrededor de los pasillos repletos de productos de belleza: cremas para las manos, cremas para la noche, cremas para los ojos, humectantes para aplicar durante el día, pinturas de uña, removedores de pinturas de uña, champús y acondicionadores. Coloqué los envases cuidadosamente escogidos dentro de la cesta y caminamos hacia la sección de trajes de baño. Finalmente, el rojo parecía ser el indicado. Salí al pasillo a modelarlo.

—¡No tienes cintura! —exclamó Beba.

—¿Qué? —horrorizada me volteé al espejo. Observé como la curva se movía desde la mitad de mi cuerpo y se ensanchaba en la cadera. ¿Será que Beba necesitaba lentes?

—Amárrate un cinturón todos los días y apriétalo hasta más no poder —dijo Beba—. Así, tal vez puedas moldear la cintura. Yo tenía una cintura de 22 pulgadas a tu edad —su figura cuadrada dio la vuelta y se fue, bloqueando el pasillo con sus gigantes caderas.

Entendí luego que ese primer estallido fue el comienzo de unos celos que erosionarían la relación con mi padre un poco más. Cuando me quejé, mi padre respondió—. Su familia está atrapada en Cuba. Por eso es que es tan negativa —ante los ojos de mi padre, Beba siempre estaba en lo correcto. Yo en cambio era la peste que se negaba a aceptar su nueva vida, gracias a, según él, un lavado de cerebro de mi madre.

Iban a ser dos meses bastante largos.

Cuando llegamos a la casa, Beba dijo adiós y subió a su apartamento. Yo organicé mis cosas en mi habitación. Colgué la ropa y arreglé los envases con cremas en el vestidor. Mi padre se paseaba en la sala. Escuché dos golpes rápidos desde el apartamento de Beba. Mi padre miró hacia el techo.

—¿Qué sucede? —dije saliendo de mi habitación.

—Nada —pero se le notaba incomodo, incluso nervioso.

—¿Qué tienes con esa mujer? —señalé con mi quijada al techo.

—Nada —mi padre sonaba agravado—. No tengo nada. No estoy haciendo nada ilegal ni malo. Estas son las cosas que te mete tu mamá en la cabeza —él no mencionó que ya él y mi madre estaban divorciados y que tenía la libertad de hacer lo que él quisiera. Yo tampoco lo hice. Nuestra lucha seguía centrada en el pasado.

¿Acaso él no se había dado cuenta que yo sabía acerca de su amante desde hace tiempo? Su estallido me hizo enojar, así que regresé a mi habitación y me senté en la cama. Los envases de crema y champú recibían un rayo de sol desde la ventana abierta y brillaron por un momento antes de que el agua saliendo de mis ojos los sacara de foco.

Antes de dormir esa noche, me probé mi nuevo traje de baño rojo de dos piezas y me examiné frente al espejo. Posé de mil maneras, observando críticamente mi cintura. Apliqué la crema para los ojos, la de la noche y la de las manos. Me quité el traje de baño y me puse el pijama. Apagué la luz y en pocos segundos alguien golpeó la puerta fuertemente. Salté fuera de la cama. Mi padre ya estaba afuera, en medio de una acalorada discusión.

—¿Un hombre mirando por mi ventana? —exclamó mi padre.

—¡Yo lo vi! —respondió el vecino—. Cuando me acerqué, salió corriendo por allá detrás de esos arbustos.

Mi padre corrió hasta su habitación y salió con el rifle que usaba en el campo de tiro, con la cara enrojecida y los ojos llenos de rabia. Salió por la puerta y corrió en círculo alrededor del edificio. Con el corazón latiendo, apagué la luz de la habitación y lo observé a través de las persianas hurgando entre los arbustos con el rifle. Luego corrió a otro set de arbustos e hizo lo mismo. Corrió de nuevo dentro del apartamento y llamó a la policía. Yo me escondí bajo las cobijas. Esta fue la última vez que recuerdo haber visto a mi padre defendiéndome.

A la mañana siguiente, recibí una carta de mi madre:
Mi querida Cecilita,
Me hiciste muy feliz cuando me llamaste por teléfono. Te estoy enviando el pañuelo que se te quedó y una revista juvenil. No me he estado sintiendo bien. El doctor me dijo que tengo anemia y me mandó a tomar pastillas para dormir. Pero ya es la una de la madrugada y no puedo quedarme dormida. Me siento tan sola. Te envié un disco que escuché en el programa de televisión Saturday Hop. Se llama "Help Me Escape From Cuba" (Ayúdame a Escapar de Cuba)—*¿Lo recibiste?*
Muchos besos de tu Mami.

Leí la carta varias veces y ensordecí mi llanto en la almohada. La extrañaba. Ese verano, comencé el lento y doloroso proceso de cerrarle el corazón a mi padre, dándome cuenta que prefería los silencios de mi madre a su rabia y fría mirada. Distante ahora, ya no era el padre afectivo que me susurraba por teléfono que me amaba solamente a mí. Pronto, deje de ir a su consultorio. En su lugar, le pedí que me dejara en casa del Doctor García. Pasé la mayor parte del tiempo con sus hijos Mary, Machito y Lila, y los dos hijos del Doctor Reyes, Carmen y Raulito. Cada mañana, sus madres nos llevaban a la piscina, al cine, al centro comercial o a la playa. En las tardes, poníamos música en el tocadiscos y practicábamos los pasos que estaban de moda.

O Sweet Pea, come and dance with me...come on, come on, come on and dance with meeee.... decía la música.

Los fines de semana, todas las familias se reunían en el campo de tiro, para que los hombres pudieran practicar sus disparos. Condujimos hasta Houston a comer venado en un restaurante elegante. Fuimos a desayunar al Toddle House. Viajamos hacia Galveston y caminamos por el muelle, y en algunas ocasiones nos animamos a pescar.

Un sábado, mi padre me preguntó si quería quedarme a dormir en casa de Mary—. Sí, qué divertido —le respondí. Empaqué mi ropa, y mi padre y Beba, quien nos acompañaba a todos lados, me llevaron hasta la casa. Yo no era tonta. Yo sabía que él quería estar a solas con Beba, pero de tan sólo pensar que iba a pasar toda la noche despierta hablando y bailando con mis amigos me hizo olvidarme de ellos rápidamente.

Después de la música, las rositas de maíz, y el baile, finalmente nos fuimos a dormir cuando comenzó a salir el sol. Caí en un sueño profundo hasta que desperté minutos después con una mano de Mary sobre mis pechos y la otra dentro de mis pantalones. No puedo decir que sentí vergüenza en ese momento, pero me sorprendí. Me quedé quieta un minuto, tratando de decidir qué hacer. ¡Yo no quería que mi primer encuentro sexual fuera con una chica! Me alejé, pero Mary, ahora de rodillas agarró con fuerza mi cara entre sus manos y acercó su boca a la mía. Yo la agarré de los hombros y la empujé.

—No —le dije—. Yo me guardo este tipo de cosas para los chicos.

Mary se volvió como loca y empezó a gritar groserías. Yo jalé las cobijas, nerviosa. Ella comenzó a moverse por toda la habitación, empujando sillas y pateando la cama. La madre de Mary asomó la cabeza en la habitación.

—Mary, déjala quieta.

Mary se sentó sobre la cama enterrando su cabeza entre sus brazos. Su madre me hizo señas para que me pusiera de pie. La seguí a otra habitación y finalmente me quedé dormida.

Nunca discutí ese incidente con mi padre, pero le dije que no cada vez que me proponía quedarme a dormir en casa del Doctor García. En sus intentos por alejarse de mí durante unos días, me sugirió que pasara el 4 de julio –el día de la independencia– en el rancho de su recepcionista Luann y su hija Susan, ofreciendo otra oportunidad de educación sexual. Fue una buena idea.

Sentada al borde de la bañera, me afeité las piernas por primera vez ese fin de semana. Monté a caballo con Susan en las mañanas y en las tardes nos sentábamos con su hermano mayor y sus amigos. Una noche, él organizó una fiesta. Salsa de cebolla y patatas fritas de bolsa estaban sobre el mostrador. Cerveza y vino ocupaban el refrigerador y el bar que se extendía a lo largo de la pared. El hielo sonaba dentro de cada vaso mientras chicos y chicas se movían alrededor del recinto. Las luces estaban bajas y la música a todo volumen. Luann no estaba en el lugar.

Susan y yo nos sentamos sobre un sofá, sonriendo estúpidamente. Observábamos con nostalgia a los chicos, pero ninguno nos prestaba atención. ¿Será que el hermano de Susan les advirtió que no se nos acercaran? Después de un rato, las parejas comenzaron a formarse y a irse cada una a las varias esquinas del espacioso lugar. Por un tiempo, las observamos balancearse de adelante hacia atrás, cuerpo con cuerpo, como sombras rozándose. Recordé todas mis novelas de romance y traté, aunque fallé, de lograr contacto visual con uno de los chicos.

Decepcionada, me pregunté cuando iba a poder dejarme ir en los brazos de un chico ¿Acaso no era hora ya?

5.

Lucio empujó su gruesa lengua sondeando dentro de mi boca. Se sintió como una pedazo de carne sobre cocinada que no podía masticar y que quería escupir. Traté de no vomitar y estiré mi boca hasta lo más ancho que daba, aguantando la respiración hasta que sentí que iba a desmayarme. Fue un beso difícil y falto de sensualidad, muy diferente a la versión "francesa" que tanto había soñado y practicado dentro de mi cabeza. ¡Qué decepción! Sucedió cuando tenía trece años, en séptimo grado, inscrita en Citrus Grove Junior High, entre un edificio y otro, en un estrecho pasillo cubierto de césped que se abría a la calle principal, y al lado de un árbol que estrechaba sus ramas para bloquear los rayos de sol.

Hoy en día, los pasillos, los árboles y el césped han desaparecido, y Citrus Grove Middle, como se llama ahora, con casi todos sus mil estudiantes haciendo uso de los almuerzos gratis o a precio reducido, es un monolítico y depresivo edificio de ladrillos sin ventanas. Chicos y chicas, vestidos en uniformes, pasean por los alrededores agarrados de manos y besándose públicamente. No hay necesidad de esconderse ahora, como me tocó a mí ese día de 1967, cuando vestía una falda naranja brillante y un top de Lerner Shops, con Lucio, mi novio de hace dos días, quien llevaba puesta una pulcra camisa manga larga marrón marca Gant y pantalones negros.

Los carros pasaban velozmente. Yo me eché hacia atrás, apoyando mi pie contra el concreto. Lucio, agachando las seis pulgadas de estatura que me llevaba, me aplastó contra la pared como si estuviera en peligro de caer por un precipicio. No sentí nada emocionante. Pero Lucio, ansioso como un cachorro, lamió todo lo que pudo hasta que llegó la hora de irme a casa. El sol se estaba hundiendo y aun me quedaban al menos doce cuadras por caminar. Giré mi cabeza ligeramente, y antes de poder separarme de Lucio, mis ojos se cruzaron con los de mi maestra de español, quien estaba en su carro desde la calle. La Señora Martínez bajó el vidrio y me hizo señas para que me acercara. Sus cejas habían formado una línea gruesa y negra sobre sus ojos que temblaba de la rabia, y su rostro tenía cada uno de sus músculos tenso. Lucio paró de besarme, y dándose cuenta de lo que sucedía, se enderezó y se despidió con la mano. En un abrir y cerrar de ojos, se subió a su bicicleta y se fue a toda velocidad en dirección opuesta.

Caminé hacia el carro de la Señora Martínez. La culpa y el miedo me ahorcaban, pero mantuve mi cabeza en alto. Con actitud arrogante, me subí al asiento trasero de su carro. Martica, su hija, en séptimo grado como yo, estaba en el asiento delantero. Ella era una chica aburrida y casera, que hacía todo lo que su madre le decía, a diferencia de mí que podía escoger como vivir la vida, yendo y viniendo mientras mi madre trabajaba o se acostaba a llorar con la puerta cerrada.

Nadie habló en el carro. La Señora Martínez, aun con el ceño fruncido y ahora moviendo la cabeza de lado a lado, me llevó a la casa, se estacionó en frente y saltó fuera del carro. Martica no se movió.

—Quiero hablar con tu mamá.

Sentí rabia.

Mi madre acababa de encontrar su primer empleo después del divorcio como niñera desde el amanecer hasta el atardecer. Pero hoy estaba en casa. Abrí la puerta sin seguro y entramos a la sala. Mi madre estaba sentada en el sofá tapizado en verde que mi padre había comprado en Modernage antes de mudarse a Chicago, junto a una set de sillas giratorias color mostaza, mesas laterales de madera y una mesa para el café con pequeñas bandejas que se abrían para sostener vasos y copas.

—Hola… ¿Cómo está? Soy la maestra de español —comenzó a decir la Señora Martínez con un tono fuerte, pero su firmeza disminuyó cuando mi madre apenas se movió.

—Sí. —dijo mi madre sin invitar a la Señora Martínez a sentarse.

—Su hija… —la Señora Martínez hizo una pausa—. Su hija estaba… —se aclaró la garganta—. Estaba besándose con un joven… afuera de la escuela.

Mi madre permaneció inmóvil, observando a la Señora Martínez con ojos tristes. Yo me senté en una de las sillas giratorias y oscilé fuertemente de lado a lado. Mis labios se fruncieron hacia arriba y hacia abajo en las esquinas en una mueca despectiva.

—¿Cecilita, es verdad?

Me encogí de hombros.

—Gracias por decirme —mi madre observó a la maestra y luego fijó sus ojos sobre la puerta.

La Señora Martínez se fue.

Los ojos de mi madre, hinchados y rojos, giraron en mi dirección. Las gafas obscuras que usaba para esconderlos cuando salía estaban sobre la mesa del café.

—Es una estúpida. No sabe nada —declaré y me fui corriendo a mi habitación. Después de leer por unas cuantas horas, decidí salir y encontré a mi madre aún sentada sobe el sofá. No había cocinado nada para cenar. ¿Estaba molesta?, ¿me estaba castigando? No. Tan sólo tenía esa expresión en el rostro, aquella que decía "no estoy realmente aquí", y me preocupé que empezara a hablar con gente invisible.

—Mami, tengo hambre —le dije. Ella no respondió, con la mirada perdida en el espacio. Conseguí varias monedas de veinticinco centavos sobre su vestidor y me fui en bicicleta hasta Zagami's, un pequeño supermercado que estaba abierto las 24 horas a unas siete cuadras de la casa. Me compré una empanada y un cartón de leche. Cuando regresé, mi madre se había acostado a dormir. Nunca hablamos del incidente de nuevo. Hoy en día pienso que los mecanismos de defensa de mi madre le impedían absorber una tristeza más.

El beso me dio fuerzas. Me puso sobre una carretera inquebrantable hacia la rebelión, reforzada por los acontecimientos del mundo exterior. En los noticieros, observaba a las Panteras Negras –armados con rifles M-1– marchando sobre la capital del estado de California, disturbios raciales explotando en docenas de ciudades, y personas quemando sus tarjetas de reclutamiento chocando con la policía en el pentágono. El movimiento "Human Be-In" llamó mi atención particularmente. Unos 20.000 hippies, protestantes anti-guerra y Los Ángeles del Infierno –entre otros– organizaron una fiesta masiva en el parque Golden Gate en San Francisco.

El explosivo poeta de la generación Beat, Allen Ginsberg, un firme defensor de la droga LSD, comenzó el día con un canto de bendición Hindú mientras que las bandas Grateful Dead y Jefferson Airplane sacudieron a los asistentes con su música psicodélica. Todos se sentaban en círculos disfrutando del día, besándose y fumando marihuana. A través de las noticias, descubrí que la cultura nacional hippie hizo de su hogar al vecindario Haight-Ashbury en San Francisco. El lugar estaba lleno de adolescentes fugitivos de la clase media y grandes traficantes de drogas. Yo anhelaba poder visitar el lugar y compartir tiempo con tan interesantes individuos.

La agitación social de los Estados Unidos significó una libertad que yo ansiaba. Libertad del dolor, pero también libertad para enfrentarme a la autoridad y vivir la vida al máximo. Un poco después ese mismo año, escuché fragmentos del Festival Internacional de Música Pop de Monterey, el primer concierto de rock al aire libre y a larga escala con 90.000 personas en la audiencia. Yo amaba el lamento de la guitarra de Jimi Hendrix y la desgarradora voz de Janis Joplin, pero también disfrutaba del sonido pop del grupo The Association con canciones como "Never My Love", "Along Comes Mary", y mi favorita, "Cherish".

Cherish is the word I use to describe our loooooove......
Mi tocadiscos explotaba con música a las 6 cada mañana escolar. El sonido flotaba fuera de la puerta y las ventanas abiertas de mi casa, invitando a mis amigas Gloria, Sylvia, Helodia e Ibis. Marilyn, quien vivía al otro lado de la casa, no se unía al grupo. Tan convencional como Martica, se oponía firmemente a mi nuevo estilo de vida. Al final de la canción, el brazo de mi tocadiscos se movía automáticamente hasta el principio del disco, una y otra vez reproduciendo la misma canción mientras aplicábamos sombra azul turquesa sobre nuestros ojos y pintábamos nuestros labios de rojo salvaje.

Yo usaba una banda de terciopelo negro alrededor de mi cuello y pantalones a la cadera, atuendos "estilo-hippie", así como vestidos de flores y anteojos de "abuela" que ahora formaban parte de mi vestimenta diaria. Mis pies, sin embargo, aun necesitaban ser liberados. Me puse unos zapatos marrones horribles que el doctor ortopédico me había prescrito usar para enderezar la tendencia de doblar los dedos de los pies hacia adentro al caminar. El doctor le había dicho a mi padre que yo no podía montar bicicleta más porque el ejercicio aceleraría la condición. Yo ignoré su consejo y llegaba a todos lados en mi bicicleta, ya era suficiente con la vergüenza de tener que usar esos zapatos. Cada vez que la gente me veía, me estremecía cuando me decían—. Te vez muy bien…pero sólo hasta los tobillos.

Corrí hasta el tocadiscos y lo encendí al ritmo de los Rolling Stones. "I Can't Get no Satisfaction" gritábamos al ritmo de Mick Jagger. Ibis y Sylvia encendieron cigarrillos marca Benson & Hedges. Tomé un soplo y estornudé tres veces. Salimos deprisa por la puerta, la cual siempre cerraba con llave, actuando como la niña responsable cuyos padres no están en casa.

Mi madre se iba cada mañana antes de que saliera el sol para poder tomar el autobús que la llevaba a Miami Beach a trabajar como niñera de los Goizuetas, una prominente familia cubana que había dejado el país con parte de su fortuna. Uno de los miembros de la familia, Roberto Goizueta, llegó a convertirse en el director ejecutivo de la compañía Coca Cola.

Mientras nos apresurábamos a la parada del autobús, riendo y saltando, varias matronas cubanas se asomaban por las ventanas, desconcertadas por nuestra aparente falta de decoro. La campana sonaba a las 7 en la secundaria Citrus Grove. Tan sólo teníamos 15 minutos para llegar. Pero no nos importaba llegar tarde. Corrimos hacia la esquina de la Southwest 7th Street al momento en que el autobús arrancaba. Giré rápido la cabeza y observé un camión de helados parado en el semáforo.

—Heladero —grité—. ¿Nos puede llevar a la escuela? ¡Vamos tarde!

El heladero, quien vestía un delantal sucio y una braga con manchas, nos hizo señas para que nos subiéramos.

—¡Puede ser peligroso! —se resistió Gloria.

—¿Y qué? Es ahora o nunca.

Saltamos dentro y nos aferramos de un mostrador clavado en el centro del camión mientras el heladero se reía a carcajadas como nosotras. Él serpenteaba dentro y fuera del tráfico, apoyándose sobre la bocina y maldiciendo a través de la ventana. El hombre se volteó y nos dijo—. Un día no voy a estar ahí para ayudarlas.

6.

Llegamos a tiempo al aula general. Reynaldo, un chico que acababa de llegar en uno de los Vuelos de la Libertad, me pinchó con su lápiz. Susurramos y nos reímos en voz baja durante una película acerca de los efectos nocivos de la nicotina. Observé el filme lo suficiente como para ver a un hombre soplar en un pañuelo y después mostrar una mancha marrón que se había extendido sobre la blancura de la tela.

—Esto es lo que le sucede a sus pulmones cuando fuman —dijo el narrador de la película. Afortunadamente, el consejo quedó grabado dentro de mí y me abstuve cuando mis amigas fumaban caja tras caja de cigarros. Yo estornudaba descontroladamente cada vez que prendían uno. La reacción alérgica me ayudaba a evitar la adicción.

—¿Alguna pregunta? —la maestra, la Señorita Fleming –por naturaleza una mujer silenciosa y arrogante– no lograba enganchar a sus estudiantes en conversaciones antes o después de clase. Aunque a veces era la chaperona durante los "Sock Hops" –nombre que recibían los bailes escolares informales en los años 50 y 60– en la cafetería los sábados, donde se quedaba vigilando con una sonrisa congelada en el rostro.

—Señorita Fleming, yo tengo una pregunta —dije, interrumpiendo su clase—. ¿Por qué los chicos están más interesados en una cuando a una no le gustan y viceversa?

Increíblemente, la mujer sonrió—. Eso sólo sucede si eres inmadura.

Después de la clase en el aula general, tuvimos un examen durante la clase de matemáticas del Señor Malone. Yo odiaba las matemáticas. Cuando el Señor Malone se dio la vuelta, yo agarré el examen del chico sentado en frente, copié rápidamente todas las respuestas que pude y le arrojé el examen de nuevo sobre su escritorio antes de que el maestro se pudiera dar cuenta.

—¿Quién eres tú? —Rene me susurró con rabia, agarrando su examen.

—¿No sabes quién soy? —le susurré de vuelta—. Soy la chica más popular de la secundaria.

—¿Señor Carrollo, está haciendo trampa?

—No, señor.

—¿Entonces por qué está hablando?

Le di una patada a su silla.

—Yo... yo...yo no estoy haciendo trampa, señor.

—Hablamos después de clase.

A partir de ese momento, Rene se enamoró de mí y continuamos siendo amigos por el resto de mi vida.

No sólo odiaba las matemáticas, también aborrecía las ciencias, estudios sociales y educación física. Yo absorbía todo lo que podía de los maestros cuando no estaba conversando con mis compañeros, nunca hacía mis tareas, y nunca estudiaba para los exámenes, confiando en que iba a poder salvarme haciendo trampa. Por primera vez, mis notas bajaron. Oscilaban entre la letra A y la F, dependiendo en mi interés del día y cuánto odiaba o me gustaba el maestro, con un invariable 3 (la peor nota) por esfuerzo y una F por mala conducta. Pero, ¿qué me importaba? Yo vivía en el momento.

—¿Acaso no quieres conseguir un buen trabajo, casarte, comprar una casa? —mi madre me preguntó. Podía percibir la desesperación en su voz mientras me hablaba con la boleta de calificaciones en la mano.

—No, yo quiero vivir una vida de aventuras.

—Pero, ¿cómo vas a tener dinero para poder vivir?

Me encogí de hombros.

En Citrus Grove, comencé a considerar la escritura como una carrera. Me uní al club de escritura creativa, y allí redactábamos historias cortas y las leíamos en voz alta el uno al otro. Uno de mis poemas fue publicado en la revista literaria de la escuela, dándome aliento para seguir escribiendo. En casa por las tardes, escribía historias de romance acerca de heroínas aventureras. Yo me aventuraba dentro de mi imaginación, usándola para crear otras realidades, y en el proceso, lograba escapar del vacío y doloroso presente. Crear imágenes e historias me proporcionaba no sólo un nuevo nivel de realidades, sino también una salida en busca del conocimiento. Aún hoy en día, yo entiendo y saboreo la vida con más fuerza a través de la palabra escrita.

Luego, una publicidad en una revista llamó mi atención. Era acerca de un curso por correspondencia en la Famous Writers School. Les pedí que me enviaran los folletos y revisé todo el material que me enviaron. Tristemente, el costo era exorbitante, y yo no tenía el dinero. De igual manera, el hecho de tener los panfletos sobre mi escritorio era suficiente motivación para mantener mis sueños con vida.

Mi enfoque en el lenguaje era tan notorio que incluso gané la competencia de deletreo del séptimo grado, derrotando, como mencionó mi madre, a los americanos cuyo primer idioma era el inglés. Desafortunadamente, el día antes de la competencia de deletreo del Condado de Dade –patrocinada por el periódico *Miami Herald*– me atacó la gripe y no pude representar a mi secundaria. El afortunado primer finalista fue en mi lugar.

—Qué mal que no pudiste ir —dijo la Señora Priore, la maestra de inglés—. Tú sabes muchas palabras porque siempre tienes la nariz metida en un libro —era una mujer de cara plana, con el cabello atrapado en un moño alto, la cual llevaba vestidos largos y anchos. Siempre daba sus clases sentada detrás de su escritorio—. Pero al menos eres callada —agregó.

No le respondí ya que mi mente estaba inmersa en el mundo de la novela que acababa de recibir del Doubleday Book of the Month Club. Yo leí con extrema rapidez, *Forever Amber* de Kathleen Winsor, *Rebecca* de Daphne de Maurier y las novelas góticas de Victoria Holt: *Menfreya in the Morning, The King of the Castle, Bride of Pendorric, y The Legend of the Seventh Virgin*, hipnotizada por el espíritu de las heroínas quienes vencían cualquier obstáculo. Aprendí reglas gramaticales y técnicas narrativas por osmosis. No había presión de hacer nada en la clase de inglés de la Señora Priore con tal de que mantuviera la boca cerrada.

Yo amaba mi clase de francés. No tomé la clase de español porque ya sabía el idioma y porque mi madre, quien había pasado un tiempo durante su adolescencia en un convento en Montreal, hacía sonar el francés elegante y sofisticado. La Señorita Banks, una cálida y extrovertida maestra, recorrió tan rápidamente el aula de un lado al otro gritando en francés, que mis ojos casi le perdían el ritmo. Mi amiga Ibis y yo nos convertimos en sus estudiantes favoritas, y ella nunca podía entender las malas calificaciones que yo recibía de los demás maestros. Mansamente repetíamos lo que ella decía y contestábamos sus preguntas.

—*Celine, ou est la biblioteque?*

—*La biblioteque est ici. Vas tu a la biblioteque* —yo continuaba la conversación fácilmente, y cada clase se convertía en un divertido intercambio porque me aprendía las frases rápidamente.

Pero cuando entraba un maestro substituto, cualquier cosa podía suceder. El momento siempre me ofrecía una oportunidad de llamar la atención que no recibía en casa. Me convertía en la líder en mala educación e incitaba al resto de la clase a soltar carcajadas estruendosas y entablar salvajes conversaciones a todo volumen. Una maestra substituta, con el cabello rubio tan largo que le tocaba la parte de atrás de las rodillas, se sentó en su escritorio cubriendo su rostro con las manos. Yo lancé bolas de papel al aire y al otro lado del salón.

—Por favor, deténganse —rogó la maestra.

—Cállese —grité.

Luego orquesté una sesión de libros al piso. A la cuenta de tres, todos lanzaban sus libros al suelo.

La emoción que yo maquinaba en la escuela no sólo me servía como un drenaje de la rabia que sentía contra mis padres, sino que se extendía en poder y estatus. Cuando mis compañeros se me quedaban viendo con admiración, me sentía completa y feliz. Ninguno se atrevía a hacer lo que yo sin ningún esfuerzo llevaba a cabo tan bien.

7.

Mi irresponsable comportamiento llamó la atención de la policía.

Una tarde, Gloria, Ibis y yo nos subimos a un autobús con destino a Downtown Miami, el sitio de moda para ir de compras en esa época con tiendas como Burdines, Richards, Sears y Florsheim Shoes, el edificio Seybold repleto de joyerías, y, a lo largo de la calle Flagler, establecimientos que vendían telas cargados hasta el techo con rollos de lino, satén y seda. En las calles, vagabundos empujaban carritos de supermercado. Adolescentes de Overtown, una comunidad cercana de la raza negra incluso más pobre que la nuestra, pedían dinero. Nos escabullimos dentro de McCrory's, una tienda económica donde mi madre trabajaba ahora como cajera, y caminamos por los pasillos de los cosméticos y productos para el cabello.

Yo observé las hileras de champús, acondicionadores y tintes para el cabello. Estaba obsesionada con darle vida a mi aburrido pelo castaño con unos voluminosos bucles, así que compraba tratamientos cada vez que podía. Sin embargo, a pesar de la cantidad de productos que aplicaba, las cantidades de cerveza que mezclaba con el gel Dippity Doo, o las latas de sopa Campbell que le ponía con la esperanza de darle grosor, mi pelo seguía plano y muerto, nada parecido al estereotípico y lustroso cabello "Hispano" que tanto anhelaba.

—Apuesto a que no te atreves a meter algo en tu bolso y salir sin pagarlo —me susurró Ibis.

—A qué si —en busca de la admiración de mis amigas con la apuesta, metí dos tratamientos L'Oreal para el cabello seco y dañado a base de aceite en mi bolso—. Listo, vámonos a la casa —salimos por la puerta y caminamos hacia la estación del autobús, pero antes de que pudiéramos dar unos cuantos pasos, un detective en ropa de civil nos mostró su identificación.

—Síganme —dijo severamente.

Ibis y Gloria estallaron en lágrimas, pero yo no me quedé callada y comencé un intercambio de palabras subido de tono. Hoy en día pienso que ansiaba las confrontaciones con figuras de la autoridad para poder probarles a ellos, y a mí también, que no tenían control sobre mí persona.

—¿Quién se cree usted qué es para detenernos? —le pregunté.

—Joven —dijo en tono bajo—. Usted tiene suerte de tener menos de 16 años, sino ya la hubiera puesto en la cárcel.

—Me da igual —le grité—. ¡Usted no es nadie!

El oficial era un hombre mayor; sus manos temblaban.

—Vengan conmigo. Por las escaleras y luego a la derecha.

—Por favor, Ceci —Gloria rogó—. No hables más.

Ibis retorcía sus manos.

Caminamos hacia una oficina donde dos guardias de seguridad estaban sentados armando rompecabezas—. Contacten a las madres. Estaban robando en la tienda —dijo el detective, aliviado de que ya podía irse.

La madre de Ibis llegó primero. La agarró de la mano silenciosamente, maldiciendo en voz baja, y salieron. Ibis estalló de nuevo en lágrimas, rogando perdón. Los padres de Gloria llegaron después. Su madre se lamentó en voz alta y le pidió a Dios que perdonara a su hija. Su padre entrecerró los ojos al mirarme. Gloria bajó la cabeza y se secó los ojos. Ninguna de mis amigas me señaló como culpable, y yo tampoco les di esa información.

Mi madre llegó horas después. Ella había logrado juntar el pago inicial para sacar un Dodge Dart en ruinas con el tablero partido y huecos en el piso por lo cual conducía despacio y nunca tomaba las autopistas que estaban comenzando a entrecruzar Miami. Yo pasé todo ese tiempo entreteniendo a los guardias contándoles la historia de mi vida, entrelazando la ficción con la realidad. Ya éramos buenos amigos cuando mi madre golpeó la puerta tímidamente.

—Cecilita —susurró cuando entró a la oficina de seguridad.

—No te preocupes —le dije—. Todo está bien.

Me despedí de los guardias quienes se despidieron de vuelta.

Mi madre, en tiempos difíciles, se dejaba ir.

8.

La comunidad cubana aún no había comenzado a seguir los pasos de los Peregrinos, unos de los primeros inmigrantes a los Estados Unidos en los años 1600, quienes establecieron el día de Acción de Gracias. Pero yo no podía dejar pasar una ocasión para celebrar, así que durante ese frio noviembre, reuní a mi familia adoptiva, Ibis, Gloria, Sylvia y Cari, cuatro amigas conectadas por el deseo de sobrevivir a la confusión del exilio en Miami, y cocinamos la famosa cena típica de la celebración en mi casa.

Ibis abrió una lata de carne llamada Spam, que el gobierno de los Estados Unidos repartía en grandes cantidades a los refugiados cubanos en una oficina localizada en la Torre de la Libertad, en el centro de Miami. Sylvia batió puré de patatas de caja. Gloria vació un paquete de vegetales congelados en una olla con agua hirviendo. Cari puso la mesa, y yo corrí hacia la bodega a comprar flan, ya que el pastel de calabaza era aún desconocido en esa época por la comunicad cubana. Durante ese día, el cual era tan sólo uno más para la mayoría de los cubanos, mi madre, que nunca rezaba antes de comer, y quien estaba más familiarizada con la cultura americana habiendo estudiado en Boston cuando tenía 16 años, le dio las gracias a Dios por nuestra comida y luego disfrutamos de una suculenta cena.

Pero incluso cuando nos comenzábamos a asimilar, mis amigas y yo aún nos sentíamos íntimamente conectadas con la isla. Escuchábamos con atención cualquier noticia de nuestra patria. Mi madre, una ávida oyente de radio cuando se encontraba en la cama, nos mantenía actualizadas: nos habló del arresto de 70 hombres en Maratón quienes presuntamente planeaban invadir Haití y luego Cuba. Agentes del gobierno de los Estados Unidos les habían confiscado armas, pistolas y cuchillos. Ella también nos habló acerca de un piloto de la Fuerza Aérea estadounidense, quien, después de haber dejado armas y equipo para los contrarrevolucionarios en la provincia de Las Villas en Cuba, recibió un disparo y fue capturado. También mencionó que las fuerzas militares de Bolivia, apoyadas por la CIA, habían asesinado al compañero revolucionario de Fidel, el argentino marxista Che Guevara.

Luego, mi madre ridiculizó un artículo del *New York Times*: "Cuba: Ocho Años de Revolución", que había causado pandemonio en la comunidad. El reportero Herbert Matthews, quien había sido traído clandestinamente dentro de la Sierra Maestra para entrevistar a Fidel en los años 50, había escrito: "Ha habido logros en el cuidado infantil, en el campo de la salud, en la construcción de viviendas y carreteras, y en la típica nivelación hacia abajo de la estructura social y económica que acompaña la igualdad revolucionaria… Los cubanos negros, por primera vez, tienen el mismo estatus que los blancos, económica y socialmente hablando." No del todo cierto, ya que las personas de la raza negra y las mujeres, los objetivos de las iniciativas beneficiarias de Fidel, juegan un papel inferior a los de los hombres blancos, los cuales dominan la vida en Cuba.

—Matthews, el escritor, ese es otro comunista —dijo mi madre.

Después de la cena, ella se fue a dormir, y mis amigas y yo éramos libres de hacer lo que quisiéramos hacer. Así que, dejando los platos en el fregadero, nos subimos a un autobús para asistir al carnaval en la Plaza Central sobre la avenida Northwest Thirty-Seventh y la séptima calle. El centro comercial se extendía por tres o cuatro cuadras, y estaba cargado de una variedad de tiendas pequeñas de ropa y zapatos, la tienda Zayre, la farmacia Federal Discount Drugs, varios restaurantes baratos y un supermercado Winn Dixie.

El carnaval abarcaba todo el estacionamiento. El lugar estaba a reventar con chicos como nosotras, puestos de comida y juegos como "dispárale a un pato", "lanza un aro sobre un oso de peluche" y "golpea a un tejón". Pero nosotras estábamos interesadas en las atracciones, y las disfrutamos hasta la medianoche: las tazas giratorias, la rueda de la fortuna y la montaña rusa. Nosotras necesitábamos de familiares, de padres que nos prestaran atención, pero compensamos esa falta perdiéndonos en el placer de la sensación física; la adrenalina de volar –nuestros cuerpos en el aire de lado a lado, y luego en caída libre desde más de cien pies de altura– nos hacía olvidar el dolor familiar.

9.

Aquí pienso contar las historias de mis cuatro amigas más cercanas, historias que antes no sabía cómo contar, pero que quiero desesperadamente dar a conocer por sus inherentes injusticias. Al igual que mis amigas, yo luché contra fuerzas insufribles que trataban de destruirnos a todas. Mi padre forzó a mi madre y a mí a vivir en la Pequeña Habana porque no quería gastarse el dinero para mejorar nuestras vidas, pero para mis amigas, las hijas de trabajadores de fábricas y de servicio, vivir en la Pequeña Habana era simple circunstancia y mala suerte. Nosotros, la pionera primera ola de inmigrantes del régimen de Castro, difamados por los anglosajones y envidiados por ser privilegiados por parte de numerosos otros grupos de inmigrantes Latinoamericanos y Caribeños, no éramos diferentes a los demás que buscaban refugio en los Estados Unidos. Al llegar a esta nueva tierra para solucionar terribles problemas, nosotros también perdimos pedazos de nuestro corazón en el proceso y tuvimos que empezar desde abajo.

Para estos relatos, me remito a mis diarios donde encuentro todos los detalles que coleccioné durante esos años. A diferencia de la narrativa de causa y efecto en una trama, la vida a veces actúa al azar y se lleva a sus víctimas sin piedad y sin explicación alguna. Ser escritora ahora me da la oportunidad de presentar los relatos desolados de mis amigas para todos aquellos fuera de la Pequeña Habana.

IBIS

Ibis vivía en una casa de madera en la avenida Northwest Thirty-Fourth con la calle tres, a una milla de mi casa. Bloques de concreto habían levantado la casa, pero el espacio abierto que había quedado debajo se había convertido en un ring de boxeo donde gatos y ratas peleaban todas las noches aterrorizando a los vecinos con sus ruidos. Adentro, linóleo arrugado cubría los pisos podridos de madera. En la cocina, la grasa acumulada de tantos años friendo había formado una fina capa sobre las paredes. Pero la cocina de gas nunca dejaba de sostener una olla con arroz, otra con picadillo y una máquina de café cubano rebosante del dulce líquido negro. Siempre hambrienta, me llevaba a la boca cucharadas de picadillo desde la olla cuando nadie estaba viendo. En mi casa, el refrigerador estaba vacío.

El olor a comida se mezclaba con el del cigarrillo, el del perfume y el del moho. La habitación principal, que había sido convertida en un grande dormitorio para la madre de Ibis y su novio, tenía una cama tamaño king, cubierta con sábanas enredadas y un cubrecamas arrugado, una cabecera color crema adornada, un sofá rasgado y una mesa cargada de filas de botellas de perfumes y cremas.

La habitación de Ibis, al fondo, apenas lograba albergar una cama individual y una cajonera. La puerta no tenía perilla, tan sólo un agujero en su lugar. En su estrecha cama, pasamos horas jugando a las cartas o comparando notas acerca de los chicos de la escuela, Ibis como siempre fumando.

Ibis tenía el cabello rizado, un "regalo", según ella, de un ancestro africano. A pesar de sus libras de más, ella hacía un gran esfuerzo por su aspecto físico. Meticulosamente planchaba su cabello para tenerlo liso y suave. Ella tenía dos pelucas, una de cabello largo y otra con cabello corto para cambiar su apariencia cada vez que íbamos a una fiesta. Todos los días, ella cuidadosamente pintaba los bordes de sus ojos con un lápiz negro.

—Mi mamá —Ibis decía—. Puede conseguirse a alguien mejor que ese Lepido. Mi padre era un propietario millonario cuando ella fue a limpiar su casa. Él estaba comprometido con una muchacha de la sociedad, pero mi mamá lo convenció para que se casara con ella. Puede hacer lo mismo ahora.

Justo en ese momento, su madre, Graciela, entró a la habitación. De baja estatura y flaca, con una sensual energía cruda en sus ojos, había estado limpiando casas todo el día pero aún se veía fresca y vibrante—. Hoy me preguntaron si Ibis era mi hermana —anunció mientras se acercaba a besar a su novio Lepido, un constructor moreno de hombros anchos quien yacía sobre el desgarrado sofá—. ¡Así de joven me veo!

Lepido la jaló sobre su regazo y lamió su boca y cara con una gigante lengua roja. Graciela chilló y saltó al baño—. Voy a darme un baño primero.

—Desafortunadamente —dijo Ibis bajando la voz—. Cuando Fidel llegó, mi padre no quiso dejar a su madre sola en Cuba, así que mi madre, mi hermano y yo nos vinimos a los Estados Unidos sin él. Mi madre dice que no le importa estar con Lepido porque está molesta con mi padre. Dice que no puede estar sin un hombre.

Me estiré perezosamente sobre la cama de Ibis, y mi mano se deslizó bajo su almohada. Sentí dos objetos afilados. Saqué unas tijeras y un cuchillo.

—¿Qué está haciendo esto aquí?

—Shshsh… baja la voz —Ibis miró nerviosamente a través del hueco de la puerta y agarró las tijeras y el cuchillo. Los deslizó bajo el colchón y acomodó el cubrecama cuidadosamente sobre el área.

—Es para defenderme de Lepido —me susurró—. Se mete a mi cuarto cuando mi mamá no está —observé a través del hueco y mis ojos se detuvieron del shock ante la mirada burlona de Lepido. El hombre abrió sus piernas de par en par y me observó fijamente mientras destapaba una botella con los dientes. Le quería partir una silla en la cabeza.

—Vámonos a mi casa —dije en voz alta—. Mi mamá me está esperando.

Pero antes de que pudiéramos ponernos de pie, el hermano de Ibis abrió la puerta principal. Miguel, dos años mayor que Ibis, vivía con una tía porque su madre no tenía el dinero para mantener a dos hijos.

—Papi se murió —dijo llorando—. ¡Le dio un infarto! —un excelente estudiante y miembro de la banda de la escuela, Miguel tenía un trabajo a medio tiempo, su propio carro y ayudaba a su madre con dinero cada vez que podía. Graciela predijo que él iba a ser el único en dejar nuestro gueto cubano. Su noticia causó que Graciela saltara de la bañera envuelta en una toalla. La mujer comenzó a gritar. Ibis, gimiendo, se lanzó sobre una almohada y le cayó a patadas a la cama. Lepido continuó bebiendo su cerveza. Yo me mordí las uñas.

Después de que esa crisis pasó, el descuido de Graciela, quien Ibis amaba ciegamente, me pareció cruel. Incluso ella debía estar al tanto de la amenaza sexual que Lepido representaba sobre su hija. La actitud de Lepido reforzó mi resolución de no permitir a nadie tener poder sobre mí. Historias como esta fortalecieron el sentido de injusticia que Elsie había inculcado en mí. La injusticia y la venganza, escuché una vez decir a un profesor, motivan al escritor. Sin duda alguna, hicieron crecer mi fuego.

SYLVIA

En Cuba, los padres de Sylvia escucharon a Fidel decir que los niños le pertenecían al estado, así que por miedo a que Fidel enviara a Sylvita y a Rubencito a trabajar a los campos de azúcar u obligarlos a ir al ejército, mandaron a los hermanos en un avión en dirección a Miami. La flota de aviones, de nombre "Peter Pan", despegó en 1962 con 14.000 niños y niñas cubanas hacia los Estados Unidos bajo un programa negociado por Monseñor Bryan Walsh de la arquidiócesis católica. Cuando los jóvenes refugiados llegaron, fueron enviados a orfanatos y hogares con padres temporales. Algunos de estos padres abusaron emocionalmente de sus cargos, o, como en el caso de Sylvia, los otros niños en el orfanato los golpearon.

—Yo viví en un orfanato de niñas cerca de Homestead por dos años esperando a que mis padres llegaran de Cuba —dijo Sylvia —. Allí aprendí a pelear con una navaja. Las niñas negras saltaban encima de mí y me golpeaban. Pero yo no me dejaba —Su hermano Rubencito tuvo suerte. Él llegó directamente a casa de un familiar y se escapó de esa devastadora experiencia. Ahora la familia vivía en la parte de arriba de un dúplex destartalado en la avenida Northwest Twenty-Ninth con calle diecisiete. Los padres, trabajadores en una fábrica, sufrían para pagar la renta.

Sylvia, ágil y bella, sufría de repentinos cambios de ánimo y nunca salía de su habitación, la cual compartía con su abuela. Se acostaba en la cama y leía un libro tras otro del Doubleday Book of the Month Club. Su autor favorito era Mickey Spillane porque ella quería ser policía.

—Vamos a comer —dije un sábado por la tarde. Estaba acostada al pie de la cama. En casa de mis amigas, yo siempre estaba acostada del cansancio de pasar toda la noche despierta, o comiendo porque no tenía comida en la casa.

—Abuela, ¿Nos puedes hacer sándwiches de atún? —dijo Sylvia—. Yo odio a mi papá, a mi mamá y a mi hermano. Mi papá es un pelele, hace todo lo que mi mamá quiere. Mi mamá sólo ama a mi hermano. Y mi abuela es tan fastidiosa. Ojala se fuera.

—Vamos a organizar una fiesta —dije cambiando de tema—. Yo me voy a comprar un vestido nuevo en Three Sisters. Después podemos preparar sándwiches con jamón endiablado y una jarra de Kool Aid.

—Sí, buena idea —respondió ella con poco entusiasmo—. En realidad lo único que quiero hacer es acostarme a leer, pero yo voy a la fiesta.

Esa noche en casa, hice la lista para la fiesta y calculé el costo de dos paquetes de pan y varias latas de jamón endiablado. Al día siguiente volví a casa de Sylvia con lista en mano. Su madre abrió la puerta con los ojos rojos de tanto llorar.

—¿Qué pasó? —pregunté.

—La abuela de Sylvita se murió.

—Pero si yo estuve aquí ayer y... —continué.

—Tuvieron una pelea y Sylvita salió al balcón. Su abuela la siguió y perdió el equilibrio, o tal vez Sylvita la empujó. No sé. Se cayó por las escaleras. Sylvita está en casa de su tío, su papá y su hermano están arreglando todo para el funeral.

Observé la empinada escalera y me pareció ver manchas de sangre en la parte de abajo. Me estremecí, horrorizada con la imagen de la abuela de Sylvia desplomada sobre el concreto. Al día siguiente le pregunté a Sylvia qué había pasado.

—Sólo se cayó —respondió fríamente.

Nunca supe la verdad, pero la historia no desapareció de mi mente. Aun puedo recordar a la anciana con los sándwiches en la mano, sonriendo con amor en los ojos; me recuerda a mi madre hoy en día. Ambas fueron víctimas. ¿Habrían podido escapar de sus destinos de no haber venido a los Estados Unidos? Mi padre siempre nombraba una gran variedad de situaciones trágicas que nunca hubieran sucedido en Cuba. Pero él siempre era el culpable de causar las tragedias en mi vida y en la de mi madre. ¿Qué iba a saber él? En esa época, yo comprometía todo en mi diario y reflexionaba sobre el rol de las injusticias al azar en la vida.

GLORIA

Los padres de Gloria no eran exiliados cubanos. En la pobreza, dejaron Cuba a finales de los años 40 y se mudaron a los Estados Unidos en busca de una mejor vida. Hablaban perfecto el inglés, y sus cuatro hijas nacieron y se criaron en Miami. Pepe, el padre de Gloria, un trabajador de mantenimiento en National Airlines, ahorró suficiente dinero para comprar una modesta casa en la Pequeña Habana con piso de cerámica y gabinetes nuevos para la cocina. La sala estaba bordeada por un amplio sofá y un bar.

El día de Año Nuevo de 1967, la madre de Gloria, Katy, invitó a mi madre y a mí a su fiesta. Caminamos las pocas cuadras hasta la calle trece. Bandejas con jamón ahumado, congrí, y pasteles deliciosos cubrían cada mesa. La música al ritmo de la salsa sonaba en el tocadiscos. Era mi primera vez expuesta ante ese salvaje ritmo Afro-cubano que hacía que mis pies y caderas quisieran brincar. La música en casa eran Los Beatles, las sonatas al piano de Chopin y las canciones tipo "champaña" de Lawrence Welk –llamadas así porque una máquina lanzaba cientos de burbujas detrás de su banda. En Cuba, la música había sido Rodgers y Hammerstein, un equipo de escritores americano de música para teatro. Pero Gloria, pobre, de piel obscura y con una melena de cabello grueso, había sido criada con la salsa. Ella se sabía todos los movimientos así que bailamos, cayendo al piso de la risa, con sus primos mientras que los adultos permanecían sentados en el sofá.

Katy, una mujer fornida y extrovertida, estaba sentada en una esquina con su hermana quien tenía la cara enterrada detrás de las manos, llorando. Katy le daba palmaditas en la espalda, tratando de distraerla y hacerla disfrutar de las festividades pero fracasaba en el intento.

—Está embarazada —susurró Gloria acerca de su tía—. Su novio la dejó. Le dijo que no quiere saber nada del niño.

Observé horrorizada a la tía de Gloria, deseando nunca tener que sufrir su destino. Pero la música de El Gran Combo borró cualquier pensamiento de mi mente. Las trompetas, las maracas, y los tambores eran irresistibles.

Ese verano, el Departamento de Transporte expandió una autopista, atravesando nuestro pobre e insignificante vecindario, para conectar al este y al oeste con el Aeropuerto Internacional de Miami. La casa de Gloria estaba en medio del camino, así que el gobierno ejerció su derecho de expropiación forzosa y la demolió dándole a Pepe un cheque para una casa nueva. El hecho enfureció a mi padre, quien, disertando en su teoría acerca de una conspiración comunista a nivel mundial, señaló las similitudes de la decisión del gobierno americano con la toma de varias propiedades privadas a manos de Fidel en la isla.

La familia, desconsolada, empacó sus pertenencias y se mudó a una casa vieja y mucho más pequeña en la Avenida Northwest Thirty-Fifth con la calle diez. Pepe y Katy nunca dejaron de extrañar su antigua casa. Algunas veces, condujeron para observar los camiones cargados de bloques de concreto, aplanar arbustos y árboles y esparcir escombros y polvo por todo el lugar—. El dinero que me dieron no fue suficiente —gritó Pepe, quien ahora trabajaba horas extra en el aeropuerto para conseguir el dinero y arreglar su nueva casa—. Yo acababa de colocar los gabinetes en la cocina y construir dos baños nuevos —pronto, la construcción se convirtió en el punto de encuentro para varios jóvenes solitarios, nosotras incluidas.

Unos meses después, una nueva tragedia llevó a la familia de Gloria a la depresión. Uno de sus primos murió en batalla en Vietnam, una de las 16.589 víctimas de la controversial guerra en 1968.

CARI

Cari vivía con su hermano y sus padres en un dúplex maltratado construido contra uno de los lados del rio Miami y en la sombra del puente de la Avenida Twenty-Second. Cortinas pesadas, hechas de telas baratas de brocado, mantenían la sala obscura. Un sofá y dos sillas envueltas en plástico ocupaban una esquina. El vecindario no tenía aceras, y las calles parecían una mezcla de piedras rotas. Los gallos recorrían libremente los jardines, pero los gatos estaban muy viejos para cazarlos.

Su madre, Aurora, estaba enamorada del esposo de su hermana. Y su padre, Gerino, un devoto del espiritismo, trataba de encontrar respuestas de los espíritus.

—*Ooooooobaaaataaaalaaaa* —gritaba en agonía—. ¿Por qué?, ¿por qué?

En las tardes, Gerino se sentaba en el cuarto trasero rodeado de estatuas de cerámica de Indios y de los dioses Afro-Cubanos Obatala, Chango y Eleggua, protectores en la religión Yoruba. Él les colocaba platos de comida como ofrenda. Luego alineaba tabacos, incienso, vasos de agua, y hojas de palma en líneas rectas sobre el piso. Desde la sala, yo podía oírlo implorándoles que lo ayudaran a recuperar el amor de su esposa.

Un día, yo decidí que necesitaba respuestas también, así que Cari y yo nos unimos en la ceremonia. Las hojas de palma temblaban en las manos de Gerino, pero él estaba aferrado a las ramas firmemente barriendo la habitación mientras balanceaba su cuerpo. Vestido en un pantalón negro de poliéster y una ligera y casi transparente camiseta azul claro, Gerino golpeó el piso, las ventanas y las paredes. Las largas frondas verdes, mucho más altas que yo, pesaban mucho en sus brazos y él luchaba por mantener el control. Con los ojos cerrados, se desplomó sobre una silla al lado de Cari y colapsó en un trance.

—¿Qué ves? —preguntó Gerino, enrollando sus manos en puños. El color de su piel comenzó a cambiar, la pigmentación se tornó café tostada.

—Veo un indio —susurré. Cari no dijo nada.

Gerino asintió y agarró un tabaco. Sin abrir los ojos lo prendió y sopló humo a su alrededor.

—Y ahora. ¿Qué ves? Mira las manos de Cari, ¿qué ves?

Su voz había perdido tono, como si proviniera de un pozo.

Observé las manos de Cari, largas, con huesos prominentes y quemadas por el sol. La piel se doblaba en arrugas. Los nudillos templados, sobresalientes como perillas de puerta.

—Veo una señora vieja —jadeé asustada.

—Mírale, mírale las manos.

—Sí.

—Un día vas a trabajar como yo —dijo Gerino. Cari cayó de nuevo en su silla, devastada en un profundo sueño, sus manos marchitándose poco a poco.

—Ahora viene el espíritu —nos advirtió Gerino. Sus ojos se pusieron blancos y comenzó a hablar en un idioma inentendible. Saltó, sacudiendo su cuerpo y agachándose como si fuera a vomitar. Extendió sus brazos a los lados dándole la bienvenida al espíritu del indio muerto. Se lanzó sobre el piso, retorciéndose hasta que casi golpeó su cabeza contra una pared, sin parar de hablar en el idioma extraño.

¿Por qué estaba yo aquí? Lo único que yo quería era el la calidez de una familia en mi mundo frío.

Regresando de su trance, Gerino se limpió el sudor de la cara. Cari abrió los ojos, pero actuó como si no supiera nada de lo que acababa de ocurrir. Gerino sacó los caracoles –conchas que utilizaba para adivinar el pasado y predecir el futuro– de una bolsa de terciopelo y los esparció sobre el piso. Por la configuración al azar de las conchas, los espiritistas creen que pueden ganar una respuesta. Él hizo preguntas acerca de la infidelidad de su esposa. Nosotras esperamos, pero las conchas permanecieron en silencio. La posición de los caracoles no significó nada para el padre de Cari. Triste, las agarró y me invitó a hacer preguntas.

—¿Por qué mi papá nos dejó? —dije—. ¿Mi papá me ama?, ¿mi mamá está enferma?, ¿ella me ama? —Gerino colocó las conchas sobre el piso y esperamos. Al cabo de un rato, él frunció el ceño y maldijo. Luego las recogió y las puso de vuelta en la bolsa, negando con la cabeza. La falta de respuestas me devastó. Vi a mi madre y a mi padre alejándose más y más, convirtiéndose en estatuillas sobre un estante. Como cualquier otro niño abandonado y descuidado, sentí rabia y rebeldía, y desarrollé una fuerte actitud de "no-me-importa-nada" que mi padre luego diagnosticó –apoyándose en su curso psiquiátrico– como un método para compensar la falta de amor.

Después de la experiencia con Gerino, traté de llenar mi vacío con el mundo de los espíritus. Sentía espíritus en todos lados y durante momentos inesperados. Una tarde, llegué a la casa después de trabajar como voluntaria en el Jackson Memorial Hospital, y mi madre aún no había llegado del trabajo. Puse la llave en la cerradura pero antes de darle la vuelta, escuché puertas cerrándose dentro. Corrí de vuelta a la acera, y caminé de arriba abajo retorciendo las manos. Mi madre llegó minutos después.

—Tengo miedo —le dije.

—¿De qué? No hay nadie aquí —dijo ella y caminó hasta su habitación. Una extraña respuesta de mi madre, pero me imaginé que estaba en uno de sus momentos en contacto con la realidad.

El carro viró bruscamente sobre la rampa de la nueva autopista que conectaba a la Pequeña Habana con los suburbios en expansión al oeste. Gerino luchaba por mantener el control de su vehículo. Él agarró el cuello de la camisa de su esposa y tiró hacia adentro con toda su fuerza, maniobrando el volante de la mejor manera que pudo con la otra mano. Aurora, con el cabello blanqueado en capas cortas alrededor se su cara, los ojos delineados en negro y las uñas largas color plata opaco, empujaba con fuerza la puerta del carro con la intención de brincar.

—Quiero morirme —gritaba Aurora, luchando por saltar del carro en movimiento. La puerta abierta se raspó contra una barrera de concreto. Gerino jaló de nuevo con más fuerza, y Aurora cayó derrotada de nuevo en su asiento llorando desconsoladamente.

Estábamos conduciendo a casa después de jugar a los bolos en Westchester, un suburbio en auge con pequeñas plazas comerciales cargadas de la más descoordinada combinación de tiendas: licorerías, ventas de cauchos, tiendas de mascotas, floristerías, talleres de reparación de motos. Cari y yo íbamos agarradas de las manos.

Gerino se estiró, bajó el seguro del carro y agarró velocidad.

—Por favor, Aurora —le rogó—. ¿Por qué no puedes amarme? ¡Yo soy tu esposo!

Aurora no respondió.

Gerino me dejó en la casa y arrancó. Todos en el carro iban llorando.

La Niña sabía de la pasión que sentía su hermana Aurora por su esposo Pipo, aunque no parecía molestarle. Tampoco estaba claro si Pipo correspondía al sentimiento de Aurora. La Niña, en un excelente estado de ánimo siempre, echaba chistes subidos de tono mientras lavaba el cabello y barría el piso del salón de belleza donde Aurora y Gerino trabajaban como peluqueros.

—Mamita, le dije a María —le contó a una amiga—. Abotónate la camisa sino quieres que los obreros te estén gritando cosas por la calle —Pipo, ágil, con la piel quemada por el sol, el cabello negro y grasoso y con una sonrisita hecha a la medida de alguien con un pasado lleno de aventuras, hacia diligencias para el negocio y se encargaba de los suministros.

María Antonia, la hija de La Niña, trabajaba como cajera en el lugar. Marcas de acné formaban una máscara de cicatrices sobre su rostro. Ella caminaba con audacia, con andar descoordinado, y desafiaba a todos con su mirada fría. Ella no era bonita y rubia como Cari, pero tenía lo que su prima deseaba, un hombre de tez clara con el rostro redondo llamado Esteban.

Cuando Esteban condujo hasta el dúplex de la Pequeña Habana de Cari donde La Niña, Pipo y María Antonia vivían en el apartamento del fondo, Cari se escondía detrás de las cortinas y observaba a su prima salir a recibirlo—. ¿Por qué no se fija en mí? —Cari lloraba sobre la cortina—. ¿Por qué no se puede enamorar de mí? Le voy a decir a mi papá que le pida a los espíritus que hagan que me ame.

—Puede que no funcione —le dije, recordando las conchas silenciosas—. Vamos a buscar otros chicos para nosotras. Esteban no te conviene.

Cari, un año mayor que yo, sólo tenía la licencia con restricciones, pero de igual manera condujo el carro de su madre. Dejamos a los enamorados en el porche y nos fuimos a la playa. Allí, comenzamos una guerra de arena con unos chicos, pero el corazón de Cari no estaba involucrado y ella me rogó que nos fuéramos.

10.

Algo parecía diferente en mi padre cuando me recogió en la casa ese día. Era primavera en 1968, yo tenía catorce años, y él acababa de regresar de Beaumont, conduciendo un extraño carro con un signo de la paz al revés sobre la parrilla. Salté dentro del automóvil, acomodándome sobre los suaves asientos de cuero, deslizando mis manos sobre los paneles lisos de madera e inhalando el olor a carro nuevo. Él tenía puesta una camisa blanca con una corbata azul, el blazer de su traje azul obscuro cubría el asiento de atrás.

—Vamos a El Baturro a almorzar —dijo él. Mi padre observó mi ropa y frunció el ceño. Yo tenía puestos pantalones bota campana color marrón claro y me había amarrado un pañuelo de seda café con lunares blancos alrededor de la cabeza. Yo había comprado este atuendo con el dinero que había ahorrado en mi cumpleaños.

—Pareces una hippie —me dijo, arrugando la nariz y acelerando.

—Esto es lo que está de moda en Miami —dije jugueteando con los botones de la radio. Los Beatles explotaron en las bocinas laterales haciendo el carro temblar ligeramente—. Adoro a Los Beatles.

—¿No te gusta la música clásica? —dijo mi padre abalanzándose sobre el botón que regulaba el volumen.

—Es aburrida. Toda me suena igual —respondí sin quitar mis manos del mismo botón y sacudiéndome sobre mí asiento.

Mi padre no tuvo tiempo de responder ya que en ese momento, un hombre de la raza negra atravesó la calle frente a nosotros, obligando a mi padre a virar el volante bruscamente y tocar la bocina—. Tienes que tener mucho cuidado, Cecilita —exclamó—. Si llegas a atropellar a un negro, tienes que pagar por él como si fuera un blanco. Yo estoy feliz de que mataron a Martin Luther King. Estaba causando muchos problemas en el país —mi padre creía que King, asesinado a principios de ese año, era un conspirador comunista. Él decía que hombres como King estaban detrás de las fuerzas contra la guerra en Vietnam, que para ese entonces sumaban millones en los Estados Unidos.

Mi padre cambió de carril, redujo la velocidad y cruzó en El Baturro, un restaurante Español en la calle Northwest Seventh, a tan sólo unas cuadras de la casa. Luego, el lugar fue demolido para hacer espacio para la primera estación de televisión en español al Sur de la Florida, parte del canal internacional conocido como Univisión.

En El Baturro, ordené caldo gallego, una sopa de frijoles blancos hecha con acelgas y puerco, y mi padre escogió el cocido madrileño, un estofado de jamón, chorizo, puerco, repollo y patatas. Yo tenía un hambre voraz. Mi madre había dejado de cocinar por completo, y yo aprovechaba de comer cada vez que podía, más que todo alimentándome con sobras en las casas de mis amigas.

—Cecilita, ahora tengo más dinero. Voy a darte 30 dólares para tus gastos personales —asentí ante la buena noticia. Los 200 dólares mensuales que le daba a mi madre apenas cubrían la hipoteca, los servicios básicos, el pasaje en autobús y la comida. Con el dinero extra, iba a poder comprar ropa, maquillaje y comer en McDonald's o en Morro Castle de vez en cuando.

—Alquilé un apartamento en Biscayne Boulevard —continuó—. Tengo una vista bella de la bahía, y hay una cancha de tenis. Voy a comenzar a pasar consulta aquí en Miami ahora. Vi una oficina en Hialeah que me gustó y tengo privilegios en el Palm Springs Hospital. Y... —Mi padre levantó la mirada de su plato y levantó la cuchara en el aire.

—Dime —dije, tragándome la sopa en movimientos rápidos.

—Me casé.

Sentí una extraña sensación que me elevaba, como si estuviera flotando sobre la fila más alta de un estadio, viendo el juego desde arriba. Las palabras hirientes en ese entonces, e incluso hoy en día, nunca me han impactado en el momento. Para hacerles frente, había aprendido a retrasar el efecto de cualquier emoción que pudiese destrozar mi corazón. Seguí comiendo como reflejo, pero noté que la sopa ahora sabía a avena sin azúcar. Mi padre esperó sin comer y yo puse mi cuchara sobre la taza.

Recordé el día en que llamé a David, el amigo de la familia, desde la farmacia llorando por la amante de mi padre. El mismo día que llamé a mi padre para pedirle dinero—. Él nunca se va a casar con Beba —David me había asegurado en aquel entonces, pero estaba equivocado. Ahora Beba era mi madrastra, una situación que yo aborrecía y que me preocupaba fuese a alejar a mi padre mucho más lejos.

—No quiero verla ¿Podemos ir a casa ya? —dije tratando de cubrir el shock lo mejor que pude.

Mi padre no protestó. Él llamó al mesero, y mientras él pagaba la cuenta de la comida que no terminamos, me paré de la mesa y caminé hasta el carro.

—Y... Cecilita —tomó una pausa—. Tu mamá me contó lo del robo en la tienda. Por favor, no le digas nada a Beba si decides hablar con ella.

¿Acaso la opinión que Beba pudiese tener de mi era lo único que le importaba?

Miré a través de la ventana mientras conducíamos a casa y observé a mi madre caminando por la avenida Twenty-Seventh. Mi padre la observó también. Llevaba puesto un traje ceñido de dos piezas tejido en algodón y zapatos negros de tacón mediano. Sus caderas giraban rítmicamente de lado a lado. ¿Alguna vez mi madre se había dado cuenta del poder de su belleza?

Verla caminando de vuelta a casa sola, ya que el viejo Dodge Dart estaba en el taller, cargando un galón de leche mientras yo iba sentada en el lujoso carro nuevo de mi padre, hizo que se me abrieran los ojos ante algo mucho más horrible. Pensé en las lecciones que Elsie intentó enseñarme en La Habana.

Yo entendía ahora que había personas en el mundo quienes explotaban las debilidades físicas o psicológicas de otras para su propio beneficio. Mi padre, uno de los explotadores, se aprovechó del estado mental de mi madre y le prohibió recursos que necesitábamos desesperadamente a través de un injusto acuerdo de divorcio. Yo me di cuenta que iba a tener que aprender a batallar a personas como él para lograr mis objetivos, o incluso más importante, asegurarme de no necesitar a nadie y depender de mi misma.

Ese momento en el carro resulto ser esencial, el detonante más fuerte hasta ahora para impulsar una vida en contra de la injusticia y la autoridad despiadada. La falta de sensibilidad de mi padre impulsó, inadvertidamente, mis políticas de rebeldía, una filosofía que él odiaba.

Yo sufrí por el declive mental y material de mi madre, pero al mismo tiempo la vibrante presencia de mi padre no me permitía identificarme completamente con ella. Yo sentía una fuerza interna que se comparaba con la de él, y yo quería escapar a su mundo algún día. Mi padre había podido escapar de la Pequeña Habana, pero aun no era tan cruel como para abandonarme por completo mientras comenzaba su ascenso hacia la tierra de la adinerada elite cubana.

A partir de ese día, entendí que mi madre y yo íbamos a permanecer en los márgenes de su comunidad hasta que yo lograra encontrar una manera de escapar. Nosotras éramos de clase baja, y él se aseguró de que siguiéramos así al tan sólo compartir una porción infinitesimal de su riqueza. ¿Se le había olvidado el papel que mi madre había jugado lanzando su carrera en La Habana? Ella lo apoyó durante sus estudios, y mi abuelo materno, un profesor universitario, lo ayudó a conseguir trabajo a través de sus contactos personales.

—No se ve mal —dijo suavemente, viendo a mi madre hasta que cruzó a la izquierda en la calle nueve. Se estacionó frente a la casa y apagó el carro—. Ten mucho cuidado, Cecilita —dijo bajando la voz, como si fuera a contarme un secreto—. Hay drogas en todos lados, y alcohol. Nunca te subas a un carro con un chico que este bebiendo. Si empieza a correr, tú estira el brazo y le apagas el carro. Es muy peligroso aquí en los Estados Unidos para los jóvenes. Se están convirtiendo todos en hippies. Yo estoy de vuelta en Miami, así que no vas a estar tan sola. Yo te puedo ayudar ahora más. Puedes pasar más tiempo en mi casa.

Se sintió como un discurso preparado por un hombre que sabe cuál es su responsabilidad pero igual quiere mantener distancia. Esta era la nueva versión de mi padre. Estaba decidido, ya no era mi "papitón", el padre adorado que me había dicho que yo era lo único que él tenía.

—Yo no quiero ir a tu casa —le dije. Mi padre se encogió de hombros. Entré a la casa y un dolor punzante me atacó en la parte baja del abdomen. En el baño pude ver sangre sobre el papel higiénico. Me metí en el cinturón que sostenía la almohadilla Kotex con unos ganchos, de aquellos cinturones que existían antes de que las almohadillas con adhesivos salieran a la venta.

—Yo acabo de tener mi periodo hace apenas dos semanas —le dije a Ibis por teléfono.

—Te puede llegar otra vez en el mismo mes si recibes un fuerte shock —ella me explicó.

11.

When I'm feeling blue, all I have to do is take a look at you and then I'm not so blue. La canción, que decía que cuando uno se siente triste, todo lo que tiene que hacer es mirar al ser amado, fluía a través del radio del carro de Jaime, inundando la calle tranquila con sonido. Se estacionó frente a mi casa y tocó la bocina. Salí corriendo por la puerta principal y lo abracé ferozmente.

—Nunca me he sentido tan amado —suspiró en medio de mi cabello enredado.

Me subí sobre el capó del maltratado Corsair azul año 1962 y le ordené que me diera un paseo mientras me recostaba sobre el parabrisas y estiraba los brazos, preparada para volar. Jaime presionó el acelerador, agarrando velocidad en intervalos cortos para que yo pudiera sentir el viento empujándome contra el vidrio y luego disminuía la velocidad. Nos reímos sin importar lo que los vecinos pudiesen decir.

—Cásate conmigo —me dijo cuándo me deslicé sobre el asiento de pasajero.

—Está bien —yo tenía 14 años en 1968 y todo era tan simple. No había pláticas acerca del futuro universitario, planes de carrera, dinero en el banco, o compatibilidad.

Era temprano por la mañana, y con el traje de baño bajo nuestra ropa, no íbamos a llegar a clase. Jaime condujo hasta el centro de Miami y se estacionó en una calle lateral. Subimos las empinadas escaleras hacia la iglesia católica Gesu y nos deslizamos dentro del obscuro edificio vacío. El olor a rosas marchitas y aplastadas se fusionaba con el de aire húmedo estancado en el lugar. Agarrados de la mano, caminamos hacia el impresionante altar y nos arrodillamos sobre un banco. Jaime se volteó para darle la cara a la cruz.

—Aquí, frente a Dios, estamos uniéndonos como marido y mujer —susurró él—. Estamos casados ya. Nadie puede separarnos.

Me quedé viendo fija al crucifijo. Sangre de cerámica brotaba del costado de Jesús. Luego observé el alto vitral en el techo y las velas parpadeando en envases rojos. El banco de madera barnizado acariciaba mis piernas descubiertas y yo temblaba sobre él recibiendo un pequeño beso de Jaime.

La iglesia, construida en 1896, es la parroquia más antigua en Miami y está en el Registro Nacional de Lugares Históricos. El lugar, les ofrecía a los refugiados cubanos un oasis de lujo y paz en medio del alboroto del centro de la ciudad. Por un periodo breve en 1961, la escuela adjunta se convirtió en la primera sede del Belén Jesuit Preparatory School, establecida en 1854 en Cuba pero reubicada en Miami después de que Castro, siendo graduado de la institución, expulsó a los Jesuitas. En los años 1980, con la Pequeña Habana en ruinas, la escuela se mudó a los suburbios sureños, en busca de atraer cubanos exitosos que pudieran pagar por la educación de sus hijos. Belén es hoy en día una de las mejores 50 preparatorias del país.

Esa temprana mañana, la pesadez de la atmosfera dentro de la iglesia me hizo retorcer sobre el banco. Apreté la mano de Jaime e hice un gesto hacia la puerta.

—Vamos a la playa ya —dije, cansada del estado de ánimo sombrío.

Afuera, nuestros espíritus se dispararon, y rápidamente olvidé la sofocante iglesia y la ceremonia matrimonial de Jaime. Condujimos hasta Tahití Beach, un enclave oculto después de un puente adyacente a Dinner Key Marina y Coconut Grove. Una compañía había excavado esta sección de bienes raíces y planeaba construir un condominio llamado Grove Isle. Nos estacionamos bajo un árbol donde el carro no podía ser visto desde la calle y colocamos las toallas sobre la arena. Jaime trajo una cesta llena de pasteles de guayaba y carne envueltos en servilletas de papel. En este estrecho pedazo de isla, el agua era color café y llena de conchas partidas que podían cortarle los pies a cualquiera que no tuviera cuidado. Caminamos a la parte honda. Jaime se sumergía y pasaba por debajo y entre mis piernas. Yo no era una buena nadadora, así que me acerqué más a la orilla. Luego nos acostamos sobre las toallas, lejos del inclemente sol, en un laberinto de árboles que nos protegían de ser vistos. Rápidamente nos perdimos bajo las hojas, enlazados en un abrazo.

Después del ritual en la iglesia, Jaime pensaba que estábamos íntimamente unidos; de vez en cuando mencionaba que éramos marido y mujer. Me contó que varias parejas que conocía se estaban yendo hasta Georgia para casarse ya que allí no había problemas para los menores de edad sin permiso de sus padres. Yo escuché con interés pero nunca hicimos ningún plan, y yo me tomé el asunto a la ligera. Si yo hubiese sido la típica niña cubana, criada por sus estrictos padres cubanos, con sus abuelos alrededor y en una casa cubana tradicional, Jaime hubiese sido mi novio durante todos mis años escolares. Me hubiera casado con él después de la graduación, sino antes, para ser una esposa por el resto de mi vida. Pero yo no era la típica cubana.

Mi vida amorosa comenzó con Jaime, quien con un metro sesenta era cinco centímetros más bajo que yo. Él iba a todos lados conmigo, así que en 1968, tal como Scott y Zelda Fitzgerald en los anos de 1920, éramos conocidos como parranderos incansables en nuestro pequeño grupo social de la Pequeña Habana. Incomoda por la diferencia de estatura, yo buscaba en las tiendas de zapatos sandalias planas que combinaran con mis vestidos de fiesta. Durante el año que estuve con él, coleccioné una gran variedad de zapatos de tacón bajo: zapatillas plateadas y doradas con broches brillantes en las tiras, un par de patente de cuero negro con un lazo elegante al frente, y zapatillas abiertas de rayas blancas y rosa. (Para ese momento yo había descartado mis horribles zapatos marrones recetados por el doctor, y nadie me iba a convencer de usarlos de nuevo). Con mis sandalias y encorvándome un poco, disfracé la diferencia de estatura.

A pesar de ese detalle, Jaime era perfecto: con modales, bien vestido, inteligente, expresivo, cálido, cariñoso, respetuoso, gracioso, etc. Su cabello grueso descansaba sensualmente sobre su frente. Sus amplias y largas pestañas brillaban cuando hablaba. En una fotografía de él en mi álbum de recuerdos, el titulo lee: "mi musculoso compañero". Jaime quería ser arquitecto y con mucho orgullo me mostraba los planos que había creado sobre su mesa de dibujo en la escuela. Como atleta, jugaba futbol americano y béisbol con los equipos del colegio y los equipos de viaje. Y también me amaba.

Hoy en día quisiera haber tenido en aquel entonces la oportunidad de mirar al futuro, y de esa manera poderlo haber apreciado. Yo lo torturé con mis ataques de malcriadez, dejándole de hablar y colgándole el teléfono. Me escapaba para ir a fiestas y lo amenazaba con dejarlo por otros chicos. Una tarde en la escuela, molesta por algo, tiré todos mis libros al piso del pasillo y le grité. Él recogió todos y cada uno de ellos y los llevó a mi próxima clase como siempre hacía. En otra oportunidad, lancé su reloj al suelo y lo pisoteé. Luego me subí a mi bicicleta y me fui con mi amiga Ibis. Me volteé y vi a mi madre, quien presenció la escena desde la ventana de la cocina. Ella tenía una sonrisa en el rostro, como si estuviera complacida por lo ocurrido. Tal vez ella sentía que estaba vengando el dolor que le había causado mi padre al yo causarle sufrimiento a otros hombres.

—Ningún otro hombre te va a amar como Jaime —decían mis amigas.

Ellas tenían razón.

Yo conocí a Jaime en una fiesta. Su hermano Máximo, un compañero de clase, había traído a Jaime, quien tenía dieciséis años y estaba en noveno grado. Jaime le susurró— Acabo de conocer a mi futura esposa —él me quería con el mismo sentimiento definitivo del cuchillo cuando corta el pan. Me guiñó el ojo, pero noté un sesgo triste en su mirada, algo incomprensible y profundo. Desde ese día en adelante, Jaime me escribió largas cartas y poemas expresándome un tipo de amor que yo no podía comprender. En el Día de San Valentín, me esculpió un corazón en cerámica, lo pintó de rojo y le dibujó nuestras iniciales encima. Él le rogó a su madre que le pusiera Cecilia como nombre a su hermana recién nacida. Me trajo montones de joyas de la juguetería de su padre, Los Reyes Magos, donde toda su familia trabajaba. Una vez me regaló un set de aretes de cristal amarillos y un collar. Ambos aún conservo en una caja junto al corazón de cerámica, que ahora está roto en varios pedazos.

—Dios mío —mi madre comentó—. Se ve que quiere algo serio contigo —pero su tono era sarcástico, misterioso y sospechoso.

Jaime incluso me regaló el anillo de amatista de su abuela. Durante otro ataque de rabia por algo insignificante, tiré el anillo sobre la acera frente a mi casa. Jaime se arrodilló a buscarlo. Me gustaría decir que yo, arrepentida, lo ayudé a buscar, pero no puedo. En su lugar, entré de nuevo a la casa, me vestí con ropa de fiesta, me amarré una cinta de cuero alrededor del cuello y me escapé por la puerta trasera con Gloria. Corrimos por la esquina y saltamos dentro del autobús hacia una nueva discoteca en la Pequeña Habana. Allí conocí a Antonio.

Bailé con él por horas en las sombras de las palpitantes luces purpuras al ritmo de Jimi Hendrix y Black Sabbath. Una bola de espejos giraba sobre nosotros. A las tres de la mañana, Antonio decidió irse en su carro con sus amigos, y Gloria y yo paramos un carro en la calle y le pedimos al chofer desconocido que nos llevara a casa, algo que hizo con mucho gusto.

Jaime me estaba esperando en el porche.

—¿Con quién estabas? —me gritó cuando nos acercamos. Él me quitó la cartera y comenzó a revisarla. Adentro, encontró un papel con el número de teléfono de Antonio.

—¿Qué pasa? —mi madre caminó inestablemente hacia el porche. Gloria, quien iba a pasar la noche en la casa, le pidió cobijas para tender el sofá, y ambas entraron a la casa.

Le quité el papel de las manos a Jaime, lo rompí en mil pedazos y salí corriendo a la sala. Jaime me siguió, pero luego se desplomó en el piso en un segundo, golpeándose de lado a lado. Me arrodillé a su lado y lo sacudí por los hombros.

—Jaime, Jaime —le grité. Gloria corrió en busca de un vaso de agua y se lo lanzó encima de la cara. Pero Jaime no respondió. Sus ojos estaban blancos. Él gimió y tembló hasta que el sol salió. Finalmente, se puso de pie y se fue en su carro sin decir una palabra.

Después de que se fue, llamé a mi padre—. Papi, mi novio Jaime se desmayó anoche —le describí todo lo que ocurrió.

—Eso es un ataque de epilepsia.

—¡¿En serio?!

—Tienes que terminar esa relación con él. Lo que tienes que hacer es ignorarlo... dale frío, frío, frío. Ahí va a entender el mensaje y se va a ir él sólito.

Yo ignoré su consejo.

Esa tarde compré un paquete de condones en la farmacia de la esquina, desviando la mirada a la cajera con cara sorprendida, y los pegué con cinta adhesiva debajo de mi escritorio por si en algún momento los llegaba a necesitar. Pero no todo tenía que ver con el sexo a los catorce años de edad. Era reconfortante tener la compañía de Jaime en mi casa después de clase hasta que mi madre llegaba del trabajo en las noches. Y era mucho más reconfortante que pasara la noche conmigo, actuando casi como un padre cariñoso y atento.

Todos en Citrus Grove estaban hablando de condones, y es que el sexo estaba en la mente de todos los jóvenes. En una oportunidad, Ibis y yo nos sentamos en la parte de atrás del autobús para leer novelas pornográficas: *Candy* de Terry Southern, originalmente prohibida en Francia pero que luego se convirtió en una de las novelas más vendidas de los años 1960 en los Estados Unidos; *The Life and Adventures of Miss Fanny Hill*, la biografía de una prostituta escrita por John Cleland en 1748. (Justo dos años antes, la Corte Suprema de los Estados Unidos había dictaminado que la novela no cumplía los estándares de obscenidad y la sacó de la lista de libros prohibidos). Yo sentía una extraña sensación placentera mientras leíamos los emocionantes fragmentos en voz alta. El autobús dio varias vueltas por nuestra ruta, y pasó de largo por nuestra parada; el conductor inconsciente de lo que estaba pasando.

Una noche, Jaime llegó tan sólo minutos después de que mi madre se encerró en su habitación. Yo prendí y apagué las luces varias veces en señal de que el campo estaba libre. Jaime caminó cauteloso por el patio trasero, abrió la puerta de malla, atravesó de puntillas un pequeño patio, deslizó varias puertas de vidrio, y entró a través de una habitación al fondo hasta mi recamara. Cuando llegó, nos besamos y acariciamos, pero no llegamos hasta el final –todavía no.

Jaime comenzó a venir varias veces a la semana. Como precaución, yo puse una cadena en la puerta que daba al closet que se conectaba con la habitación de mi madre. Jaime me cuidaba durante los debilitantes dolores de vientre, pasándome pastillas de Midol con vasos de agua y enchufando la almohadilla caliente. Cuando tenía gripe, me aliviaba la congestión con Vicks Vapor Rub, cubriendo mi pecho y espalda con la pomada para mantenerme caliente. Qué bien se sentía ser amada.

Mi madre nunca sospechó nada, pero los padres de Jaime sí. Una vez, tocaron la puerta a media noche. Mi madre sufrió para despertarse.

—No está aquí —les dijo.

—Ay, Dios Mío, ayúdame —dijo su madre llorando—. Yo sé que mi hijo está aquí.

Jaime se puso la ropa, corrió hacia el cuarto trasero, salió por la ventana, atravesó el patio y condujo de vuelta en el carro prestado que había estacionado a una cuadra. Cuando abrí la puerta ante los incesantes golpes de mi madre, no había nadie más que yo adentro.

12.

The Utes, un grupo de chicos de secundaria de la ciudad cercana de Hialeah, organizaron la fiesta de esa noche de 1968. El leader, Alberto San Pedro, condenado unos años después por contrabando de drogas, soborno y crimen organizado, sonrió en la puerta del Club Polaco-Americano, el cual estaba en una esquina al sur del puente de la Avenida Northwest Twenty Second. En los años ochenta, cuando el Sur de la Florida se quemó con dinero de drogas, disturbios raciales y tiroteos en las calles, su nombre apareció prominentemente en las noticias como "El Gran Corruptor". La policía afirmó que él sobornó a todas las figuras políticas del estado: cubanos o americanos. Le entregué mi dinero y él me miró con los ojos ligeramente cruzados.

Gloria me golpeó con el codo—. Él no es bueno —me susurró.

Le guiñé un ojo y entré al lugar.

Grupos de cubanos que competían entre si y se hacían llamar "fraternidades" organizaban estas fiestas en la Pequeña Habana casi todos los fines de semana. Emprendedores que luego se convertían en pandillas y terminaban metidos en actividades criminales, las "fraternidades" alquilaban lugares con grandes salas de baile, contrataban una banda, cobraban por entrar y luego por los tragos adentro. El negocio hacía mucho dinero.

Las fraternidades aparecieron en dos vecindarios donde los exiliados cubanos se residenciaron, la Pequeña Habana y Hialeah. Se formaban en parte en respuesta al estrés del conflicto cultural con los anglosajones, quienes se metían sin piedad con los jóvenes cubanos a menos que estos tuvieran la protección de pandillas. Y por otra parte, en respuesta a la soledad por el olvido de sus padres inmigrantes pobres quienes estaban muy ocupados para prestarles atención.

Los nombres de las fraternidades transmitían tenacidad: los Volcanes, los Aztecas y los Halcones. Eran desafiantes. Un supuesto miembro de una fraternidad fue sentenciado a sesenta años en prisión por intentar asesinar a dos policías durante una persecución en carro. Algunas veces, escuchábamos de compañeros de clase quienes terminaban en el Jackson Memorial Hospital horas antes del amanecer, con varias heridas por apuñalamiento. En los años sesenta, la juventud cubana pobre, atrapada en la Pequeña Habana, no tenía muchas alternativas.

A mediados de los años setenta, las fraternidades desaparecieron. Ya no eran necesarias porque la comunidad cubana había crecido política y económicamente. En los años ochenta, la guerra de pandillas creció de nuevo con la llegada de 125.000 cubanos en el éxodo de Mariel. Muchos de esos refugiados tenían historiales criminales. A ellos no les tomó mucho tiempo desafiar a las pandillas colombianas por el dominio en el tráfico de drogas en Miami, un punto de entrada importante para la cocaína. La película de 1983, *El Precio del Poder*, en la cual un inmigrante cubano se apoderaba de un cartel de drogas, y la serie para la televisión de 1984 *Miami Vice* pusieron al Sur de la Florida bajo el foco nacional resaltando la violencia de las pandillas de la época.

Mientras que hoy en día la actividad pandillera no prevalece en el Sur de la Florida como lo hace al Sur de California, Miami-Dade tiene la séptima mayor población de pandillas en el país, la más alta del sureste, y la segunda más alta en la costa este después del Condado de Essex, en New Jersey. El FBI dice que el área sirve de hogar para casi 17.000 pandilleros.

En la fiesta, la música palpitante a todo volumen empujaba a los bailarines en un frenesí de sudor. Los cuerpos se movían dejando fluir la frustración y el deseo sobre la pista de baile. Mis amigas y yo éramos de las más solicitadas por los chicos, y lo sabíamos. Vestidas a la última moda y destellando aquella sonrisa que nos mantenía fuera de alcance, rápidamente teníamos un puñado de chicos invitándonos a bailar. Durante unas cuantas horas brincamos y nos dejamos llevar con el resto de la gente.

Luego, de repente, sillas comenzaron a volar sobre nuestras cabezas. Gritos se escucharon a nuestro alrededor. Las navajas brillaban en medio de la semioscuridad del lugar. Dos chicos se subieron encima de las mesas para escapar del desastre. Otros dos más los persiguieron, uno con una botella de Coca-Cola partida en una mano, y el otro balanceando una cadena sobre su cabeza. La cadena golpeó varias sillas y mesas hasta que alcanzó a otro joven, quien cayó al piso del impacto. Ibis, Gloria y yo nos acurrucamos en una esquina y nos cubrimos con los brazos.

—Son los Crowns —alguien gritó—. ¡Se metieron para pelear con los Utes!

Los jóvenes luchadores volcaron mesas. Mientras tanto, las chaperonas –madres, tías, hermanas mayores– quienes se sentaban en filas de sillas a ambos lados de la pista de baile, corrían por todo el lugar gritando. Algunas de ellas utilizaban sus carteras como arma defensora para llegar hasta las peleas, donde se hacía difícil reconocer quién golpeaba a quién.

—Vámonos a casa de mi tía —dijo Ibis—. Ella vive cerca.

—Yo voy a casa de Jaime —dije—. Él vive a dos cuadras —empujamos hasta llegar a la puerta justo a tiempo para escuchar las sirenas de los carros de la policía.

—Las llamo mañana —les dije a Gloria y a Ibis, quienes ya iban por la mitad de la calle, y comencé a cruzar el puente. Eran las diez de la noche. Miré hacia atrás y vi tres o cuatro carros de policía estacionarse en el Club Polaco-Americano. Sus luces hacían ver el obscuro lugar festivo. Una docena de policías salieron de los carros y se apresuraron a entrar a la pista de baile, algunos con sus pistolas afuera. Sobre el puente, a tan sólo dos cuadras, ya estaba en casa de Jaime. Su madre abrió la puerta frunciendo el ceño.

—¿Está Jaime? —le pregunté.

—Está acostado —dijo, mirándome con reproche. La mujer no me invitó a pasar así que me quedé ahí de pie, esperando.

El hermano de Jaime, Máximo, se acercó.

—Se ha estado jalando los pelos toda la noche —dijo él—. Estaba tan enfermo que ni siquiera pudo ir conmigo y con mi papá a tirar el carro por el canal.

—¿Qué?

—Es la única manera de que podamos comprar un carro nuevo —dijo Máximo—. A través del seguro, ¿si entiendes? Jaime estaba llorando porque tú te habías ido a una fiesta sin él, y luego se desmayó —él abrió la puerta un poco más para dejarme pasar. Estaba molesto, pero yo sabía que le yo le gustaba. Durante una fiesta, cuando su hermano no estaba cerca, me sostuvo en sus brazos apretada durante una canción lenta.

—Es tu culpa —dijo su madre echándose para atrás mientras Máximo me dirigía hacia la habitación de su hermano. Jaime estaba acostado en su cama, dándole la cara a la pared. Yo me arrodillé y tomé su mano.

—No salgas sin mi más nunca —me susurró, apretándome el brazo.

—Estoy muy joven para sentirme atada —le respondí gentilmente—. Yo quiero vivir la vida.

—¿No quieres un esposo y un hogar?

—No.

En ese momento, yo tenía grandes planes para mi futuro como escritora. Yo trabajaba diligentemente en las lecciones de muestra que me enviaba por correo la Famous Writers School intentando venderme su curso. El atractivo folleto ofrecía útiles consejos para escribir. Yo había llegado a la conclusión de que la escritura iba a ser mi boleto de salida de la Pequeña Habana. Me había dado cuenta que era lo único que amaba y lo único que podía dominar. Yo soñaba con algún día ser rica y famosa, que muchos hombres estuvieran detrás de mí, así como lo estaban detrás de Scarlet O'Hara en *Lo Que el Viento se Llevó*.

Recordé cuando le dicté cuentos de navidad a mi madre a los seis y siete años, cuando tomé un curso de escritura creativa en un programa después de clase, cuando me uní al personal de la revista literaria en Citrus Grove, y cuando arrojé varias palabras para formar versos en lienzos blancos uno que otro día. Yo acababa de terminar una serie de cuentos basados en mis citas secretas con Jaime. Parecía ser una escogencia lógica para mi futuro: me iban a pagar por escribir, y mi vida iba a ser emocionante. Todo tenía sentido.

13.

Caminando a casa una tarde, mi amiga Ibis se topó con un agente de modelos. Después de una conversación corta con el hombre, Ibis corrió al teléfono para darme la noticia—. Estoy súper gorda, pero le pedí el número de teléfono y puedes llamarlo para cuadrar una entrevista —me dijo ella—. Le hablé de ti. Sería el trabajo perfecto para ti.

Mi corazón comenzó a latir rápidamente. Tal vez el modelaje me iba a proporcionar el dinero que necesitaba para ayudar a mi madre. Podría incluso ayudarme a escapar de la Pequeña Habana. ¿Cuántas cosas iba a poder hacer, y comprar, si tuviera dinero?

Mi obsesión por la moda hacía que la idea del modelaje me interesara más. Como muchas otras jóvenes en mi comunidad, y probablemente en el resto del mundo, yo estaba obsesionada con el maquillaje y la ropa a la moda, gracias al poder de persuasión de la mafia publicitaria de Madison Avenue en Nueva York. Usando artículos de las revistas *Seventeen* y *Cosmopolitan*, armé un álbum con consejos para arreglarme el cabello, aplicarme maquillaje y coordinar mis atuendos.

Mis amigas y yo hojeábamos los estantes de revistas en busca de modelos nuevas promoviendo estilos atractivos y nos lanzábamos a copiarlas, ciegamente aceptando esa representación de la figura femenina. Costaba mucho dinero mantenernos al día con el último grito de la moda, incluso con los 30 dólares extra que mi padre me enviaba mensualmente, así que comprábamos material barato en las tiendas de tela en el centro de la ciudad, y las costureras del vecindario –sufriendo para ganarse la vida con sus agujas– creaban las modernas piezas.

En la Pequeña Habana, una pareja de empresarios siguió los pasos de Madison Avenue y lanzaron unos modestos periódicos y revistas –precursores a los lucrativos medios de comunicación en español del área– para promover productos y servicios. Los empresarios recorrieron los vecindarios y contrataron a varios residentes como modelos para los anuncios publicitarios que usaron para llenar sus publicaciones.

Yo marqué el número sin considerar el posible peligro. El hombre contestó en un tono neutro y me dio su dirección para una "cita" a las dos de la tarde del próximo sábado.

Ese día, aplique delineador en mis ojos, me puse una falda corta y un suéter. Tomé el autobús en vez de montar mi bicicleta hasta el lugar. Toqué la puerta, y el hombre abrió.

—Yo soy…

—Ya se. Sígueme —dijo después de darme la mano rápidamente. La casa, silenciosa y vacía, olía a humo de cigarrillos y mangos podridos.

El hombre caminaba con una pierna cojeando detrás de él. Cuando colocaba su peso sobre la pierna que le servía, se inclinaba a la derecha, giraba su cadera y empujaba su pierna sin vida al nivel de la otra. Tenía puestos pantalones negros, un cinturón y una camisa blanca, con las mangas hasta los codos y abierta en el cuello. El hombre alcanzó una silla reclinable y se lanzó encima en una cómoda posición.

—Me hirieron en un tiroteo contra Fidel —dijo, al notar la pregunta en mis ojos—. Pero yo también les hice daño. Yo tenía una ametralladora. A mi hermano lo pusieron contra el paredón y lo mataron frente a mis ojos —dijo observando la pierna inmóvil que con torpeza estaba estirada frente a él. Yo no respondí. Algo acerca del hombre me parecía extraño y mis manos comenzaron a sudar.

—Está bien, yo sé que no te importa Fidel —dijo—. Así que vamos a hablar del por qué estás aquí. Necesitas dinero y quieres saber si tienes lo necesario para ser una modelo famosa, ¿verdad?

Asentí nerviosamente. Mi corazón latiendo salvajemente.

—Todas ustedes, jovencitas de ahora, quieren eso —dijo riendo—. Yo tengo una agencia de modelaje y escojo a las modelos que tienen talento. Yo escojo a las que tienen ese "no sé qué", y luego las envío a las revistas para que les tomen las fotos para la publicidad. Vamos a empezar. Desfila frente a mí. Muéstrame tu figura.

Caminé un poco tiesa varias veces, manteniendo mis ojos sobre su rostro y sin sonreír.

—Muéstrame más, ¿eso es todo lo que puedes hacer? Yo sé que lo puedes hacer mejor.

No respondí.

—Está bien, siéntate ahí en esa silla y súbete la falda lo más que puedas sobre tus muslos —una alarma sonó en mi cabeza, pero la controlé y me senté en la silla.

—Más arriba, más arriba —me ordenaba. Crucé mis piernas y me moví lo menos posible para dejarle ver un poco de la parte superior de mi muslo.

Él se sacudió en su silla reclinable, tratando de colocar el pie sin vida en el piso para poderse poner de pie. Pero la silla se había quedado estancada. Él hombre intentó con más fuerza, causando un tremendo escándalo. La silla tembló y se estremeció pero se negó a ceder. Finalmente, logró bajar el reposa piernas con una patada. El hombre movió sus brazos como si estuviera remando en una canoa mientras luchaba por ponerse de pie.

—Ven para acá —me ordenó. Su pierna sin vida no estaba cooperando por lo que se dio la vuelta, apoyándose sobre la pierna que le servía y agarrando la otra con ambas manos. Luego se retorció hasta donde yo estaba.

Sin decir una palabra, salté de la silla y corrí fuera del lugar hasta llegar a casa de Ibis a tan sólo unas cuadras. Golpeé la puerta respirando aceleradamente. Ella abrió y su rostro cambió cuando se encontró con el mío. Nos abrazamos y lloramos. Yo estaba llena de vergüenza y ella de culpa.

—Lo siento tanto —me dijo—. Vamos a conseguir algo más para hacer dinero.

14.

Groovin' on a Sunday afternoon...
 Un día en la escuela, justo antes de la hora del almuerzo, decidimos irnos: Gloria y su novio El Chino, Ibis y su novio Heri, y –olvidando nuestras diferencias por las escapada a la fiesta– Jaime y yo. Nadie nos detuvo.
 Atravesamos el campo de futbol americano y las canchas de baloncesto y luego cruzamos en dirección norte sobre la Avenida Northwest Twenty-Second hacia la calle séptima. Giramos a la izquierda y caminamos siete cuadras hasta mi casa en la avenida Twenty-Ninth. Puse un disco de 45 revoluciones por minutos y cambié la palanca en modo de repetición. Fui a la cocina a preparar comida. Mi madre no iba a llegar sino hasta las ocho de la noche así que teníamos suficiente tiempo. Ibis puso la mesa con un mantel blanco de La Habana, y Gloria arregló los cubiertos. Yo llené una olla grande con agua, y cuando hirvió, le arrojé una caja de espaguetis. Colé la pasta y la coloqué de nuevo en la olla. Abrí dos latas de salsa de tomate, las vacié sobre los espaguetis y revolví. Luego rocié la mezcla con queso rallado de una botella. Corte por la mitad un pedazo de pan cubano suave y goteé aceite de oliva sobre ambas mitades. Para finalizar, salpiqué con sal la superficie del pan.
 —Pan como en Cuba —grité desde la cocina.
 El Chino, Heri y Jaime se sentaron en la mesa. Ibis llevó el pan, yo llevé los espaguetis, y Gloria llevó seis vasos de plástico y una jarra de Kool-Aid. Disfrutamos de esta simple cena como si fuera una comida de siete platos en una villa Toscana. Mis amigos y yo buscábamos atención y afecto en cualquier lugar y de cualquier manera que pudiéramos encontrarlos, y como estaba sola en casa, podíamos hacer lo que quisiéramos.

We've got a groovy kind of love...

Cada pareja se fue a una parte diferente de la casa. Ibis y Heri tomaron mi habitación. Gloria y El Chino se tiraron sobre el sofá de la sala. Jaime y yo fuimos a la habitación de mi madre. Esa tarde, bajo las frescas sábanas, no había nada ni nadie que pudiera detenernos. Jaime se posicionó para penetrarme y empujó hacia delante; yo moví mi cadera a un lado. Un empuje más y algo cedió. En menos de un segundo, di un salto y corrí hasta el baño.

—Quiero casarme contigo —me dijo Jaime.

Varias gotas de sangre cayeron sobre mi mano. Los condones aún seguían escondidos bajo la mesa en mi cuarto. Los había olvidado. Pero yo sabía suficiente como para detenerme a tiempo.

Pensé en Lena, la heroína de *The River*, una novela que encontré estropeada y sin portada al fondo de un contenedor de libros en Salvation Army. La familia de Lena la desterró cuando quedó embarazada. Ella luego ahogó el bebe. La injusticia de la historia me había hecho temblar y juré nunca cometer el mismo error.

La voz de mi padre resonó en mis oídos: "Recuerda que los hombres siempre quieren aprovecharse de ti". Esa idea apoyaba el decreto cubano que decía que una mujer tenía que abstenerse de tener relaciones sexuales para lograr que el hombre se enamorara de ella. Instintivamente, yo sabía que ese doble discurso trabajaba para darle al hombre el poder de descartar a las mujeres a su antojo. Incluso sin ese "tira y afloja" mi padre había abandonado a mi madre. ¿Y acaso no tenía yo como prueba la reacción opuesta de mi novio Jaime? ¿Tenía yo remordimiento de haber tenido sexo con él? No.

Los hombres no iban a tener poder sobre mí, me aseguré otra vez, ni sexual ni de ningún otro tipo. Por ahora, mi meta inmediata era escapar del control de mi padre.

15.

—Papi —dije al teléfono.

—Dime, Cecilita —mi padre sonaba impaciente—. Estoy muy ocupado ¡Tengo una mujer con las piernas abiertas sobre la camilla! ¿Qué pasó?

—El dinero no nos llegó este mes.

—Yo lo envié a tiempo.

—No, nos llegó. ¿Puedes revisar en tu chequebook? A lo mejor se te olvidó, o tal vez se perdió en el correo.

—No se me olvidó. Y nada se pierde en el servicio postal en Estados Unidos. Tú lo que quieres es que te mande otro cheque para quedarte con el dinero.

—Claro que no…..

La llamada murió con ese terrible sonido extraterrestre al auricular. Él nunca envió el dinero, por lo que mi madre y yo tuvimos que ahorrar en luz y agua. Mi madre dejó de conducir y en su lugar tomó el autobús o caminó, así como hacía antes de comprar el carro.

Yo ahora tenía un entendimiento cabal del poder del dinero y el papel que jugaba en el sistema de la dinámica de clases. Así era como mi padre controlaba mi vida. Mientras él vivía en un cómodo condominio con vista a la bahía, mi madre y yo vivíamos a medias, todavía sumergidas en la tumultuosa vida de los típicos cubanos recién llegados, tratando de ganarse la vida en la Pequeña Habana.

Era un sistema de dos niveles, y yo vivía en el más bajo. Cada vez que los doctores, farmaceutas, ingenieros, profesores y abogados revalidaban sus licencias y pulían sus credenciales académicos, se mudaban un poco más lejos –hacia Coral Gables, Coconut Grove, y The Roads– dejando atrás a los trabajadores de fábricas y de servicio con quienes solían vivir. Esos trabajadores, quienes sostenían la infraestructura de la Pequeña Habana, siguieron siendo mis vecinos.

Yo era un fenómeno ante los ojos de mis vecinos: la hija de un médico viviendo con los hijos de mecánicos de automóviles, cocineros de restaurantes y empleadas domésticas. Mi estatus confirió sobre mí una pequeña aureola, pero eso fue todo lo que llegó a ofrecer ya que yo seguí luchando para sobrevivir como los demás. La solución: yo tenía que encontrar, no un pasatiempo en modelaje, sino un trabajo de verdad. Una tarde, molesta por la humillación de tener que pedirle dinero a mi padre, y caminando a casa bajo la lluvia porque no tenía dinero para el autobús, encontré uno.

Cuando llueve, algo que sucede muy a menudo en Miami, las alcantarillas sobre la calle Northwest Seventh se rebosan con agua marrón sobre las aceras. Pero eso nunca me impidió caminar a ningún lugar. A mí me encantaba mojarme bajo la lluvia y nunca llevaba conmigo un paraguas. En la esquina de la avenida Northwest Twenty-Second, una casa grande de dos pisos donde mi compañera de clase, Estela, vivía —y donde se rumoraba Fidel se había hospedado durante una de sus visitas a los Estados Unidos— siempre me llamaba la atención. Me detuve a observar. Las paredes estaban hechas de roca de coral, sucia y gris. Una noche, Estela salió a escondidas por su ventana para encontrarse con su amante femenina en el estacionamiento del otro lado de la calle. Yo observé la escalera de caracol y me pregunté cómo se sentiría caer desde esa altura hasta el piso.

Continué caminando, pasando entre edificios altos alineados en ambos lados de la calle: Morro Castle, Miami Dance Studios, La Vida Pharmacy, El Oso Blanco Súper Mercado, 7th Street Liquor, el restaurante Baturro, y un Burger King donde los más jóvenes de la secundaria se lanzaban mostaza y salsa de tomate el uno al otro. Agachándome bajo un pequeño techo, me detuve para arreglar mi cabello empapado dentro de una banda elástica, y, al darme la vuelta, noté un pequeño edificio con un aviso en luces de neón que destellaba "Diana's Bakery". Al lado del aviso, alguien había acomodado artísticamente filas de pasteles decorados con coloridos remolinos de merengue.

A pesar de que mi cabello, ropa y zapatos estaban empapados, decidí entrar. Escurriendo agua, caminé hacia el mostrador. Todo tipo de postres cubanos que me pudiera imaginar cubrían largas bandejas detrás de la vitrina: *tocino del cielo, pudin de pan, flan, natilla* y *capuchinos*. Yo reconocí al hijo del dueño, un joven corpulento, no mucho mayor que yo, quien se había retirado de Citrus Grove para seguir los pasos de su padre como panadero. Se veía cansado.

—Estoy despierto desde las cuatro de la mañana —respondió cuando lo saludé. Él me dijo que se encargaba de enrollar la masa en largos panes cubanos que horneaba al fondo del lugar. Él decoraba los pasteles, y mezclaba la leche, los huevos y la vainilla cada mañana para la *natilla* y el *flan*.

—Es mejor que la escuela —dijo él—. Yo odio ir a clase.

—¿No tienes un trabajo para mí? — A los catorce años, yo ya podía trabajar legalmente—. Mi mamá no está haciendo mucho dinero y yo…
—Un dólar y veinticinco centavos la hora —dijo él.
—¿Puedo empezar este fin de semana?
—Sí, pero el trabajo no va a ser aquí. Tenemos un mostrador en Zayre's.
—No hay problema.

La tienda Zayre's estaba en el centro comercial sobre la avenida Northwest Thirty Seventh y la calle séptima, el lugar donde se llevaba a cabo el carnaval del Día de Acción de Gracias. Llené la aplicación y unos formularios para los impuestos y, ese sábado, comencé en mi primer trabajo. Serví *pasteles de guayaba, churros, panatela de chocolate* y *flan de coco* por diez horas los sábados y domingos, y por cuatro horas después de clase los demás días de la semana. Pero sólo duré dos semanas. Yo odiaba al hijo del panadero, quien estaba pendiente de cada movimiento que yo hacía con sus pequeños y brillantes ojos. Él contaba, sobre mis hombros, el cambio que les daba a los clientes. Para frustrarlo, cada vez que él iba al baño, yo les repartía dulces a los empleados de la tienda que pasaban por el frente. Segura de que iba a encontrar otro empleo así de rápido como conseguí el primero, decidí renunciar.

—No puedo más con este trabajo —le dije a mi amiga Ibis—. ¿Lo quieres?
—Sí, claro.

Yo le presenté a Ibis al hijo del panadero como mi prima "recién llegada de Cuba" y le dije que ella necesitaba el trabajo más que yo. Él aceptó dejarla tomar mi lugar. Ibis estuvo allí por nueve meses. Durante ese tiempo, les cobró de más a los clientes, se robó el dinero extra y les regaló pasteles a los empleados de la tienda y a sus amigos. Ella coleccionó de la tienda una gran variedad de ropa interior, artículos de tocador, blusas y cosméticos, los cuales colocaba en cajas durante su tiempo libre y luego sacaba clandestinamente al estacionamiento donde su madre la estaba esperando en el carro. A Ibis nunca la descubrieron. Yo admiraba su habilidad para manipular el sistema. Su madre, al igual que la mía, sufría para pagar los gastos de manutención, especialmente ahora que su novio, Lepido, se había ido de la casa.

En menos de un mes, yo ya tenía otro trabajo. Mi madre, quien ahora era la dependiente de una tintorería en un vecindario predominantemente puertorriqueño y dominicano llamado Allapattah, habló con el gerente, y él estuvo de acuerdo con que yo trabajara los fines de semana.

Yo recibía la ropa, le grapaba etiquetas en el cuello y la echaba en un contenedor de lona. Los sábados, yo llegaba al trabajo arreglada y vestida para irme de fiesta después de que mi turno terminara a las nueve de la noche. Me gustaba este trabajo mucho más: no habían supervisores odiosos, sólo mi madre.

—Wow, tú eres bella —un hombre joven con una cámara alrededor de su cuello se me quedó mirando sin pena. Era un gringo rubio, claramente no de la zona.

—Gracias —yo llené el recibo de su orden y grapé las etiquetas en su ropa mientras él continuaba observándome. Mi madre estaba en la parte de atrás de la tienda, así que yo estaba sola en el mostrador.

—Yo soy fotógrafo de modas —dijo él—. Si quieres, te puedo llevar a la playa y tomarte fotos en traje de baño. Después vendemos las fotos y repartimos el dinero, ¿cuándo tienes un día libre?

—No, gracias —dije abruptamente.

—¿Cómo vas a decir que no a esta oportunidad? —insistió él. Sus ojos eran azules como el océano con rayas negras, su cabello rizado le llegaba hasta el cuello y su sonrisa era amplia y cálida. Estuve tentada de aceptar, pensando en el dinero, pero finalmente negué con la cabeza recordando el encuentro con el supuesto agente de modelaje. Yo definitivamente necesitaba el dinero extra y quería una vida emocionante, pero también quería evitar ser abusada sexualmente y asesinada.

16.

Emperor's Waltz, el vals de Johan Strauss, atrajo catorce parejas sobre la pista de baile. Ellos rodearon el salón, asintiendo con la cabeza a los invitados, y se lanzaron al animado baile Vienés. Nosotras las jóvenes, llevábamos vestidos amarillos con lentejuelas plateadas dispersas sobre faldas anchas, el cabello recogido en giros franceses, y los pies atrapados en zapatos de tacón altos plateados. Los jóvenes, con los rostros rasurados a la perfección y cada cabello en su lugar, llevaban esmóquines negros con claveles amarillos clavados en las solapas. Yo era más alta que Jaime, así que Cari me emparejó con un chico alto que jugaba baloncesto, mientras que Jaime bailó con una chica bajita quien inmediatamente se enamoró de él. Todos caminábamos cuidadosamente, luchando por mantener las distancias correctas y arrancar sobre el mismo pie cada vez, así como habíamos practicado durante meses.

—Ohhhh —los invitados exclamaron y rompieron en aplausos.

A pesar de que las conchas mágicas del padre de Cari no me dijeron nada, a muchos vecinos y amigos les proporcionaron un torrente de información, enriqueciendo a Gerino con el dinero necesario para pagar una muy elaborada fiesta de quince años para su hija. La celebración, un acontecimiento importante en la vida de una joven cubana, marcaba el paso de niña a mujer. ¿Será que mi padre iba a pagar por mis quinces? Tal vez ni si quiera iba a tener una fiesta. Esa noche de 1968, borré el pensamiento de mi cabeza.

El salón de baile, sobre una calle abandonada poco iluminada al lado del río Miami, se extendía en medio de una variedad de depósitos oxidados y almacenes de chatarra, pero con la opulencia desplegada adentro, podría estar localizado sobre la Riviera Francesa. Papel dorado colgaba de las paredes, y arcos griegos decoraban cada esquina. Docenas de invitados –las mujeres en vestidos largos y los hombres en esmóquines– estaban sentados en mesas con centros de mesa hechos de orquídeas, manteles blancos elegantes, servilletas atadas con lazos amarillos, y cajas de fósforos con el nombre de Cari y su fecha de nacimiento en tinta dorada.

Nos alineamos en dos filas del salón, siete en cada fila, para formar un círculo. Gerino y Cari, la pareja número quince en el popular ritual cubano, bailaron el vals en el medio. El vestido blanco de Cari brillaba; era el más exquisito que jamás había visto. Capas de encaje cubrían capas de satén blanco decoradas con hilos de perlas. Su cabello rubio relucía y su maquillaje resaltaba todos los atributos de su rostro. Sobre su cabeza, tenía puesta una tiara incrustada en perlas e imitación de diamante que reflejaba la luz de los candelabros de vidrio biselado.

El padre de Cari temblaba nervioso mientras bailaba el vals, hasta que finalmente Esteban salió de entre las sombras y se hizo cargo del baile. La prima de Cari, María Antonia (novia de Esteban y quien estaba bailando con otro chico en el círculo), se lo había prestado para el baile. Cari, sonrió intensamente, pero con tensión, frente al rostro de Esteban, de quien ella todavía estaba enamorada. Él disfrutaba ser el centro de atención.

Después del vals, fui a la mesa donde mi madre estaba sentada con unos extraños. Ella tenía puesto el vestido que usó el día de Año Nuevo con mangas de encaje negro y cuentas negras pequeñas alrededor del cuello—. ¿Tú crees que yo pueda tener una fiesta de quinces? —le pregunté. Ella se encogió de hombros y me pasó un par de sandalias planas plateadas—. Yo quiero una fiesta también—le dije—. ¿Cómo la podremos pagar? —me dieron escalofríos de tan sólo pensar pedirle el dinero a mi padre.

—La tendrás que pagar tu misma —dijo ella. Tenía que empezar a ahorrar más dinero del trabajo en la tintorería, pero incluso ahorrando, la fiesta nunca sería tan espectacular como la de Cari. Me quité los tacones altos y me puse las sandalias antes de que Jaime llegara a buscarme. Tomé su mano y caminamos hasta la mesa de comida para llenar nuestros platos con *lechón* y *moros*. Su encaprichada compañera de baile nos observaba desde una esquina limpiándose las lágrimas. Las trompetas, flautas y tambores de la banda cubana sobre la tarima mantuvieron un ritmo constante hasta las cuatro de la mañana.

17.

Ocho años después de que él saludó vigorosamente desde la baranda del Aeropuerto Internacional de Miami mientras mi madre y yo caminábamos en su dirección sobre la pista de aterrizaje, mi padre repetía el mismo movimiento frente a sus padres, Rafael Fernández y Amalia Rivas, quienes descendían del avión que los traía desde La Habana. Ocho años habían dejado a mis abuelos irreconocibles. En el otoño de 1968, ellos caminaron lentamente a través de la aduana y sobre un largo pasillo hasta donde estábamos esperándolos.

Mi abuela –con cincuenta libras menos desde la última vez que la vi– tenía un vestido estampado desteñido, hecho de un material sedoso color gris. Nada parecida a la mujer robusta que yo recordaba; mi abuela caminaba encorvada a causa de un caso virulento de osteoporosis. Su cabello, amarrado detrás de la cabeza en un moño gris, dejaba al descubierto una prominente nariz española, la cual resaltaba sobre su cara demacrada. Mi abuelo, con sus pantalones sostenidos por un cinturón que le quedaba grande y vistiendo una desgastada camiseta blanca, tenía los pocos cabellos que le quedaban peinados hacia atrás, delgados y blancos. Sus manos, con las articulaciones deformadas por la artritis, temblaban.

—¡Hijo! —exclamó mi abuelo abrazando a mi padre.

—Mamá —mi padre balbuceó girando a saludarla.

Luego, él se hizo a un lado. Yo ahora era una mujer completa, nada parecida a la niña de seis años que mis abuelos recordaban. Las cartas que nos habíamos escrito durante los años no nos habían preparado para tantos cambios físicos. Pero ahora, el dolor guardado durante tantos años por fin encontró una salida cuando me agaché para abrazar a mi diminuta abuela. El llanto no tenía fin. Mi abuelo, con los ojos sumergidos en lágrimas, nos dio unas palmaditas en la espalda.

Mi padre y su esposa, Beba, quien sacudía su cabeza arrogantemente, esperaron sin emoción alguna. Finalmente me enderecé y mi padre aprovechó la oportunidad para presentar a su esposa. Él había insistido en que ella nos acompañara a pesar de todas mis protestas. Yo no le hablé a ninguno de los dos en el camino hacia el aeropuerto. Y ahora, ahí estaba Beba, una intrusa que una vez fue amante, con caderas amplias, nariz ancha y labios gruesos brillantemente lustrados con lápiz labial rojo. Sus cejas, pintadas perfectamente en forma de medias lunas sobre punzantes ojos obscuros, estaban levantas lo más alto posible.

—Un placer —dijo mi abuela cuando le dio la mano, pero los labios fruncidos y las fosas nasales ensanchadas decían lo contrario. Mi abuelo repitió las mismas palabras en un tono frío cuando llegó su turno de apretarle la mano. En ese momento entendí que mis abuelos eran mis aliados en mi lucha por el afecto de mi padre, sin embargo, ellos no tenían autoridad sobre su hijo. Mientras recogimos el equipaje, mi abuela se acercó asegurándose que Beba no pudiera escuchar—. ¿Y tú mamá cómo está? —yo me encogí de hombros y negué con la cabeza.

En el carro, mi padre inició su tema de conversación favorito—. Después de casi nueve años de Castro, las cosas están muy mal —dijo. Él mencionó que Fidel había destruido los últimos vestigios de las empresas privadas durante una "ofensiva revolucionaria" que cerró 50.000 pequeños negocios tales como talleres mecánicos, casas de empeño, escuelas de música, lavanderías e incluso pequeños estantes que vendían frutas en las calles. Durante un discurso para conmemorar el establecimiento de los Comités para la Defensa de la Revolución, quienes realmente eran espías dentro de los vecindarios, Castro denunció el cabello largo y la ropa elegante, y poco después, el régimen organizó varias jornadas para afeitarle la cabeza a todos los hombres con cabello largo y enviaron a todas las jóvenes y mujeres que usaban minifaldas a campos de trabajo forzado. Aunque mi padre estuvo de acuerdo con las políticas del cabello y las faldas, se oponía completamente al decomiso de la propiedad privada.

—Es la causa de todos los males en Cuba —dijo—. Alienta a las personas a ser perezosas y dependientes del gobierno… y las hace más dependientes del régimen.

Mis abuelos estuvieron de acuerdo con todo lo que mi padre decía, y de vez en cuando compartían historias de miembros de la familia que se habían quedado en Cuba, y quienes, debido a la falta de papel higiénico, usaban las hojas de las plantas con el mismo propósito. Luego mencionaron a otros familiares quienes tuvieron que cortar pedazos de caucho de neumáticos y amarrarlos a sus pies como zapatos.

—El embargo tiene que sacar a estos comunistas fuera del poder —declaró mi padre. En esa época, nadie admitía que el embargo de 1962 que los Estados Unidos había colocado sobre Cuba contribuía a la escases de comida, medicamentos y ropa, y culpaban a los comunistas en su lugar. Mi padre particularmente ridiculizaba a los médicos cubanos. Mis abuelos habían sido sometidos a varias cirugías en la isla, incluyendo una mastectomía radical de mi abuela—. Esos doctores son carniceros —dijo—. No saben nada.

Luego cambió el tema a las noticias en la Pequeña Habana: los grupos anti-Castro habían asumido responsabilidad de las bombas que habían explotado dentro de un avión B-25, el cual transportaba medicamentos a Cuba, y en dos empresas que regularmente enviaban paquetes a la isla. Mi padre elogió al pediatra cubano Orlando Bosch, un ex-funcionario de la CIA, por su heroísmo al atacar un carguero polaco con un rifle sin retroceso de 57 mm y por plantar bombas en embajadas cubanas por todo Suramérica. Después, en 1976, Bosch fue culpado por hacer explotar el vuelo 455 de la aerolínea Cubana, matando a los 73 pasajeros a bordo, entre los que destacaba un equipo de esgrima compuesto por jóvenes.

—Y estoy muy feliz de que mataron al hermano de Kennedy —dijo, refiriéndose al asesinato del Senador Robert F. Kennedy en Los Ángeles ese verano—. Ese era otro comunista de quien nos teníamos que deshacer.

La conversación se detuvo cuando mi padre condujo dentro de un lujoso edificio de colores rosa y blanco que se alzaba sobre Biscayne Bay. Plantas artísticamente organizadas llenaban el lobby cubierto por pisos de mármol. Alfombras de lujo cubrían los pasillos que llevaban a cada apartamento.

Mi padre abrió la puerta principal, y la vista de la bahía –abarcando el largo de una pared de vidrio que se abría a un balcón– nos dio la bienvenida. Mis abuelos observaron el apartamento recientemente amoblado al estilo del Rey Francés Louis XV. Pero yo no podía quitar mis ojos de la bahía color aguamarina. La vista era esplendida, un símbolo del poder del dinero. Pensé en mi madre sufriendo para poder reparar una gotera. El contraste entre mi humilde casa y este opulento apartamento con su ostentosa riqueza hizo que me doliera el estómago.

Mi padre se ocupó del equipaje –mis abuelos iban a quedarse en la habitación del fondo– y Beba le puso un mantel a la mesa. Finalmente le di la espalda a la bahía, me senté en el sofá entre mis dos abuelos y les apreté las manos. Su presencia física me proporcionaba una capa protectora mientras mi padre, actuando como un chef gourmet, tallaba un lomo asado y vertía salsa bechamel sobre cada pedazo, actuando como si estuviera sirviéndole comida a invitados y no a su propia familia.

En la mesa, bajo un candelabro de vidrio masivo, mi abuela, quien era cocinera gourmet, acercó su nariz sobre la carne con sangre roja. Yo estiré mi brazo para poder servirme *croquetas de bacalao*—. Cecilita, espérate a que pasen el plato —dijo mi padre.

Estiré el brazo de nuevo, queriendo desafiar a mi padre.

—Tu papá te acaba de decir que no hagas eso —soltó Beba.

Yo la observé fijamente y chasqué mi lengua contra mis dientes en señal de rebeldía. Comimos nuestra primera cena juntos sin que nadie dijera una palabra más.

18.

Enumeré todas las razones por las cuales debía romper con Jaime: yo era muy joven para estar amarrada, no estaba disfrutando la vida, y el aburrimiento era tremendo. En mi mente, practiqué cómo decírselo. Durante el año que llevábamos juntos, nunca dejé de escaparme para ir a fiestas y quinces. Comencé a beber vino cada vez que salía, no porque quería embriagarme sino porque el alcohol estaba disponible. En la Pequeña Habana, nadie pensaba dos veces en darle vino o cerveza a los menores de edad. Una noche, el olor a alcohol en mi aliento impulsó a mi madre a tomar acción.

—Estás borracha —me gritó. Me golpeó con la palma de la mano, así como lo había hecho antes en Cuba cuando partí un plato y en North Miami cuando me tropecé con un cable y tumbé la radio—. Tienes sombras debajo de los ojos. ¿Qué estabas haciendo?

Yo me acobardé contra la pared de mi habitación. Mi madre seguía—. ¡Las sombras aparecen cuando te has acostado con alguien! —me gritó tumbándome al piso. Yo nunca había escuchado eso; el comentario sonaba como otra locura más de mi madre. Pero esta vez, yo ya había tenido suficiente.

Me puse de nuevo de pie y contraataqué dando puñetazos. Acercándome más, clavé mis dientes sobre su ceja y mordí…con fuerza. El dolor y la sorpresa detuvieron su ataque. Dejando de ser débil e indefensa, le di una paliza a mi madre.

Ella dio un paso hacia atrás. Luego dos pasos más, y así continuó hasta que llegó a su cama dentro de su habitación. Yo fui detrás de ella, me tropecé y caí sobre mis rodillas, justo al mismo tiempo en que el arrepentimiento se apoderó de mí.

—Perdóname, perdón, perdón —lloré, besándole los pies.

Ella me empujó lejos. Me arrastré por el piso hasta mi habitación y cerré con llave la puerta, dejando afuera a la mujer demente y encerrando adentro a la otra. La soledad y la frustración habían encontrado un alivio momentáneo.

Al día siguiente, sintiéndome deprimida por la pelea con mi madre, y oprimida por Jaime, decidí llamarlo. Razoné que estando libre, me sentiría mejor.

—La juguetería de mi papá se quemó —dijo con angustia—. Ahora tenemos que empezar de nuevo otra vez después de todo por lo que hemos pasado en este país —los edificios quemados eran algo común en la Pequeña Habana ya que el dinero del seguro resultaba muy útil, igual que con los carros. Sin embargo, nunca supe si el incendio había sido provocado. Esperé unos segundos, contemplando postergar la ruptura, pero no podía dejar que la lástima se interpusiera en el camino de lo que tenía que hacer.

—Ya no quiero ser tu novia —dije y colgué. Luego desconecté el teléfono. No me importó si Jaime se desmayaba, se volvía loco o se lanzaba desde un puente.

Mi ex sobrevivió el duro golpe.

La semana siguiente, apenas superando una gripe, me arreglé para ir a una fiesta. Yo no me había lavado el cabello en días, pero ni la gripe ni el cabello grasoso iban a impedir que yo saliera esa noche. Espolvoreé una mezcla en polvo sobre mi cuero cabelludo, diseñada para absorber la grasa. Lavarse el cabello y bañarse cuando una tiene gripe, según mi madre, incrementaba la fiebre, la congestión y otros síntomas. Mi madre y yo, siempre resfriadas, contábamos con grandes cantidades de este producto, extremadamente popular en la Pequeña Habana donde las madres no permitían a sus hijas bañarse o lavarse el cabello mientras menstruaban. Las personas mayores creían que las mujeres podían contraer cáncer, ya que el contacto con el agua podía causar un shock al interferir con el flujo menstrual.

Así que, uniéndome a las supersticiones y con el cabello más seco que la paja, me puse ropa extravagante de fiesta. Con unos pantalones bota campana y una blusa satinada que se cruzaba en la espalda, salí con Gloria, Ibis, Cari y Sylvia hacia el Club Polaco-Americano. Caminamos alrededor observando las multitudes, especialmente atentas a cualquier desconocido que pudiese servir como novio.

Durante la semana después de que terminé con Jaime, habían existido Carlos, Alfredo y Mario, todos jóvenes de la secundaria. Ellos me visitaban en casa y se sentaban en el sofá, ya que eso era lo que los jóvenes estaban supuestos a hacer. También nos dábamos unos cuantos besos y abrazos en el porche. Yo los mantenía a distancia, viendo en sus ojos torpes que los valores cubanos se habían apoderado de su habilidad para pensar por sí mismos. Ellos creían que una chica quien abusaba del besuqueo era *una puta*, y debía ser cambiada por otra que se abstuviera hasta el altar.

—Él no aguanta para casarse con ella para que se puedan acostar —escuché a una chaperona decir orgullosamente de un futuro esposo—. Ella nunca permitió que sucediera durante los cinco años de noviazgo —ella creía que la novia era una perfecta modelo de virtudes. Pero yo sabía que el arte de cazar a un esposo cubano no estaba diseñado para mí, y los tontos que habían venido a mi casa recientemente iban a estar mejor con otras chicas.

Esta noche, observando alrededor del lugar, pude ver que la mayoría de los chicos caían en la categoría de "aburridos." Algunos se alineaban contra la pared al fondo, y otros enfrente de la banda. Yo los miraba con poco interés. Mis ojos cayeron sobre un extraño de cabello rubio, vestido con una camisa con el cuello tipo Mao color azul obscuro. Sus ojos azul claro estaban sobre mí mientras bailaba a un ritmo que llamó mi atención. Yo seguí observándolo intensamente. Él tenía un aspecto serio, pero su sonrisa prometía diversión. Yo estaba sola, mis amigas se habían esparcido, bailando en diferentes esquinas. La canción terminó, y el extraño sonriente llevó a la chica con la que estaba de vuelta con su chaperona. Yo seguí esperando en el mismo lugar.

—Mi nombre es Ovy —dijo cuando regresó—. Soy de la secundaria Miami Springs. Vivo en Hialeah —Hialeah, al noroeste de la Pequeña Habana, una ciudad conocida por sus fábricas, parecía ser de otro mundo, y este chico tenía un brillo exótico. Era diferente; estaba dentro del margen de los tabús cubanos, pero fuera del club de los buenos-buenos de la Pequeña Habana.

Me pidió mi número de teléfono, y prometió aprendérselo de memoria. Luego se dio la vuelta y dijo—. José, apréndete estos tres números: 685. Watusi, apréndete estos cuatro números: 2367. Ese es mi respaldo, no se me va a olvidar.

Me reí y luego me alejé para reunirme con mis amigas.

—No anotó mi número de teléfono —le dije a Ibis—. Seguro que nunca me va a llamar.

El jarabe para el resfriado ya estaba perdiendo su poder y yo comenzaba a sentirme débil y con fiebre de nuevo. En el camino de vuelta a casa, en la brisa decembrina, no podía dejar de toser. Me puse peor esa noche y casi no pude hablar la tarde siguiente cuando Ovy llamó.

—Mi truco con los números funcionó —dijo riendo. Al día siguiente él vino a visitarme, pero como aun no podía bañarme, me puse más polvo en el pelo para verme presentable. Hablamos en el porche hasta que mi madre me asustó diciéndome que me podía dar neumonía sino volvía a la cama. Después de ese día, hablamos por teléfono todas las noches. El único inconveniente era que antes de haber ido a la fiesta, yo había entablado un leve coqueteo con Miguel, el hermano de Ibis. Supuse que podía hacer malabares con ambos por un tiempo.

19.

Yo no usé el obligatorio vestido de satín y encaje, ni la corona de imitación de diamante. En su lugar, me puse una falda de terciopelo color vino y un chaleco sobre una blusa color rosa que una costurera me había cosido. La blusa seguía un patrón de Simplicity que yo había comprado en McCrory's. Tampoco pasé las horas requeridas dentro de un salón de belleza para obtener un peinado francés tieso con rizos rebotando a ambos lados. Yo misma me arreglé el cabello en ondas detrás de mis hombros y sobre mi espalda. Se veía espumoso y voluminoso después de pasar todo un día mojado en cerveza dentro de latas de sopa Campbell. A diferencia de la fiesta de Cari, mi celebración no estaba ambientada en un gran salón de baile, ni tenía un arrollador buffet que rodeara a quince parejas de baile formando la corte de la quinceañera.

La sala de mi casa fue la sede de esta importante celebración de cumpleaños –la tradicional presentación a la sociedad de una joven cubana. Yo serví bandejas con pequeños sándwiches rellenos con una mezcla de jamón endiablado y queso crema que mi madre, feliz y enfocada ese día, había preparado. Un envase con la ensalada de patatas y manzana de mi abuela, traído por mi padre temprano esa tarde, yacía sobre la mesa. Después de que una docena de amigos me cantaron "Happy Birthday", apagué las velas de un bizcocho de la dulcería La Gran Vía que yo misma había llevado hasta la casa. Mi madre, junto a su tía y su tío, Carmela y Manolo, estaban sentados sobre el sofá bebiendo Kool-Aid con unos cuantos padres que se habían quedado como chaperones.

—Es una pérdida de dinero —mi padre había dicho cuando le pregunté si me iba a pagar la fiesta de *quince* a la misma escala de la de Cari. Como ya sospechaba la respuesta, sólo sentí una punzada de rabia. Yo no quería una fiesta de *quince* para seguir una tradición. Yo anhelaba un símbolo del amor de mi padre. En su lugar, la fiesta se convirtió en una oportunidad para demostrarle mi independencia. Yo estaba satisfecha con lo que había creado. Si yo no me hacía sentir importante, más nadie lo iba a hacer.

—Entonces, ¿me puedes comprar unos aretes y un collar? —le pregunté, pensando que tal vez había otra manera de que pudiera compensar mi humilde fiesta. Para mi sorpresa, mi padre estuvo de acuerdo. Pero el set que me regaló no era el mismo de prendas antiguas que yo le había señalado en la vitrina de una joyería en el centro de la ciudad. Él le había pedido a uno de sus pacientes, quien era joyero, que me hiciera un juego de prendas nuevo. Usando oro de 18 quilates, granates y esmeraldas, el joyero forjó los aretes en forma de T y el pendiente del collar en forma de la cabeza de un toro con los cuernos entrelazados. A mí no me gustó el patrón. Mi padre incluso compró un brazalete que combinaba, creyendo que estaba comprando joyas finas a descuento.

—¿Para qué comprar algo viejo cuando te puedo dar algo nuevo? —dijo. Tal vez él pensó que el regalo iba a ser más especial si le pedía al joyero un diseño original. Para mí, el obsequio fue otro ejemplo de que mi padre nunca me daba lo que yo quería.

Ni mi padre ni mis abuelos vinieron a la fiesta. Él pensó que era mejor mantener distancia ahora que se había vuelto a casar, y que iba a ser una traición para Beba si dejaba a mis abuelos en mi casa. El código cubano no permite interacción entre las parejas divorciadas y sus respectivas familias.

—Diviértete mucho —dijo mi abuela por teléfono, con la voz áspera por las lágrimas. Pero como era mi costumbre durante los momentos tristes, enterré rápidamente la puñalada de dolor y me sumergí en la felicidad del momento.

Durante mi simple fiesta de *quince* esa fresca noche de enero de 1969, después de los sándwiches, el bizcocho y los regalos, mis amigas y yo nos subimos en varios carros, conducidos por chicos que ya tenían entre 16 y 17 años, y arrancamos hacia The Penthouse en la calle Causeway setenta y nueve en North Bay Village. Ovy, de 16 años y conduciendo uno de los carros, no era mi cita esa noche. Yo había escogido al hermano de Ibis, Miguel, quien, siendo un poco mayor, me atraía con un aura sensata que inspiraba seguridad. Sin embargo, observé con nostalgia a Ovy, riendo y contando chistes con la actitud de alguien quien, así como yo, sacaba lo mejor de cualquier situación.

En el estacionamiento del club, los carros de la policía destellaban con sus luces, y los oficiales esposaban a varios personajes sospechosos que habían sacado del restaurante del primer piso, The Place for Steak, el lugar de encuentro para los italianos mafiosos. En la distancia, las luces de los botes parpadeaban en la obscuridad.

—¿Qué tipo de lugar es este? —preguntaron las chaperonas, las madres de varias de mis amigas. Mi madre solo sonreía, siguiendo la corriente. Ignorando la pregunta, nos apretujamos en un elevador lleno de espejos el cual nos llevó al último piso con vista a la bahía. Bastante humo y la música a todo volumen nos dieron la bienvenida cuando se abrieron las puertas.

The Penthouse —encendido con luces que se podían ver a millas de distancia— era el club de moda para las personas mayores de 25 años, y en realidad no recuerdo como logramos entrar. Las meseras parecían conejitas de Playboy. Las chaperonas, incómodas en el lugar, se sentaron en una mesa al fondo, y mis amigos y yo nos sentamos en las mesas altas al lado de la pista de baile, donde las parejas compartían el espacio con una banda de tres personas tocando canciones de Frank Sinatra.

Ovy no se sentó con nosotros. Él se apoyó contra una pared a hablar con una mesera escasa de ropa, y constantemente volteaba a encontrarse con mis ojos y a mirar a Miguel. A diferencia de los demás jóvenes, Ovy no llevaba puesto un traje, tan sólo una camisa manga larga con el cuello desabotonado. Yo no bailé con él, pero le coqueteé desde lejos, manteniéndolo bajo mi radar toda la noche.

Miguel, quien de vez en cuando miraba a Ovy de vuelta, tenía puesto un traje marrón oscuro con corbata y olía a colonia Brut. Nos abrazamos, dándonos besos a escondidas de vez en cuando, y sólo abandonamos la pista de baile para comer carne y vegetales servidos en platos humeantes. Cubiertos y copas de cristal brillaban al lado de servilletas blancas sobre manteles cuidadosamente planchados.

Al cierre de la noche, Miguel fue a sacar su monedero pero no lo había traído—. Tranquilo, yo pago —le dije—. Mi papá me acaba de dar la mesada —saqué el efectivo y pagué la cuenta de diez dólares. Yo ya había aprendido a no depender de los hombres por dinero, el boleto hacia el poder.

—Yo te lo pago después —dijo Miguel, y así fue.

Antes de irnos, hice una parada rápida en el baño, maravillándome con los pisos, las paredes de mármol y el dulce aroma. Me lavé las manos y apareció una auxiliar de baño. La mujer me dio una toalla con una mano y extendió la otra para que le diera propina. Yo tomé la toalla pero ignoré la petición silenciosa, sintiéndome culpable al salir.

20.

Arrancamos a toda velocidad hacia el Puerto de Miami, con la radio a todo volumen y Cari al volante del increíble carro nuevo color azul de sus padres. Llevábamos las ventanas abajo y la brisa de noviembre nos despeinaba. *He ain't heavy, he's my brother*, gritamos, al ritmo de los Hollies, a los peatones que esperaban para cruzar la calle y nos carcajeábamos ante sus reacciones. Nos dirigimos al centro de la ciudad y atravesamos la estructura enorme de mármol de la Dade County Library, sobre cuyas escaleras los indigentes acampaban todas las noches, el anfiteatro de al lado se asomaba con la forma de una cascara de huevo partida por la mitad. Unas cuadras hacia el norte, la Torre de la Libertad se extendía hasta el cielo en todo su esplendor de 1920. La torre brillaba con el sol y la bahía resplandecía al otro lado.

La Torre de la Libertad, un lugar importante para los refugiados cubanos, repartía –entre otras cosas– porciones de carne enlatada marca Spam, cuyo nombre causaba risas dentro de la comunidad. El edificio es ahora un centro cultural y educacional con vista a una serie de hoteles, a un festival en la bahía y a un campo de deportes que abrazan el borde de la Bahía de Biscayne. Es el mismo lugar donde los capitanes de botes de pesca vendían pescado fresco al lado de los veleros que ofrecían expediciones a la medianoche dentro del océano. En esa época, el Puerto de Miami estaba en medio de un proyecto de expansión ambicioso. Hoy en día, gracias al crecimiento indetenible del Sur de la Florida, Miami es el puerto de salida de carga pesada de las Américas y la capital de los cruceros del mundo con los barcos de Carnival, Royal, Caribbean y Norwegian alineados para ofrecer vacaciones inolvidables.

Pero en 1969, a nadie le importaba el puerto ni tampoco cambiar el tejido social de los Estados Unidos. Mientras que los Vuelos de la Libertad continuaban transportando a los refugiados cubanos hasta Miami, y Castro instituía racionamientos estrictos del azúcar en la isla, los Estados Unidos explotaban con protestas y escándalos: los estudiantes peleaban con el personal administrativo en las universidades, las personas de la raza negra se enfrentaban con la policía en las calles, los homosexuales participaban en demostraciones violentas, el Senador Edward Kennedy cayó desde un puente en su carro –causándole la muerte a una ayudante de campaña– y luego huyó del lugar, el hombre pisó la luna por primera vez, y los festivales de Woodstock se convirtieron en tres días de drogas, sexo, y desnudez para medio millón de personas.

La Pequeña Habana, aislada como siempre, silenció las voces de cambio y continuó con su negocio de reconstruir vidas y carreras. Sin embargo, muchos jóvenes como yo respondimos con entusiasmo ante esa apertura y sentimos una liberación tentadora. La contracultura del país me hablaba directamente; era una versión de la voz de Elsie en La Habana atacando la injusticia e desigualdad. Sin lugar a duda, la convulsión social de mi país adoptivo dejó su marca en la forma en que yo veía al mundo.

Mientras Cari conducía al norte sobre el boulevard, observamos un enorme barco de la armada anclado en el puerto. Nunca habíamos visto uno así tan de cerca. En un segundo, Cari se estacionó, y, pensando que iba a ser un lugar divertido para conocer chicos, nos pusimos de últimas en la fila para un tour. Ya adentro, nos separamos del grupo y comenzamos a recorrer el barco. Entramos y salimos por las portillas, y subimos y bajamos escaleras empinadas de acero, causando un gran revuelo entre los oficiales a bordo. Nos apoyamos sobre la barandilla lo más que podíamos sin caer al agua.

—Tengan cuidado con eso —el hombre más rubio y con los ojos más azules del mundo dijo mirando a Cari y sonriendo. El hombre usaba un uniforme blanco decorado con una hilera de medallas y una gorra militar que le daba sombra a su rostro. Cari, rubia también, con una mezcla de cabellos dorados y plateados creados en el salón de belleza por su madre, lo observó con placer con sus ojos color avellana—. Mi nombre es Ben —dijo—. Ben Clarke.

Detrás de él, estaba otro oficial más alto, delgado, de tez un poco más obscura, y con cara de serio—. Mi nombre es Scott —dijo tomando mi mano—. ¿Me puede ceder el honor de conocer su nombre? —Yo no sentí ningún tipo de atracción; no habían chispas como las que sentía con Ovy o Miguel. Cari, ya en medio de una conversación con Ben, se acercó a la baranda. Los cuatro –ya que Scott no era antipático– recorrimos el barco e intercambiamos palabras y risas durante al menos una hora. Los hombres, que tenían al menos veinte años, se mostraron interesados en nuestra conversación juvenil.

Al día siguiente, Ben fue a buscar a Cari a su casa, pero su madre no la dejaba ir a una cita si yo no la acompañaba, así que fui. El día después, él le pidió matrimonio.

En menos de un mes, yo caminé hacia el altar del brazo de un familiar de Cari. Mi vestido de madrina, color azul claro, extrañamente se parecía al que había usado para bailar el vals en sus *quince*. La prima María Antonia, la dama de honor, llevaba un vestido azul obscuro y caminaba detrás de mí del brazo de Esteban. Ben, en un traje exageradamente decorado de la marina, se veía alto en el altar con su apuesto rostro.

Esta no era una boda apresurada: Cari no estaba embarazada. Pero a los dieciséis, Cari –quien se había retirado de la secundaria Citrus Grove– no veía otro futuro en su vida que el de ser esposa. Esteban, el hombre que amaba, prefería a su prima, y Cari no tenía ningún interés en estudiar una carrera. Su boda en 1969 le dio el escape de una vida que no iba a ningún lugar, pero también funcionó como una trampa, ya que le prometió un respiro que nunca le proporcionó. Me sentí triste de perder a una de mis mejores amigas y un poco asustada de su decisión repentina de dejar a su familia e irse con un extraño.

El órgano alcanzó las notas de "Aquí Viene la Novia". Cari –bellísima– apareció del brazo de su padre y caminó hasta el altar para encontrarse con Ben. Su vestido era incluso más espectacular que el de los *quince*. Líneas de perlas caían en zigzag sobre un corpiño que se sumergía hasta un punto debajo de sus caderas. El material de satín caía en forma de cascada hasta el piso y seguía fluyendo en una larga cola que desafiaba la imaginación. El velo, rociado en perlas, parecía una corona de la realeza sobre la cabeza de Cari. En apenas unas semanas, la madre de Cari había organizado una boda que opacó los fabulosos *quince* de su hija.

—No me importa lo que cueste —dijo Aurora—. Para eso pedimos un préstamo al banco —para muchos en la Pequeña Habana, los *quinces* y las bodas era inversiones importantes, mucho más que el pago de una universidad.

Mientras Gerino se la entregaba a Ben, Cari miró a Esteban y luego de vuelta a Ben. Yo sostuve la respiración, pensando en que tal vez iba a salir corriendo y escapar. Pero finalmente intercambiaron sus promesas y yo baile de un pie al otro con impaciencia, ya que no podía concentrarme en las palabras. Estaba distraída por Ovy, mi cita de esa noche, quien me soplaba besos desde el banco de atrás.

Desde la iglesia, los invitados fueron transportados en limosinas hacia el salón de fiesta para una extensa sesión de fotos y una cena tipo buffet. Velas altas, flores delicadas, y servilletas y cajas de fósforos inscritos con "Cari y Ben" decoraban las mesas. Ovy y yo fuimos a bailar al ritmo de la música de la banda en vivo. Luego, Cari lanzó su bouquet, pero yo me paré al fondo para no agarrarlo, resistiéndome a la idea del matrimonio.

—¿Estás feliz? —dije, abrazando a Cari para despedirme. Yo estaba segura de que ella aun amaba a Esteban, quien ahora era el novio oficial de María Antonia.

—Sí. Aquí no hay más nada para mí —Cari se había casado para detener el dolor.

La observé correr hacia el carro con Ben –ambos bajo una lluvia de granos de arroz– para arrancar el camino hacia Virginia Beach donde planeaban vivir en una casa rodante mientras él trabajaba en un barco.

Más tarde en casa, observé el mapa y me pregunté cómo sería la vida en Virginia. Yo ya había vivido en Chicago y Beaumont, pero para ese entonces era una niña. ¿Será que algún día yo voy a dejar la Pequeña Habana? Era un pensamiento peligroso, prohibido dentro de la comunidad que alentaba la interdependencia familiar. Pero era emocionante.

En 1960, mientras que miles de jóvenes de la clase media estadounidense les daban la espalda a sus padres para vivir en las calles o en comunas, los jóvenes de la Pequeña Habana hacíamos lo contrario. Nos aferrábamos a nuestros padres, persiguiendo el amor esquivo de un padre distante y de una madre psicótica, o como Cari, exigiendo la atención de un amante indiferente y luego casándose con un extraño como segunda opción. El matrimonio, en nuestra muy unida comunidad cubana, simbolizaba el fin de la lucha. También solidificaba identidades, evitaba la soledad, permitía el sexo. En conclusión: lo validaba todo. Para mí, sin embargo, significaba traición, opresión e injusticia, como era el caso de mi familia. Pero era cuestión de tiempo para que yo también sucumbiera a la poderosa presión de convertirme en esposa.

4
NO AL ABURRIMIENTO

Antes de seguir hacia delante, debemos ir hacia atrás.
— Lawrence Durell

1.

El director frunció el ceño. Sobre su escritorio: dos citaciones escritas por los subdirectores. Una describía una pelea de bofetadas con una estudiante en la clase de gimnasia. La otra detallaba una competencia de gritos con la profesora de matemáticas e incluía un registro de inasistencia abismal.

—El novio es el culpable —dijo mi madre—. Nunca duerme por culpa de él. Por eso es que ella se mete en problemas.

—Jovencita —dijo el director con acento sureño—. Si usted no se calma y no le dice a su novio que tiene que empezar a venir a clase, entonces va a tener que repetir todas las materias.

—Esto nunca hubiera sucedido en Cuba —dijo mi madre.

—Cecilia, ¿tienes alguna explicación por este comportamiento? —preguntó él.

Yo dirigí la mirada hacia la ventana, negándome a responder preguntas. No mencioné las personas invisibles que mi madre veía, o los miserables cheques que mi padre enviaba cada mes. Ahora yo tenía 16 años, y estaba llena de una nueva energía. Mi nuevo mecanismo de defensa involuntario estaba bloqueando la realidad de mi vida, pero mi mente consciente exigía que yo contraatacara a cualquiera que me rechazara o insultara –obviamente era la rabia contra mis padres colocada en el lugar equivocado. Tanto la estudiante en la clase de gimnasia como la profesora de matemáticas habían sido groseras, por lo tanto se merecían mi ira.

Ahora, en el instituto de bachillerato, Miami High, y ya un poco mayor, mi rabia personal y mi sentimiento en contra de las injusticias sociales eran fuerzas tangibles. Yo no sabía que ambas le estaban dando forma a la adulta en que me iba a convertir. Yo todavía soñaba con ser escritora, pero el drama del momento me mantenía en cautiverio, poniendo a un lado la terrible verdad: yo tenía que ser mejor estudiante si quería irme de la Pequeña Habana y convertirme en una profesional.

—Si algo parecido vuelve a ocurrir —me advirtió el director—. Tú vas a ser suspendida.

Salimos de la oficina y mi madre me detuvo en el pasillo—. Por favor, Cecilita... —su mirada caída, derrotada. La reunión con el director había aliviado la monotonía de la escuela. Ignorando a mi madre, caminé hacia mi aburrida clase de biología donde el profesor O'Hearn me había sentado al fondo del salón para que no distrajera a nadie hablando.

Era mi primer año en Miami High en 1970. Me encantaba el ornamentado esplendor del edificio construido en 1928, en la esquina de la calle West Flagler, al este de la avenida Northwest Twenty-Seventh. Cuando mi madre me dejó en su desmoronado Dodge el primer día de clase en el décimo grado, me detuve a observar el techo de cerámica español, la entrada arqueada y la belleza de la arquitectura.

Luego noté la barata madera color fango cubriendo sus elegantes ventanas saledizas. Grafitis gruesos en color negro se arremolinaban en franjas a lo largo de paredes, puertas, la cancha de baloncesto y el salón de música. Una cerca de alambre de púas mantenía separado el estacionamiento de las calles estrechas alrededor. Más allá, varias pizzerías y cafeterías cubanas se arrejuntaban para formar un delantal de opciones para los estudiantes que encontraban las clases muy agotadoras. Un día, deteniéndome para observar una concurrida cafetería, el éxito musical de Peggy Lee inundó la calle: "Is that all there is?, (¿es esto todo lo que hay?)". La pregunta me cautivó. Había tanto allá afuera en el mundo. La cuestión era, ¿cómo captarlo todo?

La campana sonó y la clase terminó. —. Gloria. Ibis —grité emocionada. Ya la reunión con el director se me había olvidado. Nos saludamos eufóricamente, separadas por una pared de estudiantes que se empujaban entre sí. Me sentía pequeña en medio del ancho y largo pasillo rodeado de casilleros. Los techos se levantaban altos sobre mi cabeza. Los pisos pulimentados se sentían suaves. Si mirabas hacia abajo, el brillo ofrecía el espejismo de una temblorosa piscina de agua.

Los estudiantes hablaban en voz alta en una mezcla confusa de español e inglés. Las chicas usaban faldas cortas y botas, y los jóvenes vestían jeans bota campana a la cadera y camisetas teñidas. Casi todos tenían el cabello largo, tanto los chicos como las chicas. Cuatro mil estudiantes cerraban y abrían de golpe sus casilleros, buscando libros desesperados. La escuela estaba tan repleta con la reciente llegada de refugiados cubanos que había comenzado a ofrecer sesiones dobles. (Los Vuelos de la Libertad, que partían de Cuba dos veces al día repletos de refugiados, ya llevaban más de cuatro años, y, bajo el acuerdo de inmigración, aún quedaban tres más.) Yo estaba en la primera sesión, desde las 7 a.m. hasta el mediodía.

Un grupo de estudiantes me pasó por el lado usando brazaletes negros en protesta contra la guerra de Vietnam. Unos días después, fui testigo del impacto de esa batalla. Cuando iba camino al baño, gracias a un pase que me dio un profesor, escuché gritos. Me quedé paralizada cuando una joven salió histérica llorando de un salón de clase, bajó las escaleras de un salto, empujó la puerta principal y brincó dentro de un carro que tocaba salvajemente la bocina desde el estacionamiento rodeado de alambres de púa. Dos de sus amigas la observaron desde la ventana del pasillo, llorando. La profesora salió y las abrazó.
—Es terrible, terrible —dijo una—. Era tan joven.
Durante ese primer año, los gritos de novias y hermanas de luto hacían eco frecuentemente por las escaleras durante las horas de clase. Los gritos representaban la muerte en el campo de batalla.
Muchos cubanos estaban a favor de la guerra ya que estaba siendo luchada en contra del comunismo. Pero la contracultura exigía la paz. En ningún otro lugar este mensaje fue ejemplificado mejor que en el musical *Hair* que arrancó ese año en el Coconut Grove Playhouse en el Main Highway. Varias de sus canciones se convirtieron en himnos del movimiento por la paz en contra de la guerra en Vietnam. Un sábado por la noche, una compañera de clase –que no era parte de mi pequeño grupo de amigas– y yo nos pusimos vestidos a la moda floreados, inspirados en los que usaban las abuelas, y su curiosa y atrevida madre nos llevó a ver la controversial obra "hippie."
El musical tenía una canción llamada "Aquarius", mi signo astrológico. "This is the dawning of the Age of Aquarius, (Este es el amanecer de la Era de Acuario)", la audiencia cantaba y aplaudía, gritando "!Let the sunshine innnnnn! (Deja entrar la luz del sol)". Yo sentía algo nuevo creciendo adentro de mí. No sabía que tenía que ver con mi emancipación personal. Era liberador balancearme al ritmo de la música dentro del obscuro teatro rodeada de extraños, sin ningún otro cubano más que nosotras. Durante la última escena, cuando el reparto apareció desnudo, la madre de mi amiga rápidamente sacó sus binoculares e hizo zoom sobre los actores. Sin decir una palabra, le pasó los binoculares a su hija, quien, unos minutos después me los pasó a mí.

Tan sólo la clase de inglés capturaba mi atención. Mientras el profesor daba la clase, yo recorría el libro, leyendo mucho más adelantada que el resto de mis compañeros, pero de alguna manera pendiente de la discusión que se estaba llevando a cabo. Escribí un apasionado ensayo acerca de los cantantes James Taylor y Carole King, diseccioné "Hey, Jude" y "Yellow Submarine" de los Beatles, y desarrollé un tratado acerca de la buena vida, el cual titulé *Nirvana*, y en el cual nadie tenía que casarse para poder vivir juntos. Devoré *La Letra Escarlata* y *Los Cuentos de Canterbury*, pero me mantuve lejos de *El Guardián entre el Centeno* y *Siddhartha*, aburrida por la alineación dolorosa de los protagonistas.

Como la mayoría de los adolescentes, me sentía muy diferente a todos los demás. En Miami High, había muy pocos estudiantes de la raza negra, siete en la clase de 1972, y yo nunca los veía. La pandilla anglosajona era casi invisible también con tan sólo el 14% de la clase. Todos me ignoraban, para ellos yo era tan sólo una mordaz chica cubana con la cual no se podían identificar.

Y para el resto de la mayoría cubana, yo podía ser incluso de otro planeta. No había duda de que yo no encajaba con este grupo de estudiantes que iban a citas con chaperonas, planeaban bodas justo al terminar la secundaria, y trabajaban como secretarias y mecánicos. Pero tampoco encajaba con los que estudiaban intensamente y se unían al Student Government Association, el National Honor Society y al Glee Club, alineando sus credenciales para ser aceptados en las mejores universidades del país. Estos estudiantes, con calificaciones perfectas, pasaban cada mañana planeando su futuro, reuniéndose con consejeros y patrocinadores de clubes quienes los preparaban para ganarse becas. Yo caminaba cerca de esas reuniones cuando dejaban la puerta abierta y me detenía, mirando adentro con envidia. Pero luego me daba la vuelta, diciendo en voz baja "son estúpidos".

Hice un medio esfuerzo para intentar encajar en el mundo de la elite cubana, ya que me relacionaba con ellos en las clases de inglés. Pero después de hacer una prueba para formar parte de las Flagettes, (porristas con banderas), y del Anuario –de los cuales no fui aceptada en ninguno– rápidamente perdí interés en la nata y crema y decidí pasar más tiempo con mis amigas menos ambiciosas y con mi novio. Así como lo hice en Citrus Grove Junior High, me enfoqué en mi vida social.

Muy pocas veces veía a mi madre, quien ahora trabajaba seis días a la semana en una nueva tintorería, donde grapaba tickets en la ropa hasta las 8 de la noche. Durante sus días libres, se acostaba en la cama como de costumbre, sin poder pensar cómo salir de esa vida de labor ardua, salarios bajos, soledad y confusión. Mi padre y su esposa Beba me recogían una vez al mes para llevarme a cenar a un restaurante elegante. Él se sentaba, distante, en el puesto del conductor de su Mercedes, o de su Jaguar, hablando acerca de los trajes que había encargado a un costurero de Hong Kong que viajaba todos los años a Miami. El hecho de que mi padre fuese un médico adinerado me ayudaba de la misma manera que me hubiese ayudado si fuese un campesino analfabeta trabajando en una granja.

Yo vivía la vida de la clase trabajadora obrera, luchaba sola con la confusión de ser inmigrante en una escuela gigante y hacía mis deberes cuando lo recordaba. De esta forma, yo lideraba tres vidas: mi propia vida rebelde de adolescente, la triste y empobrecida vida de mi madre, y la lujosa y abundante vida de un cirujanoególatra.

La campana sonó al mediodía para avisar que el fin de la primera sesión escolar había llegado, y, en tan sólo minutos, me subí a un autobús para llegar a mi nuevo trabajo, el cual pagaba mucho más que el de la tintorería. David, el amigo de la familia, ahora era un ejecutivo en una compañía de desarrollo de terrenos. Él me ayudó a conseguir un trabajo archivando documentos para su firma.

En la oficina, conocí a Ena, una secretaria de veintidós años, quien me prestó su licencia de conducir para que yo pudiera entrar a las nuevas discotecas que estaban abriendo en todos lados: The Cheetah, Heaven, The World, The Place, Mix II, con sus bolas de espejos, humo blanco, luces negras, y música palpitante. Yo iba con Ovy y mis amigas y bailábamos toda la noche mientras bebíamos Singapore Slings –preparados con ginebra y jugo de piña.

Todos los días, Ena usaba una peluca diferente al trabajo. Ella tenía más de una docena con diferentes estilos, de pelo largo, de pelo corto, y de todos colores: rubia, morena, pelirroja, etc.—. Así es como tengo a mi esposo a mis pies —dijo riendo mientras se acomodaba el pelo por la nuca. Desafortunadamente, las pelucas no evitaban que su esposo se extraviara de vez en cuando.

En una oportunidad, Ena y yo atravesamos las calles de la Pequeña Habana para ver si encontrábamos el carro de su esposo estacionado en alguna de las casas. Yo iba en el puesto de pasajero, mirando hacia un lado de la calle en busca del Mustang azul, mientras Ena rastreaba el otro lado. La experiencia me llevó al momento en que mi madre y yo llevamos a cabo una misión similar. Pero ahora todo era más claro. Durante el tiempo que pasé con Jaime, descubrí que yo era tan capaz de la traición como cualquier otro hombre. Sin embargo, lo que me molestaba era que cuando los hombres flirteaban era un comportamiento aceptado –y esperado– dentro de la Pequeña Habana y en Cuba, mientras que para la mujer era prohibido.

—Yo sé que él me es infiel —dijo Ena—. En algún lugar cerca de aquí, él tiene una novia —después de nuestra persecución, Ena lloró por un largo tiempo antes de que nos devolviéramos al trabajo. La experiencia sirvió para fortalecer mi respuesta en caso de convertirme en una víctima de la infidelidad. Si me sucedía a mí, yo juré estar lista con un plan de venganza.

A las 5 p.m. en la oficina, ya tenía un pequeño dolor en mis hombros y espalda de estar agachada archivando gabinetes, pero la meta seguía clara en mis ojos: un Rambler verde y blanco del año 1964 –hecho para proveerme libertad– que Ovy y su padre habían escogido en un establecimiento de carros usados. Necesitaba 300 dólares para conducirlo hasta la casa.

—Papi, necesito que me ayudes a pagar un carro —le había rogado sin éxito. Yo sentía que me merecía el dinero. Él acababa de viajar a Europa y le había comprado dos abrigos de visón a Beba. Era una injusticia.

—No, es muy peligroso que tú conduzcas —dijo él—. No es que no confíe en que seas buena detrás del volante. Es que no confío en los demás —su respuesta sólo fortaleció mi determinación.

Si yo quería algo, lo tenía que conseguir yo misma.

2.

¿Cuál es la naturaleza del amor a los 16 años? Ciertamente, mucha lujuria, pero también una ternura que sólo puede describirse como pura. La dulzura del primer amor es inimaginable. Y así era la nuestra; Ovy y yo estábamos enamorados. Yo lo sabía en esa época, y lo creo hoy en día. Unos meses después de mis *quince*, Ovy, carismático y poderosamente sensual, me había exigido que lo escogiera a él sobre Miguel. Tranquila y segura, eso hice. Su magnetismo era irresistible, y su espíritu era tan atrevido como el mío.

Ovy venía todos los días en su Buick de 1954. Él me dio el anillo de su clase y yo lo usaba alrededor de mi cuello en un collar. Íbamos juntos a discotecas y fiestas, y a ver películas al autocinema –Jack Nicholson en *Mi Vida es mi Vida*, Ryan O'Neal en *Historia de Amor*. También fuimos a ver películas pornográficas en un área escuálida de la calle veintiuno en Miami Beach. Ninguna de las chicas que conocía venía a ver ese tipo de películas, pero yo quería saber cómo eran. Después de observar algunas, concluí que eran un insulto para las mujeres y me negué a volver de nuevo.

Durante los fines de semana, acompañaba a Ovy mientras él repartía comida para un restaurante por las mañanas y vendía enciclopedias en las tardes. En las noches, al igual que Jaime, él estacionaba su carro a una cuadra de mi casa, caminaba por el patio trasero, se trepaba por una ventana y pasaba la noche conmigo. Yo tenía relaciones sexuales con Ovy regularmente y me aseguraba siempre de usar condones.

Tal como Jaime, Ovy me proporcionaba la atención y compañía que tanto buscaba, y al mismo tiempo le agregaba una dimensión atrevida que me emocionaba. Él satisfacía mi necesidad de vivir aventuras, introduciéndome a nuevos mundos y a nuevas sensaciones. Me gustaba su actitud de "chico malo" con la rebeldía en el corazón. Una noche, conduciendo por Hialeah, me dijo—. Tengo un poco de marihuana. Vamos a fumar —luego se detuvo en una casa extraña y forzó la cerradura hasta que la puerta se abrió.

—Es la casa de un amigo —dijo—. Se fueron por el fin de semana —yo le creí, y ciegamente lo seguí hasta un cuarto vacío. Él sacó una pequeña bolsa con la droga de su bolsillo, armó un cigarrillo, lo prendió, inhaló y me lo pasó. Yo lo apreté entre mis dedos índice y pulgar y aspiré, pero el humo quemó mi garganta y pulmones. Tosí ahogada y decidí que no me gustaba la droga. Ambos esperamos, con la ilusión de sentir algo similar al estado de ánimo después de unas cuantas copas de vino, pero nada sucedió—. Debe ser droga barata —dijo Ovy y ambos reímos.

El padre de Ovy era dueño de varios perros pitbulls, los cuales criaba para que pelearan en el aun subdesarrollado Condado de Dade. En su patio trasero, su padre, Osvaldo, me paseó alrededor de las jaulas y me describió el record de pelea de cada perro. A pesar de que nunca fui a una pelea, vi a perros que les faltaban orejas y tenían rasguños en los costados. Otros yacían muertos dentro de sus corrales por sangramiento interno. Algo impresionante de ver, y muy repugnante.

A los padres de Ovy les gustaba la emoción de apostar. Mientras que Osvaldo llevaba a su hijo a las carreras de perros y caballos, su madre, Aida, lo llevaba a ver los juegos de Jai-Alai. Ovy, un aprendiz rápido, cambió pronto su dinero, arduamente ganado repartiendo comida y vendiendo enciclopedias, en un continuo salario de apuestas. Una noche, en el frontón de Jai-Alai en la Avenida Northwest Thirty-Seventh, él me explicó la diferencia entre una quiniela y una tripleta, y luego apostó 200 dólares. Se ganó $400. En ese momento, una idea se apoderó de él.

—Voy a jugar el juego de Jai-Alai —dijo, emocionado buscando en su bolsillo por mas billetes.

—Ya no más, por favor —le dije con miedo de que se le pudiese acabar la suerte, pero me emocionaba la apuesta.

—No, mi amor, apenas estoy calentando.

Y ganó de nuevo.

No me gustaba la atmosfera sórdida del frontón, para mí un microcosmo de injusticia entre las clases sociales. Hombres con los ojos hundidos se apoyaban contra las columnas contando fajos de billetes. Mujeres mayores empujando carritos de comida, con el cabello amarrado en bufandas sucias, se abrían paso hasta el cajero donde apilaban monedas de cinco y diez centavos. En el piso de arriba, hombres portando grandes relojes y cadenas de oro se relajaban en un lujoso bar fumando cigarrillos, inconscientes de aquellos abajo. Hoy en día, el viejo frontón es un glamoroso casino, que ofrece –además de Jai-Alai– juegos de póker, máquinas tragamonedas y conciertos de rock. El lugar atrae a jóvenes que han dejado la escuela por trabajos que prometen dinero fácil. Es otra parte más de la maquinaria bien engrasada que descarrila a los jóvenes soñadores y los atrapa en la Pequeña Habana.

Más tarde esa noche, Ovy me llevó a The Office, una discoteca para un público más adulto cerca del aeropuerto. Nadie pedía identificación al entrar. Nos sentamos en una cabina de terciopelo cerca de la pista de baile llena de humo, y Ovy pidió Kahlúa con crema desde un teléfono colgado en la pared. Los clientes usaban el teléfono para comunicarse con las personas en las demás cabinas, una ingeniosa idea para que los hombres consiguieran mujeres, pero nosotros no conocíamos a nadie allí. Ovy no era bebedor, ni yo tampoco. Agitando el trago nos sentíamos un poco más viejos.

—Mi papá quiere que venda unas caseteras —dijo él—. Las consiguió baratas con un proveedor. Dentro de poco, vamos a estar haciendo bastante dinero.

—Eso es peligroso —le dije, recordando mi lío después de robar en la tienda donde trabajaba mi madre—. Te pueden descubrir.

—No me van a descubrir.

Poco a poco, Ovy se deslizó dentro de las maniobras del mercado clandestino, tratando de encontrar su lugar en el mundo. Yo lo amaba, pero una astilla en forma de duda me fastidiaba en los costados. Yo sabía, en algún lugar de mi mente racional, que para que yo consiguiera lo que quería en la vida tenía que ir en dirección opuesta a Ovy.

Los calambres comenzaron al amanecer. Mi útero se contraía y expandía con la fuerza de un martillo. Yo me retorcía del dolor, gritándole a mi madre para que llamara a mi padre y vomitando en una cubeta al lado de la cama. Ovy estaba en la habitación, agarrándome la mano. Cuando mi padre llegó, Ovy se escondió en el closet con la espalda contra la pared, encajado entre filas de vestidos y blusas, y sin respirar. Mi madre, quien no tenía idea de las visitas nocturnas de Ovy, se quedó parada en la puerta, preocupada. Con mi cabello despeinado y mi cuerpo sudando, gemí y pataleé de lado a lado.

—¿Estás embarazada, Cecilita? —preguntó mi padre al notar la cubeta. En situaciones de crisis, mi padre hablaba en voz baja y suavemente. Él llevaba puesto un traje, tenía cada cabello peinado en su lugar, los zapatos le brillaban y desprendía olor a colonia. Mi padre nunca demostraba emoción alguna. Él se sentía orgulloso de lo que denominaba su autocontrol. Una vez, incluso, me sugirió quedarme sentada sin moverme durante una hora e ignorar cualquier deseo de rascarme—. Nadie es capaz de molestarme a menos de que yo se lo permita —dijo en una ocasión. Sin embargo, su desaprobación de mí siempre saltaba de sus ojos cada vez que lo necesitaba, incluso si no era mi culpa.

—¿Embarazada? —dije, sentándome aun mareada, confundida y con nauseas. Los calambres seguían desgarrándome el abdomen—. No...el dolor... es la menstruación.

Él suspiró y sacó una caja de plástico redonda—. Esto te va a quitar los calambres y dolores de vientre en el futuro —me dijo—. Empieza a tomártelas el domingo después de que termines de menstruar y tómate una píldora cada día por veintiún días. Luego deja de tomártelas por siete días y comienza de nuevo. Tengo más en la oficina. Por ahora, toma Midol cada tres horas y bebe té de canela caliente.

Me dejé caer sobre la cama de nuevo, aferrándome a las pastillas anticonceptivas. Yo sabía lo que las pastillas hacían, sin embargo, mi padre nunca lo explicó y yo nunca le pregunté. Él nunca me dio un sermón acerca de las píldoras, algo muy anti-cubano. Como hombre práctico, él siempre se alejaba de las tradiciones cuando no servían sus propósitos. Esa era una filosofía que yo también absorbí. Mi padre salió de la habitación, alborotando el aire estancado. Yo luché para ponerme de pie y cerré la puerta con candado. Ovy hizo ruido en el closet y luego se asomó por la puerta.

El teléfono sonó a las 3 de la mañana.
—Me apuñalearon.
El suspiró de Ovy me despertó de golpe—. ¿Dónde estás?
—Afuera de mi casa. Estoy sangrando.

Las palabras de la madre de Ovy zumbaron en mi oído—. Cuida a Ovy mientras no estoy —dijo antes de irse a Acapulco con su novio. La mujer se había divorciado del padre de Ovy años atrás. Luché para vestirme y luego fui al cuarto de mi madre.

—Por favor, llévame a casa de Ovy —le rogué—. Está herido —yo no me podía llevar el Dodge Dart porque mi madre escondía las llaves todas las noches. Me tenía prohibido conducir a pesar de que yo ya tenía mi licencia.

Mi madre se acobardó sobre su cama, con los ojos bien abiertos, y negando con la cabeza.

—Entonces me voy sola —llamé a un taxi, y salté en el asiento del pasajero apenas el carro se detuvo en la puerta principal.

—142 East, calle 16...en Hialeah —le dije, contando unos cuantos dólares y pensando en la libertad que un carro me podía brindar. En menos de 20 minutos, ya estaba ahí. Salté del taxi y me enfrenté a un torbellino que me azotó. Las palmeras se encorvaban ante la fuerza del viento. La arena se arremolinaba en un fuerte embudo, iluminada por la luz de una lámpara de la calle. Las piedras se movían bajo mis pies mientras yo luchaba al subir las escaleras y abrir la puerta de la casa. Ovy estaba acostado en el sofá.

—Me cayeron encima —suspiró, agarrándose el costado.

—¿Quiénes?

Yo sospechaba que Ovy estaba involucrado con alguna de las muchas pandillas que rondaban Hialeah y la Pequeña Habana. Pero cuando le preguntaba, siempre lo negaba. Alberto San Pedro, un conocido líder de "fraternidad" y organizador de fiestas, vivía a tan sólo unas cuadras. Yo recordé que Ovy no iba a ningún lugar sin su navaja.

—No sé quién.

Yo corrí a la cocina, saqué un paño de una gaveta y lo humedecí con agua del fregadero. Corrí de vuelta y pasé el paño por la frente de Ovy. Él se había puesto una venda en la herida sobre su costado, pero la sangre seguía saliendo. Sostuve su cabeza y el descansó entre mi hombro y la almohada.

Nos estábamos quedando dormidos, pero, en un segundo, incesantes golpes en la puerta nos despertaron. Antes de que me pudiera poner de pie para abrirla, mi padre dio vuelta a la perilla y entró. Mi madre lo había llamado para que me llevara de vuelta a casa.

—Cecilita, ¿qué es este comportamiento tuyo?, ¿qué estás haciendo aquí?

Era un ambiente tan extraño para mi padre, vestido –a tan sólo horas del amanecer –en un traje y con cada cabello en su lugar. El hombre, un aspirante a aristócrata a quien le gustaba la ópera, la música clásica, las zarzuelas españolas, el arte de Greco y Goya, y con muebles grabados en pan de oro en la sala de su casa, se veía inquieto en la humilde casa de una costurera en Hialeah. Miró a Ovy, gimiendo y quejándose sobre el sofá, con desprecio. Era obvia la razón por la cual yo estaba ahí. Por lo tanto, no respondí a sus preguntas.

—Y usted, joven —mi padre continuó, dirigiéndose a Ovy—. Usted no tiene derecho de llamar a mi hija en medio de la noche.

Ovy lanzó un gemido que sonó a "*Sí*".

Mi padre dio un vistazo rápido al sangramiento de Ovy e hizo un chasquido con la lengua, sin hacer ningún tipo de intento en examinar la herida.

—¿Esté es el tipo de hombre que escogiste? —me preguntó.

—Tú no me amas —dije, observándolo directo a los ojos—. No sé por qué viniste hasta acá a buscarme.

—Doctor —Ovy le habló débilmente.

—Usted va a estar bien —dijo él—. Sólo póngase agua oxigenada sobre la herida y cámbiese las vendas cada ocho horas. Vámonos, Cecilita.

Yo no me moví.

—Ve a casa —Ovy gimió—. Yo voy a estar bien.

—No. Él es un mal padre —el resentimiento me llenó de fuerzas. Me quedé viendo a mi padre fijamente a los ojos. Golpeado y mudo por primera vez, él no tuvo otra opción que irse. Me quedé cuidando a Ovy por uno o dos días más. Su herida se curó rápidamente.

Esta escapada enfatizó mi necesidad de tener carro propio. Así que mejoré mi plan de ahorros, dejando de almorzar por varios meses. Finalmente, apretando un sobre con 300 dólares, fui con Ovy y su padre al establecimiento de carros. Pagué y firmé unos papeles (en esa época, no era necesario tener seguro). Giré la llave y mis espíritus se dispararon. Conduje hasta la casa, cantando con la música del radio a todo volumen. Mi madre salió cuando me estacioné detrás del Dodge Dart, y observó tristemente el Rambler elegantemente pintado, sabiendo exactamente lo que estaba pasando. Yo la ignoré y llamé a mi padre.

—Me compré un carro —dije emocionada—. Ahora puedo ir a donde me dé la gana.

—Ahhhh —respondió él.

Era un acto más de desobediencia, probándole que yo era quien estaba en control.

La madre de Ovy daba un aire a Marilyn Monroe con el cabello rubio ondulado y líneas gruesas negras decorando sus ojos. Ella era una mujer extrovertida llena de vida y risas que operaba un pequeño taller de costura, en la sala de su casa, desde que salía el sol hasta que se ocultaba. La mujer había colocado varias máquinas de coser y tenía contratadas a una docena de mujeres que armaban vestidos largos y cortos para una fábrica cercana, que vendía mercancía al mayor a varias tiendas regadas por Miami y Hialeah.

Durante la noche, con las máquinas movidas en otro lugar, la casa se convertía en el punto de encuentro para los devotos de la *santería*. En el cuarto al fondo, un lugar para la adoración, santos en elegantes atuendos presidian sobre platos llenos de frutas frescas, vasos con agua, cigarros, incienso, velas y cuentas de colores. El cuarto se parecía a la capilla en la casa de Cari donde su padre invocaba espíritus con el humo del cigarro. Pero después de mi experiencia con los caracoles, yo mantuve distancia con el mundo espiritista.

Una noche caliente de verano, parada afuera de la puerta principal, no pude reconocer los gritos que escapaban por la ventana. Sonaban como si provinieran de un animal. Yo me quedé escuchando con Ovy, quien, sin moverse, estaba detrás de mí. Abrí la puerta lo suficiente como para observar lo que sucedía adentro, y me encontré con una escena terrorífica.

De pie con las piernas abiertas y sobre una gigante bandeja de acero, Aida sacrificaba a un cordero en un rito religioso. El animal se retorcía. El sonido era ensordecedor, como si el cordero estuviese siendo abaleado. Vi a la criatura perder fuerza, temblar levemente, y finalmente sucumbir ante la crueldad del cuchillo. Los cantos de Aida alcanzaban un crescendo y luego disminuían en tontos monosílabos. La sangre gruesa del cordero se escurrió sobre la bandeja y por los dedos de Aida mientras ella cortaba al animal en pedazos perfectos. Un círculo de extraños la rodeaba gimiendo y balanceándose con los ojos cerrados. Me di la vuelta, empujé a Ovy y salí corriendo por la calle dentro de la oscuridad. Ovy corrió detrás de mí. La santería no era algo nuevo en mi vida, pero yo nunca había visto un animal siendo sacrificado, y el acto me repelió.

—Detente, todo está bien —gritó, perdiendo la respiración—. ¡Detente!

Yo seguí corriendo, pero él me alcanzó.

—Es para la cena —Ovy gritó por encima del ritmo de nuestros pasos—. ¡Mi mamá va a cocinar el cordero ahora! No tengas miedo.

Me detuve, recuperando la respiración—. ¡¿Cómo es capaz de hacer eso?!

—Cálmate. No es la gran cosa. Vamos.

Me quedé sobre la acera sin moverme—. Llévame a mi casa.

—Vamos. Todo va a estar bien.

A pesar de mi repulsión, me sentí intrigada por la religión exótica. Caminé de vuelta, de mala gana. En la cocina, Aida y sus amigos movían lo que parecía ser un estofado en grandes ollas sobre la estufa. La comida tenía un olor extraño. Eché un vistazo dentro de las ollas y me rehusé a probar la preparación.

Luego convencí a Ovy para ir a comer a McDonald's.

3.

Mi padre compró una casa en la elegante zona de Roads en Miami, adyacente a una autopista que llevaba a un puente y se conectaba con la isla de Key Biscayne. Hoy en día, Roads es un vecindario popular para los profesionales que trabajan en el centro de la ciudad o cerca de la avenida Brickell. Él y Beba amoblaron la casa al estilo regencia con toques de hoja de oro por todas partes, adornos llamativos, y artículos pretenciosos. Cortinas de satén enmarcaban las ventanas y alfombras suaves se extendían de pared a pared.

En un contraste fuertemente marcado, la habitación de mis abuelos estaba amoblada a la sencillez: dos mesas de noche de madera, dos camas dobles cubiertas en cobijas azules y blancas, y una mecedora. La diferencia en la decoración señalaba algo: mi padre usaba el dinero para indicar lo que él consideraba importante. ¿Acaso sus padres no le importaban?

La habitación tenía una puerta deslizante de vidrio que daba a un pequeño patio interno. El sol caía sobre mis abuelos cuando se sentaban allí, solos. Yo los visitaba los sábados cuando mi padre estaba en la oficina. La mayoría del tiempo, me acostaba sobre el sofá sin hablar, agotada, con los ojos cerrados, y muy, muy deprimida. Estar en su casa me traía siempre malestar al hacerme sentir olvidada, sin mencionar el recordatorio de la injusticia mientras yo comparaba mi vida con la suya. Era un sentimiento constante, persistente e imposible de alejar cuando caía en sus garras. Me sentía inútil, a la deriva, y rendida ante el resentimiento.

Yo debía sentirme agradecida por los múltiples regalos extravagantes que mi padre me traía de sus vacaciones europeas: un abrigo de cuero rojo de España, una cartera tejida en lana de Grecia, tela de seda fina de Francia, una cruz de malaquita de Marruecos que luego empeñé. Pero no lo estaba. Era escalofriante escuchar a mi padre recitar los precios de cada regalo, recordándome su bondad incluso meses después. Mi corazón se endurecía, continuamente arrastrándose lejos de él.

—¿Por qué no haces tus tareas? —me preguntó mi abuela, siempre vigorosa y aun con energía—. ¿Por qué no te pones a estudiar?

—No tengo ganas.

—A ti no te gusta estudiar. Eso es lo que te pasa— dijo ella—. No vayas a echar tu vida a perder. Tu papá te trajo acá para que tengas un mejor futuro.

Mi abuelo estaba sentado sobre una de las sillas recargadas al estilo Luis XV, sosteniendo su suéter cerca para mantenerse caliente ante el frio aire acondicionado. Sus iris estaban rodeadas de un verde que se desvanecía, expresando una tristeza desconsolada en su rostro.

—Yo odio a mi papá —dije—. Es un hombre malo. No hace nada por mí.

—¿Es eso lo que tu mamá dice? —respondió rápidamente mi abuela, la misma pregunta que mi padre siempre me hacía.

—No, eso es lo que digo yo.

—No puedes dejar que él te afecte tanto. Tienes que salir adelante.

Me puse de pie y fui a la sala. Yo sabía que mi abuela estaba en lo correcto. Yo tenía que salir mejor en la escuela preparatoria si quería tener un futuro fuera de la Pequeña Habana, pero la ronda diaria de fiestas ponía a un lado mis planes.

Frustrada, agarré una vela blanca en forma de cono de su base plateada y la tiré contra el piso. Luego hice lo mismo con otra vela que estaba al lado. Salí de la casa y tomé el autobús de vuelta a casa. Me reí, imaginando la reacción de mi padre cuando llegara a la casa. Él nunca mencionó el incidente.

Mi padre me condujo hasta el hospital. Mi abuelo estaba sobre una cama rodeado de cables. Sus ojos saltones oscilaron alrededor de la habitación antes de enfocarse en mí. Él se echó hacia delante, abrió la boca para hablar, jadeó y se tragó el aire. Su cuerpo estaba tenso. Yo me acerqué y las lágrimas comenzaron a caer sobre las sábanas. Sostuve su mano y él me miró con una chispa de reconocimiento, comunicando amor. El agarre de las manos expresaba la tristeza y arrepentimiento de tantos años separados y la tragedia de una familia destruida. Ambos sabíamos que todo era diferente, incluyendo mi padre.

—Cecilita, no te puedes poner a llorar cerca de la cama —dijo Beba—. Lo estas poniendo peor —yo estaba muy afectada como para responderle, pero luego me arrepentí de no hacerlo. Mi abuelo murió esa noche.

Mi padre pagó por un funeral muy elaborado que incluyó una limosina negra. Docenas de amigos y unos cuantos familiares recién llegados se acercaron para escuchar la misa en la iglesia católica San Juan Bosco, un edificio cavernoso con muros de adobe sobre la calle Northwest First en la Pequeña Habana. Yo nunca voy a olvidar el olor del incienso de la muerte, repartido por el sacerdote mientras caminaba por el pasillo bendiciéndonos. Había perdido un aliado. Ahora, sólo tenía a mi abuela.

Yo continué visitándola los sábados, pero ahora ella tan sólo se sentaba en un sillón dentro de la habitación sencilla, sin hablar mucho, con su fuego y energía apagados.

—No puedo hacer nada en esta casa —se quejó, mostrando una chispa de su antigua actitud desafiante a través de la mirada—. No me dejan cocinar. No me dejan limpiar. No me hablan. Pero tú no dejes que se salgan con la suya. Tú les tienes que dar la pelea.

—Se las voy a dar, abuela.

En una ocasión, mi padre estaba en casa cuando yo llegué. Me pidió que no fuera a la habitación de mi abuela—. Es una pesada —me dijo.

Desde ese momento, no volví a pisar su habitación, y ella no volvió a salir a la sala. ¿Por qué nunca insistí en entrar a verla? El silencio y el secretismo que colgaba en el aire de su habitación me aterraba; sus palabras cortantes me alejaban. Hoy en día comprendo que ella estaba luchando contra la muerte, incapaz de aceptar su disminuido estado físico. Después de un tiempo, deje de ir por completo los sábados. Un año después, en 1971, mi padre puso a mi abuela en un asilo para ancianos.

—Ya no puedo más con ella —me dijo—. Le pregunté a tu mamá si podía recibirla pero se negó.

—¿Y por qué mi mamá la iba a recibir? —yo pensé en todas los cuentos de mi madre acerca de la lucha de poder entre ambas, que limitaron las visitas de mis abuelos a nuestra casa de La Habana.

—¡Yo le iba a pagar, pero se rió en mi cara!

Yo sonreí, orgullosa de mi madre, pero lamenté el dinero perdido. Esa misma noche, la primera en el asilo de ancianos, mi abuela se rindió en tratar de vivir. No tuve chance de decirle adiós. La culpa de no insistir en verla me llevó a una depresión.

Mi padre, con los ojos secos, organizó un pequeño funeral, esta vez sin procesión ni misa. El acto fue un símbolo del resentimiento que él sentía por mi abuela desde niño—. Mi papá fue un hombre muy bueno…pero mi mamá, mi mamá era dominante y mala —dijo él en el cementerio—. ¿Tú no sabes que ella me despertaba en las mañanas lanzándome un balde de agua fría en la cara?

Incluso en el día en que la enterró, la ira en mi padre encontró un camino para expresarse. Los desaires familiares son tan poderosos que nada puede remediarlos. ¿Por qué él no aplicaba su propia situación conmigo?

En cuanto a mí, la soledad se intensificó. Yo había perdido la última aliada en mi familia y el último amortiguador en contra de la frialdad espantosa de mi padre. Después de perder a mi abuela, los lazos con mi padre se debilitaron. Yo lo veía como cualquier otra persona veía una película, sentada en la última fila del cine, aislada en la obscuridad. Pero igual lo seguía amando. ¿Cuántos hijos adoran al padre que abusa de ellos, física y emocionalmente?

4.

Yerbas marchitas se asomaban a través del suelo reseco a lo largo de todo el patio. Ellen y yo esquivamos ollas de barro rotas y ramas frágiles de árboles mientras nos acercábamos a las dobles puertas gigantes de la casa destartalada a unas 100 yardas de la calle. Ellen, nueva en Miami High, me dijo que había escapado de sus padres en Illinois y se había mudado a esta comuna en la calle Miller en Coral Gables, a tan sólo una milla de la Universidad de Miami. Ella llevaba su cabello rubio hasta la cintura, un chaleco de gamuza con cuentas y una falda larga manchada. Definitivamente; una hippie. Yo tenía curiosidad de su estilo de vida así que no me negué cuando me invitó a su casa. Era el año 1971, y las dos teníamos 17 años.

Después de la muerte de mis abuelos, más sola que nunca, me sentía salvaje, alocada, lista para hacer cualquier cosa y anhelando sentir algo. Mis abuelos fueron los últimos lazos que me ataron a la cultura de reglas y regulaciones cubanas, la cual caía sobre mí con el peso de un montón de piedras y me anclaba en orden. Ninguna de mis amigas la rechazaba como yo, y no conocía a más nadie con curiosidad por el estilo de vida hippie. Yo percibía la cultura americana como fluida y abierta, sin embargo, me sentía como una intrusa en ella. No sólo era marginada por ser una inmigrante cubana, sino que también vivía alejada de las tradiciones de la Pequeña Habana. Yo buscaba plenitud. ¿Acaso era imposible unificar estas dos mitades?

Dentro de la casa de Ellen, una espaciosa sala de estar nos daba la bienvenida con colchones en contra de las paredes, almohadas grandes y sábanas cubriendo el piso. Luces negras brillaban en cada lámpara y afiches psicodélicos colgaban de las paredes. Cortinas floreadas servían de puertas para varias habitaciones pequeñas. Aroma pesado a incienso colgaba en el aire, formando masas de nubes en la luz tenue, y chocaba con el fuerte olor a marihuana. Jimi Hendrix y Janis Joplin aullaban sin parar desde un reproductor de casetes sobre el piso.

Ellen desapareció en un pasillo y un hombre se me acercó. El desconocido llevaba jeans bota campana sostenidos por un cinturón de cuero y una hebilla en forma del signo de la paz. Su camiseta ancha colgaba sin fuerza sobre su torso delgado.

—¿Quieres un poco? —me preguntó, ofreciéndome un cigarrillo de marihuana. Yo estaba aquí porque quería quitarme la pesada capa cubana, pasar por encima de las barreras y experimentar… ¿Y qué? No al aburrimiento.

El humo chamuscó mis pulmones de la misma manera que lo hizo la primera vez que fumé con Ovy, pero esta vez me atacó un leve mareo, sentí que flotaba y tosí varias veces.

El hombre, mucho mayor que yo, me hizo señas para ir a una de las habitaciones pequeñas. Mi corazón latía rápidamente y me faltaba la respiración. Una vez dentro, nos sentamos en silencio sobre un colchón sucio y sin sábanas. Luego, el desconocido me pasó una pipa; me la puse en los labios y soplé el humo. Nunca inhalé, luchando por limpiar mi cabeza del efecto de la marihuana.

En segundos, nos estábamos besando y dando vueltas el uno sobre el otro.

Ellen se lanzó sobre el colchón también. Mi primera experiencia con el sexo espontaneo parecía más bien un combate de lucha libre. Por un instante, nadie sabía a quién pertenecían los brazos y las piernas que se agitaban en el aire. Mi corazón y alma se retiraban del acto, pero mi cuerpo continuaba funcionando mientras el hombre sin nombre me penetraba. Volteé a mirar a Ellen, quien estaba arrodillada al lado de mi cabeza. Mientras mis caderas giraban, mis labios se encontraron con los de ella. Todo se sentía anormal.

Otra mujer anunció su presencia dando golpecitos a la pared con una cuchara de madera. Nos separamos cuando ella comenzó a servir limonada en vasos de plástico desde una jarra y los colocó en fila sobre el piso. La mujer agitó sus brazos en el aire, echó la cabeza para atrás y aulló, claramente bajo la influencia del LSD. Preocupada de que la droga alucinógena pudiera estar en la limonada, no la bebí. Rápidamente nos pusimos la ropa, y la observamos correr de nuevo a la sala, galopando y rebotando de pared a pared en medio de gritos.

—Wow, le pegó bien duro —Exclamó Ellen—. Pero nosotras tenemos que irnos —le dijo al hombre—. Tenemos clase mañana —el hombre se marchó, llevándose la pipa.

Yo observé de reojo a Ellen mientras caminaba tras ella hasta la furgoneta, abollada por todos lados y con la puerta chocada. Ella actuó como si nada extraño hubiese ocurrido. Yo quería tener la misma actitud, así que no dije nada.

Ellen me dio una barra de chocolate Hershey's, y la devoré en un segundo. Ella acabó con una bolsa de patatas fritas. El efecto de la droga ya se me había pasado, y, mientras conducíamos, reviví en mi cabeza todo lo que acababa de pasar. Escaparme a la comuna con Ellen ofrecía un escape de la Pequeña Habana, sin embargo, no era el camino para mí. Yo disfrutaba la música, la moda, y la política, pero no quería ser una hippie. Una historia interesante para contarles a mis amigas, pensé. Si era que me atrevía.

—Nos vemos mañana —le dije cuando me dejó en la casa y arrancó chillando la furgoneta.

Ovy estaba en la sala y salió afuera cuando escuchó que cerré la puerta del carro. Yo no esperaba que fuese a estar ahí y me sentí un poco nerviosa.

—¿Dónde estabas? —dijo, en tono celoso.

—Sólo estaba visitando...

—¡Hueles a marihuana! —me gritó—. ¡Dime dónde estabas! Dame la dirección. Voy a averiguar qué estabas haciendo y los voy a matar —me agarró de los hombros con los ojos saltones, pero yo lo empujé.

Corrí hasta la cocina y agarré el directorio telefónico. Mi corazón se contrajo.

—Toma —le lancé el libro pesado—. Búscalo tú.

Ovy saltó dentro de su carro y se fue. A la mañana siguiente me llamó y nos arreglamos. Pero Ellen no fue ese día a clase. Ella no tenía teléfono, así que no podía contactarla, y tampoco quería volver a su casa.

Más nunca la volví a ver.

5.

En un muelle en South Beach, en pleno verano de 1971, me trepé en la pared y miré las aguas turbulentas abajo. Los relámpagos desgarraban el cielo. En medio de un ataque de furia, las olas batían espuma blanca y golpeaban las piedras que se elevaban desde el fondo del océano como dientes torcidos. Las rocas se esparcían en grupos a lo largo del muelle hasta el punto donde los pescadores arrastraban los tiburones durante las noches. Alguien había dicho verlos cerca de la orilla ese día. El viento azotaba mi cabello. Varios de mis amigos ya habían saltado y nadaban desesperadamente contra la corriente hasta la orilla. Yo no era una buena nadadora, y odiaba la sal en mis ojos. Los truenos retumbaban. Respiré profundo, cubrí mi rostro con ambas manos y salté en medio del caos espumoso.

No al aburrimiento.

Mis pies golpearon la arena al fondo del mar, y me impulsé hacia la superficie con la mayor fuerza que pude. Un hilo de agua salada recorría su camino por mi garganta. Escupí con fuerza y me lancé a nadar hacia la orilla usando toda mi energía. Los ojos me ardían. Casi al llegar, una corriente poderosa me interceptó y me arrastró de nuevo al océano. Yo pataleé y luché por respirar, gritando "Help" cada vez que podía sacar la cabeza entre las olas. Tenía pánico, pero a la vez una pizca de fascinación con la idea de morir. ¿Será que esto era lo que se sentía dejar de vivir?

Pero aún no estaba lista para la muerte. No sabía la razón por la cual estaba viviendo, pero no quería detenerme. Luché con más fuerza contra las olas. Un hombre, salpicando cerca, comenzó una serie de brazadas en mi dirección. Pero antes de que me pudiera alcanzar, sentí la arena bajo mis pies. Una ola me pasó por encima y me dejó en la orilla. La arena y los caracoles se me clavaron en la piel. Escupí agua y me tendí sobre mi espalda recuperando la respiración y observando las nubes moteadas que marchaban imperturbables a lo largo del cielo.

South Beach, un punto de encuentro para los estudiantes de secundaria, compartía espacio con los sobrevivientes del Holocausto. En la entrada al muelle sobre la calle First, una cerca de alambre de púas encerraba un salón de baile subterráneo. Mi madre y yo habíamos rentado una habitación en un hotel de mala muerte a una cuadra, mientras arreglaban un problema de termitas en nuestra casa, y, una noche, durante un inusual momento juntas, caminamos hacia el muelle. La luz interior de mi madre brillaba, y yo no me cansaba de admirarla. Ella me abrazó, me respondió con afecto y, enfocada, comentó alegremente acerca de la naturaleza que nos rodeaba. Yo sabía que era cuestión de tiempo para que ella actuara completamente diferente.

Desconectada de nuestros familiares tanto en Cuba como en Miami, mi madre ahora tomaba pastillas para dormir regularmente durante la noche y otras píldoras que ella decía eran para la "ansiedad" por las mañanas. Yo noté que la bandeja de plata ya no estaba, y luego una de sus pulseras desapareció. Supuse que había vendido esos artículos para poder pagar los gastos de la casa. Tiempo después descubrí que mi madre había empeñado sus objetos de valor para comprar los medicamentos que la mantenían yendo a trabajar cada día.

Esa noche en el muelle, nos agarramos de las manos al borde de la pista de baile. Música polaca, y melodías de los años 30 y 40, inundaban el lugar a lo largo de la obscuridad hasta el final donde los hombres luchaban por sacar los tiburones fuera del agua. Escuchamos a parejas de ancianos, viudas y viudos quienes se habían jubilado desde el norte, contar historias acerca de cómo perdieron a su familia en el campamento de muerte Dachau y de la vida en la nieve. Nos contaron como construyeron y perdieron grandes negocios. Los hombres bombeando acordeones y las mujeres en vestidos brillantes bailaban en círculo a lo largo del pabellón como si fuera su primera o última vez danzando. Me sostuve firmemente de mi madre, deseando que se quedara conmigo por un rato más antes de perderla en ese espacio interior, lleno de soledad, donde ella vivía. El deseo por mantenerla conmigo me mareaba.

Sobre Government Cut, un canal de envíos construido entre Miami Beach y Fisher Island en la esquina sur de nuestra playa, otro muelle sobresalía al océano. A este lo llamábamos The Jetties. Un camino áspero de arena con rocas afiladas se extendía dentro de un océano tan profundo que permitía a los barcos dar la vuelta al final y anclarse en el Puerto de Miami. Hoy en día, el área es conocida como South Pointe, y ofrece un patio de juegos para niños, un parque para perros, varias torres de observación, una zona para hacer ejercicios, duchas al aire libre, y una pasarela de 20 pies de ancho, bordeada con piedra caliza de la Florida, que se extiende desde los elegantes restaurantes Smith y Wollensky hasta el bar y grill Monty's en la marina, a unas cuantas cuadras. Los residentes de dos edificios de lujo, con apartamentos de millones de dólares, tienen una vista espectacular del océano.

En esa época, ningún edificio alto desordenaba el horizonte. Todo lo que estaba a la vista era mar, arena y sol. Detrás de nosotras y al norte, un estacionamiento vasto, a reventar con los carros de los apostadores que venían a observar las carreras de perros, proporcionaba la única sombra. Saltar desde The Jetties era el doble de peligroso que saltar desde el muelle. La profundidad de las aguas obscuras y la corriente eran fuerzas que había que considerar. Yo conocía mis límites, ese poderoso deseo de sobrevivir, de estar viva, así como sabía cuándo dejar de inhalar la marihuana, y ese día me negué a saltar. Preferí quedarme observando mientras casi una docena de niños se lanzaban de clavado y sufrían para poder salir sangrando, con cortadas de las rocas afiladas.

A unos cuantos pasos de distancia de The Jetties, Ibis, su hermano Miguel – mi cita durante los *quince* y breve novio– y yo disfrutábamos de las aguas cristalinas y luego nos acostábamos sobre toallas extendidas sobre la arena compactada. En la distancia, mi amigo de la clase de matemáticas, Rene, soñando con una carrera en Biología Marina y ataviado en un equipo de buceo, emergió de la niebla de los muelles. Tenía una lanza en la mano y se acercaba a un grupo de piedras. Yo lo observé mientras descargaba su cargamento, una docena de peces que se retorcían en una cubeta.

Ovy apareció detrás de nosotros. Sorprendida, me apoyé en un hombro y le lancé una mirada fulminante. Durante una fiesta el sábado pasado, yo había bailado con otro chico y Ovy se fue pisoteando de la rabia. Ahora, sospechando de cualquiera de mis movimientos, se había ido del trabajo para venir a ver qué hacía. Mi conciencia estaba tranquila. Yo no le estaba coqueteando a Miguel. Éramos tan sólo amigos.

—Oye, tú —gritó Ovy a Miguel, agrandado y con el ceño fruncido—. Sígueme.

Miguel se puso de pie en un segundo, al igual que Ibis y yo.

—No está pasado nada —dijo Ibis, alterada en frente de Miguel.

—Esto es estúpido —grité yo, plenamente consciente del poder de los celos. Le agarré el brazo a Ovy pero él me empujó, y, con los ojos entrecerrados, avanzó sobre un montículo de arena.

Miguel esquivó a Ibis, y valientemente siguió a Ovy.

—Voy a llamar a la policía —dije, esperando que se asustaran y detuvieran.

—Dale pues —respondió Ovy. Ibis observaba a todos lados con nervios.

De repente, escuchamos el sonido de puños golpeando huesos y músculos.

—Hijo de puta —Ovy gruñó.
—Vete pa'l carajo —respondió Miguel.

La pelea duró menos de dos minutos. Ibis y yo corrimos hacia donde Miguel yacía, sosteniendo una mandíbula inflamada. Intentamos ayudarlo a ponerse de pie, pero él se negó y prefirió quedarse sobre la arena, observando las nubes. Ovy se alejó en silencio, orgulloso de haber cumplido su propósito. Los gritos de los jugadores de voleibol a unos cuantos pies en la playa se mezclaron con los gritos de los fanáticos desde la pista de carreras de perros.

6.

I see a red door and I want it painted black.
(veo una puerta roja y la quiero pintada de negro).

Deslicé mi carro hasta la casa de Gloria y apreté la bocina. El otoño de 1971 seguía caliente y húmedo—. Acompáñame —le dije a Gloria cuando apareció en la puerta—. Lo voy a descubrir. Está en casa de ella.

—Pero tú no sabes dónde vive —Gloria, la más calmada y cuidadosa del grupo, dijo negando con la cabeza.

—Si sé.

—¿Qué quieres que haga?

—Nada. Sólo que te quedes ahí en caso de que tengamos que pelear —le dije—. Súbete.

Gloria se montó de mala gana en el asiento de pasajeros, y yo arranqué a todo dar hacia la dirección donde una total extraña me había dicho que la chica vivía. La extraña se me había acercado una noche cuando estaba bailando en The Place y me dijo que Ovy estaba en ese mismo instante en una cita con otra chica. Recordé las cartas anónimas que mi madre recibía acerca de las infidelidades de mi padre. En mi versión de la misma historia, la "carta" había sido enviada en persona.

—Te mereces saber lo que está pasando —la extraña había dicho, murmurando la dirección.

Me incliné sobre la pista de baile y le pasé la información a una sorprendida Gloria, quien bailaba a mi lado con Chino, su novio. Luego, caminé hasta el bar y le pedí al mesero un bolígrafo para escribir la dirección en una servilleta. El fin de semana siguiente, cuando Ovy me dijo que tenía que salir con su padre, puse en marcha mi plan. El plan que inevitablemente había visualizado antes, ya que su traición no estaba lejos de mis pensamientos.

—Esa es la casa —le dije a Gloria, consultando la escritura confusa sobre la servilleta—. Sólo dame apoyo emocional —la casa, en medio de una fila de dúplex, necesitaba una mano de pintura y una podada de césped.

Toqué la puerta, y una señora que imaginé era la madre de la chica abrió.

—Hola, señora. Yo soy la novia de Ovy. ¿Lo puedo esperar aquí?

—¡Ay, Dios mío! Nosotros no sabíamos que tenía novia —exclamó la madre—. Él nunca dijo que tenía novia.

—Bueno, yo he sido su novia durante los últimos 3 años.

Gloria y yo estábamos de pie en la puerta.

—Pasen y siéntense en la sala.

—Gracias —caminamos dentro y nos sentamos sobre un sofá azul de terciopelo recién comprado y cubierto por un plástico grueso para preservarlo. Miré hacia la pared y la chica en el cuadro me observó de vuelta.

—Eso fue cuando Marilyn tenía quince —su madre observó la fotografía tomada en un estudio, de al menos tres por dos pies. Usando el obligatorio vestido blanco de una quinceañera, Marilyn –bastante bronceada– sonreía. Los ojos verdes dejaban ver una pequeña chispa, y el cabello era negro, grueso y ondulado. Una sombra de bigote yacía sobre su labio superior.

—Ella lo conoció en la tienda Zayre's. Ella trabaja ahí.

—Oh.

—Hoy fueron al cine.

—Umm.

Mi mente dejó de pensar. Gloria me dio la mano, ambas palmas sudaban. Yo escuchaba cada sonido en la calle que penetraba a través de la ventana abierta.

Una hora pasó. Gloria sostenía una tranquila conversación con la señora. Yo no decía nada.

Otra hora pasó. Ya casi era medianoche.

Luego, escuchamos el sonido de los cauchos aplastando piedras afuera de la casa. Me puse de pie lentamente. Gloria dio un salto y apretó las manos. La madre de Marilyn nerviosamente me siguió hasta afuera. El padre de Marilyn salió desde una habitación al fondo.

Ovy apagó el carro, caminó alrededor y le abrió la puerta a Marilyn. Él aún no había visto mi carro y continuó sosteniendo la puerta mientras Marilyn se bajaba. Salí de las sombras y él volteó a mirarme. Yo lo agarré por el cuello y apreté con fuerza. Era la misma escena de Rascal House cuando mi madre encontró a mi padre con la amante. La diferencia esta vez es que el infiel recibió lo que merecía. Esto, pensé, es lo que mi madre debió haber hecho.

Ovy se tambaleó de lado a lado y se cayó, derribado sobre el piso. Mi mano se había enredado con un collar de santería de cuentas blancas que su madre le había dado para protegerlo del mal. Halé con toda mi fuerza, y las cuentas saltaron por los hombros y el pecho de Ovy como copos de nieve.

—¿Tú sabías que él es mi novio? —pregunté sin mirar a Marilyn, pero con los ojos clavados en Ovy quien luchaba por ponerse de pie espantado por las cuentas en el piso, las cuales pisoteó en el proceso. Yo sentí, mas no vi, la calma de los padres de Marilyn, el shock en el rostro de Gloria, el miedo en los ojos de Ovy, y la rabia en los labios de Marilyn con su bigote temblando.

—Él me dijo que ustedes habían terminado —dijo recostándose sobre el carro y observando hacia el vacío del vecindario que dormía.

Ovy se puso de pie entre ambas. La rabia ahora estaba clara en sus ojos.

—Bueno, ¿Con quién te vas a quedar? —le pregunté.

Ovy se movió implacablemente cerca de Marilyn. Yo había albergado una pequeña esperanza de que abandonara a Marilyn públicamente. Mi orgullo exigía que se viniera conmigo.

—Por lo menos ya todos saben la clase de mierda que eres —dije, sin emoción. No derramé una sola lágrima. Había dominado la técnica de suspender las emociones hace un largo tiempo. Marché por el campo de batalla hasta mi carro con la cabeza en alto. Este fue uno de los varios incidentes donde los consejos de Helen Gurley Brown me salvaron la vida. Ella había escrito numerosos artículos para la revista *Cosmopolitan* acerca de cómo manejar la traición. Yo había tomado su consejo sobre cómo enfrentar a los novios, pero agarrarlo por el cuello fue mi toque personal.

—No puedo creerlo, Ceci —dijo Gloria, mientras yo retrocedía cuidadosamente y arrancaba.

—Así es como deberías manejar a Chino —le respondí—. No puedes dejar que siga saliendo sin ti todo el tiempo. Tienes que ser fuerte. Sentirte orgullosa de ti misma. Demuéstrale que el mundo no gira alrededor de él. Confía en ti misma para mejorar tu propia vida.

Estas palabras eran casi un resumen del último artículo de Brown. Me sentía exaltada. Había vengado a mi madre, de manera indirecta claro, y también enfrentado la traición de Ovy con fuerza.

Esa noche, sola en mi cama, el dolor de perderlo me atacó y lloré amargamente. No importaba cuánto lo amaba, tenía que seguir adelante. Ovy me recordaba demasiado a mi padre.

7.

Tambores, trompetas, saxofones, y flautas aullaban con una pasión sin igual en el Hotel Di Lido en Miami Beach la noche de año nuevo de 1971. El Gran Combo y Los Jóvenes de Hierro mantuvieron a los bailarines bailando al ritmo de danzones, guarachas y guaguancós. Botellas de vino se agrupaban al centro de cada mesa. Me faltaba un mes para cumplir 18, la edad legal para beber en esa época, aunque a nadie le importaba. Un bufet de lechón y moros atraía a los bailarines sudados a tomar un descanso.

—¿Quién es él? —agarré el brazo de Ibis. Él tenía hombros anchos y el cabello ondulado obscuro en un pequeño afro. Unas pestañas largas enmarcaban sus ojos castaños claros—. Vamos a conocerlo —dije.

—Él está con una chica —dijo Ibis—. Él va a The Place todo el tiempo. Vamos a esperar a que esté solo.

Yo fantaseé con Robert todas las noches hasta el sábado siguiente cuando lo vi en The Place. Él estaba con dos amigos, uno que también se llamaba Robert –a quien Ibis le puso el ojo– y otro llamado Aurelio. Ibis, mi nueva amiga Rosie y yo nos acercamos y entablamos una conversación. En tan sólo minutos, ya todos estábamos riendo y haciendo planes para el próximo fin de semana.

Unos meses después, Robert –cuatro años mayor que yo– dejó a su novia, y comenzamos a salir. Él escribía poesía y canciones, trabajaba en una fábrica de zapatos y asistía al Miami Dade Junior College mientras descubría qué quería hacer con su vida.

Íbamos juntos a la playa, al cine, a las discotecas y a los centros comerciales. Conocí a sus padres, ambos empleados en una fábrica, quienes trabajaban duro para poder pagar el alquiler de un pequeño apartamento en Hialeah, y descubrí que Robert había sido uno de los niños traído desde Cuba en los vuelos de emergencia de la Operación Peter Pan, patrocinada por la iglesia católica en 1962—. Yo no quería que Fidel me lo mandara al ejército — me dijo su madre.

Pero a pesar de mi nuevo novio y toda la diversión que teníamos juntos, yo no había olvidado a Ovy. Yo iba por todos lados adolorida, extrañándolo y lamentando el fin de nuestra relación.

Mi madre me llevaba a Miami High antes de irse a trabajar esos días. El Rambler se estaba echando a perder poco a poco: primero los frenos y luego la transmisión. Yo lo puse en venta, y un refugiado cubano recién llegado lo compró por 250 dólares después de mirar lascivamente a mi madre, quien nerviosamente supervisaba la transacción. Yo volvía a depender de nuevo de mis amigas y el Dodge Dart de mi madre, que aún tenía los huecos en el piso.

Una mañana, con la canción "Is that all there is? (¿es esto todo lo que hay?)" sonando a todo volumen en la radio, mientras mi madre me dejaba en la escuela, caí en cuenta de que la vida no tenía mucho que ofrecer: yo me arrastraba a clases que adormecían mi cerebro, tenía un trabajo aburrido, y no tenía planes para el futuro. Lo único que yo hacía era escapar a eventos divertidos. Me quedé sentada en el carro, inmovilizada por la desesperanza de mi situación y por la pérdida de Ovy.

La labor de caminar unas yardas extra hasta Miami High me abrumaba, y me cubrí el rostro con las manos. Mi madre se detuvo y me observó en silencio, sin saber cómo terminar con la distancia que hacía de nuestra comunicación algo imposible.

De pronto, ella hizo un anuncio alarmante.

—Yo estoy triste también —me dijo—. Alguien quiere matarme.

Sus palabras acabaron mi combate de autocompasión. Alarmada, intenté entenderla. Yo no sabía en ese tiempo que esto era un síntoma de la paranoia, la enfermedad mental que causaba sentimientos de persecución.

—Tú siempre tienes un problema —le dije.

—No es mi culpa si ellos me quieren hacer daño.

—¿Quiénes son "ellos"?

Ella hizo un gesto con la mano, queriendo decir que no sabía.

Desconcertada, con mi propia tristeza de vuelta, no le pude ofrecer a mi madre ninguna ayuda. Yo no tenía idea alguna que los psiquiatras podían prescribir medicamentos para las enfermedades mentales como la de ella. ¿Será que mi padre, con su entrenamiento en psiquiatría, sospechaba algo? Si él sabía, no hizo nada al respecto, dejándola hundirse en una pesadilla sin fin.

Saqué el terrible anuncio de mi madre de mi cabeza y recibí el consuelo con la siguiente canción: "If you can't be with the one you love, love the one you're with (Si no puedes estar con el que amas, ama al que está contigo)". Era un buen consejo; yo tenía que olvidar a Ovy. Fortalecida, salté del carro y corrí por las escaleras hasta el salón de clase.

Ese momento de claridad en el carro no me impulsó a la acción. Me sentía incapaz de cambiar mi actitud dura, mis hábitos destructivos, y no sabía cómo ayudar a mi madre. Tan sólo podía enterrar el dolor, sacudir las preocupaciones, y poner en espera lo que deseaba por un tiempo más.

Por ahora, al menos podía disfrutar a Robert.

8.

La gente las conocía como "head shops", y esta era una de muchas escondida sobre Miracle Mile en Coral Gables. Blusas y pantalones bota campana colgaban en los estantes contra la pared. Sandalias de material suave se apilaban sobre el piso. Un mostrador a la izquierda estaba repleto de pipas, con las mangueras enrolladas en la base, coloridas y amenazantes. El de la izquierda estaba cargado de papel para enrollar cigarrillos y pequeñas pinzas metálicas usadas para sostener los cigarrillos de marihuana sin quemarse los dedos. Una pizca de aserrín cubría el piso y un bombillo horizontal iluminaba en azul, resaltando los colores de los afiches psicodélicos colgados en las paredes.

El agresivo humo del incienso llenaba cada esquina. Siempre tenía un extraño efecto sobre mí, parecido al que se siente cuando se está drogado. Yo caminé mareada hasta uno de los estantes y descubrí una blusa amarilla sedosa con figuras de estrellas y lunas en azul, rosado y verde regadas por todo el frente. Las mangas, abombadas en los hombros, se extendían suavemente hasta los codos. La agarré del gancho, escogí un par de jeans a la cadera que estaban doblados sobre una mesa, y los compré para mi cumpleaños.

Al lado, en una joyería, también bajo un denso humo de incienso, recorrí con mis dedos los suaves cristales y piedras que tenían en descuento. Escogí un brazalete que combinaba con mi blusa nueva. Era una cadena que envolvía mi dedo medio, sosteniendo una piedra ovalada amarilla que cubría la parte superior de mi mano, y luego se enrollaba en mi muñeca.

Ese sábado de enero de 1972, durante mi fiesta de cumpleaños número dieciocho, mis amigos llenaron la sala de mi casa y movieron sus cuerpos al ritmo de canciones rock que sonaban a todo volumen en mi estéreo. Yo dejé hundido el botón automático para que los discos sonaran uno tras otro. Mi madre trabajaba en la cocina, sonriente, esparciendo la pasta de jamón sobre el pan blanco para los sándwiches. Ella había ido al salón de belleza y tenía el cabello al estilo bouffant.

Mi bizcocho de cumpleaños yacía sobre la mesa del comedor con sus cinco o seis capas cubiertas con glaseado blanco y rosa, esperando a que las velas fueran encendidas. Mis amigas se posicionaron alrededor de la mesa cantando "Happy Birthday". Yo soplé las velas y las repartí como recuerdos, un ritual habitual en nuestras fiestas. El teléfono sonó y corrí al cuarto de mi madre para contestarlo.

—Cecilita —era la madre de Ovy.

—Hola, Aida, ¿cómo estás?

—¡Feliz cumpleaños!

—Gracias.

—Te estoy llamando porque Ovy está muy deprimido. Él quiere volver contigo. Él no ama a la otra muchachita.

¿Acaso Ovy le había pedido que me llamara?

—¿No te gustaría ir a Disney World? Yo les pago el viaje para que puedan ir y arreglen sus problemas. Tal vez se pueden casar. Ustedes dos están tan jóvenes y han cometido tantos errores.

Yo quería estar lejos de mujeriegos y no cometer los mismos contratiempos de mi madre.

—Yo no creo que quiera ir.

—Él está tan, pero tan arrepentido. Acuérdate que tú también saliste con varios chicos cuando estabas con él. Tú también le hiciste daño.

—Lo que él hizo fue muy diferente. Él tuvo la oportunidad de dejarla y no quiso. Yo no quiero verlo nunca más.

—Él es un buen chicho que cometió un error. Pero él tiene toda la vida por delante.

—Yo también tengo toda mi vida por delante.

9.

Una mañana, justo después de mi cumpleaños, el Dodge Dart se rehusó a encender de nuevo—. No tengo dinero para arreglarlo —dijo mi madre con los ojos aguados. Ella llamó a un taller local y alguien pasó a remolcar el carro gratis. Yo estaba atrapada a menos que tomara el autobús. Luego, mi suerte cambió. Durante una de mis visitas a su casa, mi padre ofreció venderme su Volvo del año 1968. Me pidió 500 dólares.

—Después de tres años, los carros ya no son buenos —dijo él—. Tenía pensado cambiarlo por otro, pero pensé que tal vez querías comprarlo.

Si el carro no estaba en buenas condiciones, pensé, ¿por qué me lo estaba ofreciendo?

—¿Comprarlo? No tengo el dinero —le dije—. Y necesito un carro para ir a clase y al trabajo. Mi Rambler no arranca y el Dodge de mi mamá murió.

—Empieza a ahorrar desde ahora —me respondió—. Puedes empezar a conducirlo mientras ahorras el dinero.

—No es justo —le dije.

Él se encogió de hombros y no respondió, recostado con incertidumbre sobre el Volvo. Yo abrí la puerta y me senté sobre el asiento del piloto. La tela era roja y suave. Deslicé la mano sobre la reluciente tapicería de cuero. ¡Qué lujo! Las llaves colgaban desde el dispositivo de encendido. Coloqué ambas manos sobre el volante. Me estiré, encendí el carro y me fui conduciendo.

El color blanco del Volvo brillaba bajo el sol mientras yo daba una curva a toda velocidad y luego enderezaba el volante. Se sentía como si estuviera conduciendo sobre mantequilla. Con sólo cuatro cilindros, el carro aguantaba como un Rolls Royce de alta potencia.

Conduje directo al apartamento de Ibis. En sus pupilas dilatadas, pude ver la envidia y el poder del dinero mientras ella examinaba el carro. Nunca le pagué a mi padre los 500 dólares. Hasta el día de hoy, aun me pregunto por qué nunca me presionó para que le pagara. ¿Fue esa su manera de darme un regalo y mostrarme su amor, ya que si lo hacía abiertamente podría molestar a Beba? Si esa era la razón, entonces, ¿por qué no me demostraba cariño cuando ella no estaba cerca?

10.

Shirley Shirley Bo Birley Banana Nana Mo Mirley…
Ventiladores girando soplaban aire caliente alrededor de la sala de estar donde mi madre y yo reposábamos letárgicamente sobre un sofá. Yo leía. Ella miraba al vacío y conversaba con el aire.

—Soy ciudadana —dijo mi madre, abruptamente—. Desde el año pasado.

—¿Yo también soy ciudadana? —dije, cerrando el libro—. Yo ya tengo 18 y quiero votar.

—No, tú tienes que aplicar por ti misma.

La ley extendía la ciudadanía a los hijos menores de 18 años cuando los padres aplicaban. Yo lo sabía porque los padres de mis amigas hablaban constantemente acerca de incluir a sus hijos en las aplicaciones. Yo había esperado que mi madre hiciera lo mismo. Para esa época, muy poca gente mantenía la esperanza de volver a Cuba, creyendo que Fidel era muy poderoso para ser derrocado, y aplicaban a la ciudadanía regularmente. Sin embargo, no todo cubano se adoptaba a los Estados Unidos. Durante los últimos cuatro años, aquellos desesperados por volver a Cuba habían secuestrado 66 aviones para poder regresar en medio de la prohibición de viajes.

Yo corrí al teléfono y llamé a mi padre al consultorio.

—¿Tú eres ciudadano?

—Sí, ¿por qué?

—¿Pusiste mi nombre en la aplicación?

—No, ¿Por qué?

—¡¿Por qué no?!

Ninguno de mis padres me había considerado durante su mayor logro como inmigrantes. Ninguno había pensado que, con un simple plumazo, hubieran podido mejorar mi estatus legal en el país al cual me habían traído sin si quiera pedirme permiso. Ahora, su inactividad significaba que yo seguía siendo residente, pero estaba marginalizada políticamente.

En mi caso, sin embargo, el proceso de ciudadanía se extendía más allá de un juego político. Era un asunto de nombres.

El nombre de mi padre era Rafael Fernández Rivas. Cuando él apenas llegó a los Estados Unidos, sólo usó el apellido de mi abuelo: Fernández. Luego se dio cuenta de que Fernández era un apellido muy común.

—Hay muchos Fernández en el hospital —me dijo—. Voy a cambiarme el apellido a Rivas. De ahora en adelante, voy a ser el Doctor Rivas. Eso quiere decir que tú también eres Rivas.

Rivas, el apellido de mi abuela, era también el nombre de un ancestro, un hombre importante de la corte real de España, cuya estatua se erigía en el Parque del Buen Retiro en Madrid. Mi padre contaba la historia de este antepasado con orgullo. Cuando él aplicó a la ciudadanía, mi padre abandonó el Fernández y se convirtió legalmente en Rivas, lo cual para él, tenía algo de la realeza.

El nombre de mi madre era Cecilia Vargas Castellanos. En Cuba, la mujer no tenía que usar el apellido del esposo. Pero cuando mi madre aplicó para la ciudadanía en este país, ella también dijo que su apellido era Rivas.

—El apellido de tu padre me va a ayudar aquí en los Estados Unidos —me dijo—. Tu padre es bastante conocido. La gente va a recordar que estuve casada con un doctor y me van a ayudar más.

Si seguimos las reglas cubanas, mi nombre es Cecilia Fernández Vargas: un apellido de mi padre, y uno de mi madre. Mi nombre no era Cecilia Rivas como mi padre había ordenado que fuera.

Días después de las conversaciones con mis padres acerca de la ciudadanía, y todavía molesta, tomé acción. Fui a la Corte Federal en la calle Flagler, en el centro de Miami. Las calles calientes, las aceras mugrientas, y el edificio frío. Llené los papeles, pagué cinco dólares –el precio hoy en día ronda los 700– y asistí a una ceremonia de naturalización dentro de una deslucida oficina. En un acto de rebeldía, escribí mi nombre simplemente como Cecilia Fernández, el nombre que mi madre había usado para registrarme en la escuela durante el primer año en el exilio.

—Mi nombre es Cecilia Fernández —le dije a mi padre por teléfono apenas llegué a la casa de la corte—. Ya soy ciudadana y ese es mi nombre legal. No me envíes más cartas ni me hagas más cheques a nombre de Cecilia Rivas. Esa no soy yo.

—Oh.

Pude escuchar un tono de sorpresa en su voz, pero quién sabe lo que pasaba por su mente. Yo le había quitado el poder de nombrarme, y me había replanteado una identidad propia. Él podía sentir rabia, incluso dolor. O tal vez estaba sintiendo alivio. Si mi padre aún no estaba seguro de quererme, particularmente después de darse cuenta que había engendrado a una adolescente problemática, respondona, que hacía lo que le daba la gana, y que le gustaban los chicos que apostaban y vendían mercancía robada, mi rechazo hacia su escogencia de nombre lo pudo haber liberado. Con apellidos diferentes, mi padre y yo estábamos un paso más lejos el uno del otro. Yo ahora estaba mucho más libre de probar que era digna de ser yo misma.

Pero con la misma moneda, él también era más libre de quitarse la culpa.

11.

I want to make it with you.
(Quiero hacerlo contigo).

Un toldo rojo colgaba sobre la puerta, prestándole a The Place un aire a cabaret europeo. Un edificio extenso en la calle Northwest 119 y la Avenida Twenty-Seventh –la calle principal en un vecindario de bajos recursos de norteamericanos y de negros– la discoteca más famosa de la ciudad resplandecía en púrpura gracias a una mano de pintura que brillaba en la noche y vibraba por la música que sonaba adentro. Al otro lado de la calle del Miami Dade Junior College, la discoteca atraía a muchos estudiantes mayores. Parejas bien vestidas y muy arregladas entraban al lugar, y parejas tambaleándose y bañadas en sudor salían por la puerta principal. Todas riendo, empujando, y abrazándose.

En The Place, cuatro o cinco noches a la semana, yo me perdía en la pista de baile bebiendo Singapore Slings. Era una receta perfecta para aliviarme del aburrimiento que ahora me paralizaba en clases. Todos mis amigos cercanos se habían retirado de Miami High, y yo tenía muy poco en común con los que aún seguían allí. Me sentía sola y aislada. Únicamente en la discoteca, volvía a la vida.

Me recosté sobre mi carro esperando a Robert. Era medianoche, la hora en que empezaban todas las fiestas. Ibis y yo acabábamos de llegar después de dormir una siesta de dos horas y de gastar otras dos horas maquillándonos y buscando el atuendo perfecto. Ibis se tomó dos Quaaludes, algo que ella hacía típicamente, y me ofreció uno, pero yo le tenía miedo a las pastillas y le dije que no. Ella estaba saliendo con el amigo de Robert que también se llamaba Robert, quien tampoco había llegado. Rosie caminaba alrededor con Aurelio; ambos habían tomado Quaaludes. Yo giré mi cabeza a la derecha y vi, en otro carro, a Gloria tomando drogas alucinantes con un grupo de personas que yo no conocía. Ella acababa de romper con Chino y estaba al acecho de un novio nuevo.

Alguien se me acercó con un cigarrillo de marihuana—. Prueba esto. Es polvo de ángel.

Pensando por equivocación que era otro tipo de marihuana, tome un jalón y en menos de diez segundos el piso comenzó a moverse. En pánico, di un paso hacia adelante y floté en el aire. Di otro paso y volví a elevarme y a caer al piso. Cada paso que daba me llevaba a la dirección opuesta de donde quería ir. Una canción de Carol King me pasó por la cabeza y tareé: *I feel the earth move under my feet (siento que la tierra se mueve bajo mis pies).* Me sostuve de la manija de la puerta de un carro, tratando de recobrar el equilibrio mientras el efecto se iba. Luego, descubrí que el polvo de ángel, como se le conoce en la calle al PCP, es una fuerte droga capaz de alterar la mente, la cual se rocía sobre la marihuana para hacer sentir a quienes la usan que están fuera de su cuerpo. Algunas veces hace que las personas se tornen violentas, otras veces las lleva al suicidio. Yo estaba agradecida que mi experiencia había sido suave en comparación.

Finalmente Robert y Robert llegaron, y entramos al lugar. Nadie mencionó el polvo de ángel, los Quaaludes, ni el ácido. Sabíamos que los dos Roberts no iban a estar de acuerdo, y que se iban a molestar. Sobre la pista de baile, los cuerpos chocaban como pelotas de ping-pong en una caja. Bailamos, sudamos, y cantamos por encima de la música para ser escuchados.

Sentados en una mesa, Robert ordenó un amaretto para mí y un Long Island Ice Tea para él. Yo sólo tomé un sorbo. No me gustaba el alcohol. El trago me quemó la garganta. Me sentí mareada y hambrienta, apenas recuperándome del polvo de ángel. Para ese momento ya eran las cinco de la mañana. Ibis se había desaparecido con Robert en su apartamento a unas cuadras al norte de The Place. Rosie se besaba en el carro con Aurelio. Gloria tenía los brazos alrededor de un chico nuevo al otro lado de la pista de baile.

—Vamos a comer —dije.

Se corrió la voz de que íbamos a Sambo's, un restaurante abierto las 24 horas del día que luego recibió demandas en varias comunidades que veían su nombre como un insulto para los afroamericanos. Ibis apareció de repente con su Robert, y una caravana de carros se formó en la avenida Twenty-Seventh. En Sambo's, apretados en una cabina larga, ordenamos panqueques, jamón, huevos, chocolate frío y caliente, y nos llenamos de energía para el resto de la mañana. Casi todos los que estaban en The Place comenzaron a llegar, y rápidamente todas las mesas y cabinas estaban llenas. Saludos y apretones de mano se apreciaban por todo el lugar.

—Vamos a la playa —dijo Ibis.

Pagamos la cuenta y nos fuimos en caravana hasta Miami Beach. Cruzamos el puente y giramos al norte hacia el Hotel Eden Roc, el lugar donde se reunían los chicos mayores. A las ocho de la mañana del domingo, los parranderos amanecidos llenaban la playa. Ninguno había pegado un ojo. El sol de la mañana acariciaba nuestros rostros, y una suave brisa prometía una pequeña llovizna. Olas suaves se despertaban, se enrollaban en la orilla, caían sobre la arena caliente y bañaban los pies desnudos.

Nos recostamos sobre una pared de piedra que separaba el estacionamiento de la playa. Varias rondas de anfetaminas pasaron, pero yo quería drogarme con algo más natural: la adrenalina. En la distancia, vi a Ovy caminando con un amigo. Mi corazón se detuvo, pero me obligué a dar la vuelta y no sentir nada. Mis amigos y yo reímos, gritamos, corrimos desde la pared de piedra hasta la orilla y a través de las olas, por toda la playa, hasta las dos de la tarde.

Rosie y Aurelio se fueron por su cuenta, y lo mismo hizo Gloria con el nuevo chico. Los dos Roberts, Ibis y yo condujimos de vuelta a Miami al apartamento tipo estudio de Ibis, en el segundo piso de un edificio viejo en la Pequeña Habana. Ella ahora tenía su propio hogar y trabajaba a tiempo completo. En el pasillo, las alfombras desprendían un olor a humedad que me hacía estornudar, y la madera por debajo rechinaba. La puerta oxidada se negaba a ceder sin unos cuantos golpes de los Roberts. Adentro, una unidad de aire acondicionado en la pared retumbaba débilmente. Robert y yo, exhaustos, nos sumergimos dentro de una de las camas tamaño doble. Ibis y su Robert saltaron en la otra.

Y allí nos quedamos hasta el lunes por la mañana, cuando decidí que no quería ir a clase.

Una semana después, Robert y yo nos deslizamos en el salón de baile del Hotel Fontainebleau en la playa. Yo tenía puesto un vestido de seda blanco estampado con un patrón dorado y plateado de terciopelo, hecho de una tela que mi padre me había traído de Inglaterra. Dos tiras delgadas se cruzaban al frente y en la parte de atrás, conectadas a una falda larga. Robert vestía un esmoquin negro satinado.

Hacíamos una pareja esplendida, pero no encajábamos en el lugar.

Este era un baile tranquilo y organizado: mi baile de graduación. Revoloteando sobre los bordes de la pista de baile, vimos a mis compañeros de clase saludarse los unos a los otros con pena. La mayoría de ellos aun iban a citas con chaperonas. Sonriendo tímidamente, los estudiantes de último año saltaban en la pista de baile como si fuera la primera vez que pisaban una. Robert torcía los ojos. Ninguno me saludaba.

Después de una intolerable y aburrida hora, nos fuimos para encontrarnos con el otro Robert y su nueva novia en el mundialmente reconocido Les Violins Supper Club en Biscayne Boulevard. Las luces tenues, y la decoración de terciopelo rojo, generaban una atmosfera de intimidad sensual.

Los meseros, después de servir filet mignon acompañado de arroz y frijoles negros, se pusieron trajes de flamenco y se subieron al escenario para realizar una presentación. Los movimientos de brazos sinuosos, las miradas penetrantes y los gritos desde el corazón ejemplificaban un baile de pasión y deseo. Las castañuelas resonaron sobre sus cabezas, y los zapatos –equipados con tacones de plata– golpearon furiosamente el piso.

Después de esto, una tropa de bailarinas vestidas de pluma y encaje se apoderó del lugar, mientras que varios cantantes interpretaban canciones suspendidos desde el techo. Yo nunca había ido a Las Vegas, pero un turista sentado en una mesa detrás de nosotros suspiró estáticamente—. ¡Esto es mejor que Las Vegas! —lo cual nos hizo a todos reír.

Yo bebí dos Singapore Slings, y todo comenzó a girar. En ese momento, eran las dos de la mañana. El escenario se vació después de la presentación. Una pequeña banda armó sus instrumentos y comenzó a tocar canciones románticas. Los parranderos se lanzaron sobre la pista de baile. A mí me costaba mantenerme de pie, pero había podido olvidar la experiencia anterior del baile de graduación. Después de un rato, condujimos al apartamento del otro Robert para tomar una siesta, luego a la playa, y finalmente a casa a las cuatro de la tarde.

Al día siguiente, y con resaca, me estremecí de tan sólo pensar en volver a la escuela. ¿Será qué iba a lograr llegar al día de la graduación?

¡ADIÓS!

Este momento, como cualquier otro momento, es uno muy bueno si sabemos qué hacer con él.
— Ralph Waldo Emerson

1.

Alguien se había robado mi anuario con las fotografías de todos los graduados de Miami High. El hecho acabó con la monotonía de esas últimas y sombrías semanas de clase de mi último año en la escuela. Con la adrenalina a millón, pasé veloz al lado de un anuario desatendido en un pasillo y lo metí en mi bolso. El que tengo ahora está lleno de comentarios de gente desconocida para alguien llamado "Cookie". Al menos me trae recuerdos.

Yo había dejado de bromear, de reír en clase y de pelear con los profesores, ya que estaba muy cansada de tanto bailar hasta el amanecer. Durante las asambleas en el auditorio, yo me sentaba sin inmutarme en una esquina, viendo como varios chicos eran sacados del lugar por lanzar bolas de papel y silbar. Yo luchaba durante mi trabajo por las tardes, archivando como una zombi.

Un día, el asistente del director me llamó a su oficina.

—Tienes 21 inasistencias —me dijo, revisando mi carpeta—. No vas a poder graduarte.

—¿Hay algo que puedo hacer?

—Puedes inscribirte en la escuela de verano.

—No pienso hacer eso.

Afuera de la oficina, me recosté sobre una pared, nerviosa y mareada. Yo entendía las consecuencias de no tener un diploma de secundaria. A la deriva, sin ningún propósito, me di cuenta que no tenía la menor idea de cómo lograr mi sueño de convertirme en escritora.

En el pasillo, me topé con Rene, quien ahora era miembro del Gobierno Estudiantil—. No me voy a graduar —le dije. La campana sonó y bloques de estudiantes se movieron a su siguiente clase—. He faltado demasiadas veces. Ni siquiera puedo pedirle a mi papá un permiso médico porque no sé cuales días falté a clase.

—Tengo una idea —dijo él—. Yo puedo averiguar.

—¿Qué dices?

—Yo puedo averiguar las fechas para que tu papá te haga el permiso.

Yo me quedé de pie en medio del caos. Los estudiantes cerraban de golpe las puertas de los casilleros, se empujaban y saltaban alrededor dándose bulliciosos abrazos de despedida.

—¿Eso no es ilegal?

—Nadie se va a enterar.

Yo sabía que mi padre, acostumbrado a desafiar los sistemas opresivos, no se iba a negar a ayudarme—. La gente en todos lados quiere siempre hacer todo más difícil —me dijo, firmándome la nota.

A los dos días, estaba de vuelta en la oficina con el permiso médico. El asistente del director observó el permiso con el ceño fruncido. Luego, el hombre abrió una gaveta y puso el certificado en mi carpeta, se levantó de su escritorio y salió sin decir una palabra.

Más tarde, afuera de una asamblea, Rene y yo celebramos nuestro triunfo. El asistente nos pasó por delante, se dio la vuelta, y fijó sus ojos en Rene.

—Al parecer alguien se salió con la suya —dijo el hombre.

—Eso parece, señor —Rene respondió.

2.

Teresita Álvarez, Valedictorian, Radcliffe College; Hilarión Martínez, Salutatorian, Duke University; Nino Lucio, Harvard University; Isidoro Zarco, Harvard University; Emilia de Quesada, Universidad de Virginia...

Ellos cruzaron el escenario con la cabeza bien en alto y los ojos brillando, con una mano estirada para estrechar la del director y la otra para recoger el diploma. Ellos eran los mejores estudiantes de Miami High. Yo había cruzado palabras con ellos durante la escuela elemental y la secundaria, e incluso en algunas clases de inglés. Sin embargo, había estado tan alejada de ellos que me sorprendía que aun los recordara.

Durante nuestro acto de grado en el Miami Beach Auditórium, seguros de sí mismos e inalcanzables, ellos marcharon a lo largo del escenario y fuera de la Pequeña Habana con becas a las mejores universidades del país. Como si hubiese sido atacada por un dolor estomacal virulento, un tsunami de arrepentimiento empujó mi cuerpo contra el asiento,. La depresión siempre me hacía querer quedarme en la cama, arropada hasta la cabeza, hasta que pasaran todos los males. Pero aquí, entre 1.200 graduados, no podía mostrar ninguna emoción. Me aferré del asiento que tenía en frente y luché para frenar una nube de nauseas.

Durante ese revelador momento, vi las consecuencias de mis errores en los ojos de Teresita, Isidoro, Hilarión, Nino y Emilia. Me di cuenta que una carrera académica era imposible para mi. ¿Qué habría pasado si yo hubiese hecho mis tareas, estudiado para los exámenes y me hubiese unido a varios clubs?, ¿será que hubiese estado al frente con ellos, camino a la universidad? Por el contrario, mis bajas calificaciones me habían enviado al final de las listas de estudiantes. Así que aquí estaba yo, bajo mi toga y birrete, esperando que la crema y nata se sentara para poder recibir mi diploma, resistiendo un terrible sentimiento de culpa y unas fuertes ganas de desmayarme.

¿Me podrían dar otra oportunidad?

No. Yo no podía rehacer los últimos tres años. Las mejores universidades no daban segundas oportunidades. Esas grandes escuelas reclutaban al valedictorian, al salutatorian, y luego a los siguientes cinco mejores de la lista. Eso era todo.

No sólo había perdido mi futuro, también me sentía sola. Mis mejores amigas habían dejado la escuela y encontrado nuevas vidas. Ibis se había mudado a Nueva York para ganarse la vida sirviendo cerveza y vino en un bar. Sylvia tomó clases por las noches, recibió su titulo de GED en medio de una lucha contra la depresión que la tiraba en la cama, y planeaba aplicar a la academia de policía. Gloria se casó con Chino y se mudó a la casa que él compartía con sus padres en la Pequeña Habana. Cari, todavía con Ben en Virginia, anunció su segundo embarazo y empezó un romance con un vecino desempleado.

Yo ya ni siquiera tenía novio. Robert había terminado conmigo—. Estoy demasiado confundido —me había dicho—. Necesito encontrarme a mi mismo —. Él canalizó su energía tanto en escribir canciones al estilo de Elton John y Paul Williams, como en olvidarme. A pesar de que el rompimiento no causó el dolor mordaz de la pérdida de mi primer amor, la ruptura dolió. Mis padres existían sólo en forma corporal, eran compañeros silenciosos en el desastre en que me encontraba. Completamente sola, aburrida, ignorante, asustada, y sin ninguna manera de escapar de la Pequeña Habana, vislumbré el abismo terrible que estaba apunto de devorarme.

Claramente, tenía que cambiar mis hábitos para lograr lo que quería. Y lo que yo quería no estaba en la Pequeña Habana; el lugar del desamor, la soledad, el abandono, el descuido parental, y el pozo caótico de la lucha inmigrante que liquidaba la energía de todos sus habitantes.

Cuando llegó mi turno de caminar por el escenario, adopté una expresión agradable. Pude ver la sonrisa en las caras de los profesores, felices de verme por última vez, mientras yo recogía mi diploma. Me di la vuelta y alcancé a ver a mi padre y su esposa Beba en la distancia. Yo era una de los pocos estudiantes con padres divorciados, e increíblemente, había ganado un boleto extra en el sorteo para que ambos pudieran asistir al evento. Mi padre se veía distante, incomprensible, completamente desentendido de mi vida, una mancha en el inmenso auditorio.

Después de la ceremonia, me encontré con mi madre en el estacionamiento y nos subimos al Volvo. Mi padre y su esposa se despidieron desde su Mercedes. Me quedé viéndolos, sorprendida. No se detuvieron para felicitarme.

—Tú tienes que hacer algo con tu vida —mi madre dijo tranquilamente cuando íbamos camino a casa.

—Yo sé.

—Déjame pagarte un curso de secretaria. Lo vi en una revista. Tengo ahorrado un dinero —era doloroso ver la cara de preocupación de mi madre. El crudo contraste entre ella, golpeada por la pobreza y ofreciéndome un futuro, y mi padre, adinerado y sin preocuparse por mi educación, me abrumaba. Mi madre, presente mentalmente esa tarde y consciente de mis perspectivas sombrías, se había dado cuenta que debía hacer algo.

—Yo no quiero ser una secretaria.

—Tienes que estudiar algo para que puedas conseguir un buen trabajo —dijo ella—. Y no tengas que depender de un hombre.

—Tiene que haber otra cosa mejor.

—¿Cómo qué? Tu padre ya no tiene que darte más dinero. Ya tienes 18 y te graduaste de la escuela.

—Yo me voy a inventar algo. Esos estudiantes que viste sobre el escenario, los primeros que se subieron —le dije—. Ninguno de ellos es más inteligente que yo. Yo pude haber entrado a Radcliffe también si hubiese querido. Yo voy a estudiar y sacar una carrera. Ya vas a ver. Yo soy más inteligente de lo que tú piensas.

No. Yo no iba a ser secretaria. Ni tampoco iba a terminar como mi madre. Yo quería una vida llena de aventuras, y pretendía usar toda mi fuerza de voluntad para lograrla. Dejar la Pequeña Habana para ir a la universidad me podía llevar a esa vida, pero, ¿cómo lo lograba?

Una idea rasgó mi mente. Recordé una charla que nos había dado un asesor la semana antes en Miami High, enumerando opciones para aquellos que no se iban a marchar a la universidad. Me recosté en el asiento del Volvo, temblando y rogando que no fuera muy tarde.

3.

La fila se extendía por un pasillo y se derramaba en otro. Algunos estudiantes estaban sentados en el piso, otros acostados sobre sus bolsos. Con la aplicación en una mano y el catalogo en la otra, me les uní, mi corazón latiendo a mil.

Esto es lo que yo debí haber hecho hace una semana. El consejo del asesor de Miami High, durante una de las aburridas asambleas, no había tenido efecto en el momento, pero yo había archivado toda la información en el subconsciente. Yo ahora sabía que ese debía ser el primer paso en mi plan.

—Vayan al Miami Dade Junior College —el asesor había dicho—. Ellos tienen una política de puertas abiertas.

Finalmente en la ventanilla, con dolor en los tobillos por estar de pie unas dos horas en tacones de seis pulgadas, entregué la aplicación y la planilla para el registro de clase. En el catalogo, leí que todos tenían que cumplir los mismos requerimientos en categorías especificas. Yo escogí dos cursos de humanidades y una clase de psicología. Me mantuve lejos de las detestables matemáticas y ciencias, pensando que podía atacar esas materias después de agarrar práctica en los cursos que me gustaban.

—Tienes que escoger una especialidad —dijo la persona detrás del mostrador, señalando unos espacios vacíos en la aplicación—. O al menos uno de los programas de estudio.

—¿Tengo que decidir ya? —pregunté mareada y con pánico.

—¿Te quieres transferir a una universidad?

—Sí.

—Marca esta opción. Necesitas un título de Asociado en Artes para transferirte.

—Está bien.

—Ve a ver un asesor.

—Gracias —yo saqué unos billetes que mi madre me había dado y pagué las clases. Probablemente era el mismo dinero que ella había ahorrado para el curso de secretaria.

Sólo puedo describir como un milagro haber logrado inscribirme a tiempo para la sesión de verano del Miami Dade Junior College –ubicado irónicamente al otro lado de la calle de la discoteca The Place. Esa mañana, saltando fuera de la cama con un vigor inusual, yo sabía que esta era la única opción que yo tenía de recibir una buena educación. El asesor de Miami High había dicho que ninguna universidad iba a aceptar estudiantes con un bajo GPA, pero que Miami Dade, con su política de puertas abierta, si lo haría. Yo ahora podía esconder mis embarazosas calificaciones, pretender que nunca las había recibido, y meter el arrepentimiento en el hueco donde tiraba todo mi dolor. Nadie nunca se enteraría.

Además de ofrecer una variedad de programas técnicos para los adultos, Miami Dade –como todos los demás "junior colleges" en el país– ofrecía también una segunda y asequible oportunidad para los estudiantes de bajos recursos como yo. Aquellos que pasamos por la preparatoria durmiendo o de fiesta, y que necesitábamos una manera de probar que éramos buenos estudiantes. Sin una oportunidad como esta, ¿cuántos adolescentes confundidos, abusados, descuidados y abandonados, tratando de lidiar con los estresantes años en la preparatoria, iban a tener un futuro decente?

Después de la ceremonia de graduación el día anterior, todavía preocupada por mi futuro, me acosté en la cama a pensar en el dinero. Siempre era un problema mi vida. Conté un fajo de billetes que había ahorrado del trabajo. No sabía si eso era suficiente. Poniendo a un lado el temor y agarrando fuerza, marqué el número de mi padre. La convicción de que él debía pagar mi educación me impulsó.

—Papi, voy a tomar unas clases en el Miami Dade —le dije—. ¿Me podrías ayudar a pagarlas?

—Voy a hacer más que eso —dijo él—. Voy a seguir pagando tu manutención y te voy a seguir dando los 30 dólares mensuales mientras sigas estudiando.

¿Cómo era eso mejor?, ¿tendría yo entonces que pedirle el dinero a mi madre?, ¿o pagar por las clases yo misma? Viéndole el lado bueno, al menos mi madre y yo no nos veríamos forzadas a recurrir a las líneas de beneficencia social. Le conté a mi madre, quien suspiro aliviada, como si hubiese recibido un indulto a la pena de muerte.

No se me ocurrió pedir ayuda financiera al gobierno, así que pagué por las clases y encontré la oficina de servicios de orientación profesional. Tomé un número y saqué las asombrosas calificaciones que había obtenido en la prueba CLEP, la cual había tomado durante una de las asambleas. El puntaje probaba que yo no tenía muerte cerebral.

Cuando llegó mi turno, le entregué las calificaciones a la consejera.

—Esto quiere decir —dijo ella—. Que vas a recibir crédito por cuatro clases: dos de Inglés y dos en Estudios Sociales —y luego sacó una planilla y resaltó un año completo de cursos. La mujer señaló con un lápiz todos los requisitos, incluyendo las cuatro clases por las que había recibido créditos, y marcó con líneas las electivas.

La consejera calculó que yo me podría graduar después de la sesión de verano de 1973 y luego ser transferida a una institución de cuatro años. ¡Dos años en Miami Dade en tan sólo uno! Y con buenas calificaciones, pensé, podría aplicar, no a las mejores universidades del país pero si a las respetables.

—Vuelve cuando la oficina no esté tan ocupada—me dijo—. Puedes tomar unas pruebas para descubrir tus intereses y aptitudes y así puedes escoger una especialidad que te ayude a conseguir trabajo. Después de eso, puedes revisar esos catálogos que están allá y escoger la universidad a la cual te quieras transferir.

Todo se sentía diferente. Incluso la humillación del día de graduación parecía una pesadilla distante. Yo ahora tenía un propósito. Ya no iba a la deriva, mi meta ahora estaba a un año de distancia.

—Muchas gracias —lejos estaba mi actitud dura. En su lugar: obediencia a las reglas para conseguir lo que quería.

Cargada de panfletos, catálogos y sueños, salí al pasillo. De reojo vi a Robert recostado contra la pared, observando su horario de clases. Yo me di la vuelta, y caminé mirando al piso para evitar encontrármelo. Luego, desde la otra dirección, Ovy se acercaba. Él aun no me había visto, así que corrí de nuevo a la oficina de servicios de orientación profesional. No quería hablar con él tampoco.

Yo ya había tenido suficiente con mis novios. No podía dejar que nada, ni siquiera el romance, el único amor que podía captar, interfiriera en mis planes.

4.

Aceleré el Volvo ocho millas al norte en la Avenida Twenty Seventh, quedé apretada en un puesto de estacionamiento a una milla del lugar, y corrí torpemente en zapatos de plataforma hacia la primera clase del periodo de verano. Iba tarde, por dormir demás como siempre. Abrí la puerta silenciosamente y traté de deslizarme sin ser notada en una silla, pero se me dobló el tobillo, me caí de las plataformas y aterricé en el piso.

Mi instinto de reír a carcajadas y contar chistes se apoderó de mí, pero logré luchar contra la tentación. No podía repetir mi comportamiento destructivo de secundaria ahora que tenía una meta clara. Yo sabía que tenía que llamar la atención por mi éxito, y no por mi fracaso, así que me puse de pie, suprimí cualquier risa y caminé de puntillas hasta el fondo. El profesor no detuvo la clase y los demás estudiantes me ignoraron.

En la clase de psicología, tomé notas de lo que estaba escrito en la pizarra: "Lo que yo creo que es verdad, se hace realidad".

El profesor dijo—. Las respuestas llegan a sus mentes desde el flujo del inconsciente —nada tenía sentido. Si no podía entender lo que pasaba en clase, pensé, tendría que depender de mi memoria y luego escupir la información en los exámenes. El profesor agarró una pila de folletos y contó diez por cada fila. Yo observé el título: "Modificación del Comportamiento". Absorbida leyendo el artículo, así como en la secundaria, no le presté atención al resto de la clase.

Las palabras penetraron la pared de mi ignorancia. Sugestología, leí, "lleva a cambios en la conciencia y el comportamiento del individuo. La sugestión es la fuente de nuestras más altas aspiraciones y nuestros mayores logros". Algo estaba cambiando en mí; se sentía como si me acabara de lanzar de cabeza en una piscina de luz plateada, nadando sin fin hasta el fondo para alcanzar un grano brillante de oro, la llave del conocimiento.

La clase de drama vino después, y cambió por siempre mi enfoque pasivo al observar el teatro y las películas—. Dejen de comer palomitas de maíz únicamente cuando van al cine —gritó el profesor, dando zancadas entre los escritorios—. Tienen que resistir el placer inmediato del teatro. ¡Consideren por qué lo que están viendo no está funcionando!

Finalmente, la clase de historia del arte. El profesor nos presentó diapositivas de pinturas del Renacimiento. La tarea: buscar un artista y escribir un ensayo. Yo me enfrasqué en *El Nacimiento de Venus* de Botticelli, diferente a todas las obras de arte religiosas de ese periodo. El aura místico y poético de la pintura me atraía, y yo me sentía identificada con Venus, balanceada en una concha de almeja y flotando sobre el mar.

El periodo de verano, mucho más corto que los semestres de otoño e invierno, no me dejó tiempo de otra cosa que leer, escribir, estudiar para los exámenes, e ir a trabajar. Salir a las discotecas era historia del pasado. A mis amigas, involucradas en sus propias vidas complicadas, parecía no importarles. Algunas veces nos reuníamos para celebrar alguna fecha importante, pero yo ya no participaba en los maratones de 48 horas seguidas de rumba.

Para sobrevivir el agotador horario, organicé una esquina de estudio en la casa, con libros y cuadernos sobre una larga mesa en el cuarto trasero donde Jaime y Ovy se solían trepar por la ventana. Marqué un calendario con la fecha de los próximos exámenes y tareas y lo colgué en la ventana. Leí cada capítulo cuidadosamente y luego escribí resúmenes en mi cuaderno. Revisé mis apuntes de clase, consciente de que necesitaba captar todo lo que sucedía en clase para no verme como una estúpida frente al profesor y a mis compañeros de clase. Tenía que participar en la discusión y no sólo quedarme sentada leyendo.

Yo había sido buena estudiante antes. Una sola vez. Pero me costaba recordar qué era lo que se sentía. ¿Cómo había logrado entrar al cuadro de honor en la escuela elemental? Había sido hace tanto tiempo. Ahora luchaba contra la soledad que amenazaba con tragarme en mi nuevo aislamiento escolar. Estaba deprimida, sin amigos y sin amor. Pero la emoción de aprender, la adrenalina de sentir la mente expandiéndose, como las drogas estimulando el éxtasis, me impulsaba y me mantenía por buen camino.

Un día después de clase, me detuve en la oficina de servicios de orientación profesional para tomar el test que la consejera había mencionado. El cual, según ella, me iba a ayudar a encontrar una especialización y un trabajo que funcionara con la misma.

—Ya empecé clases —le dije—. Y no sé qué estudiar.
—Para eso estamos aquí —dijo la consejera.

La mujer me puso al frente el California Occupational Preference Survey, el College Interest Profile, y el Educational and Vocational Exploration for Women Questionnaire. Después de que respondí a todas las preguntas, puso las pruebas a través de una máquina, y los resultados salieron por el otro extremo: Literatura y Periodismo al tope de la lista, luego Enseñanza y Ciencias Sociales.

¿Cómo iba a encontrar un trabajo en literatura y periodismo? Una buena opción sería dando clases de esas materias. Después de todo, mi madre, mi abuelo y otros familiares habían sido profesores universitarios en La Habana. Yo incluso había sido miembro del grupo de Futuros Profesores de América en sexto grado. Pero recordaba a un consejero escolar diciendo que la carrera no pagaba bien. Yo no podía continuar siendo pobre. ¿Qué tal si me era dueña de una librería? Yo amaba los libros. ¿Qué tenía que hacer para lograr eso? ¿Conseguir un préstamo bancario? Imposible. ¿Y si me dedicaba a escribir? Yo desde ya escribía poemas, pero sabía que eso no iba a pagar las cuentas.

—El próximo paso —la consejera dijo—. Es revisar los archivos de la carrera.
—Okay, muchas gracias.

En el cuarto al fondo, hojeé un panfleto que listaba las carreras par aquellos que recibían puntuaciones altas en Literatura y Periodismo. Las copié todas en un cuaderno: Lexicógrafo, Corrector, Dramaturgo, Reportero, Editor de Revistas, Redactor de Publicidad, Especialista en Relaciones Públicas. Mareada de tantas opciones, corrí a casa a escribir dos ensayos. Tenía que entregar ambos al día siguiente. A pesar de mis esfuerzos por organizarme y hacer horarios, había perdido el tiempo como siempre.

En mi habitación, saqué la vieja y desvencijada maquina de escribir Olivetti, la cual había comprado en un mercado de pulgas para hacer mis tareas en la secundaria, y le enrollé un papel blanco. Me quedé viéndolo fijamente. ¿Qué pasaba si me equivocaba? Desenterré un libo viejo de gramática y lo deje abierto como referencia. Ninguna idea me venía a la cabeza. Le di vueltas al papel con el rodillo. ¿Qué pasaba con mis habilidades para escribir? ¿Por qué no estaba funcionando mi subconsciente? Finalmente, se me ocurrió un titulo: "Un vistazo a Sandro Botticelli." Luego, las palabras comenzaron a formarse lentamente sobre la página. Describí mi reacción ante *El Nacimiento de Venus* y sus colores y líneas. Citando dos libros de la biblioteca, discutí cómo Botticelli y la pintura encajaban en el contexto histórico.

Cuatro de la mañana. Arranqué con el ensayo de psicología. El título: "Donde estoy ahora". Este lo terminé más rápido. No era difícil narrar mi decepcionante paso por la secundaria, la dolorosa desintegración de mi grupo de amigas, y las esperanzas que tenía para el futuro. Lo terminé con: "Tengo tantas cosas más por descubrir. No quiero nunca dejar de experimentar en la vida". Exhausta, colapsé en la cama por dos horas, sabiendo que no iba a tener la opción de ignorar el despertador.

La semana siguiente, me entregaron ambos ensayos corregidos. "A" en ambos. El profesor de psicología me escribió al final: "!Fantástico! Mis mejores deseos".

5.

La empresa de terrenos en la que trabajaba, sin ofrecer explicaciones, cerró sus puertas un día. Desesperada, busqué en los avisos clasificados y encontré un trabajo como oficinista en una librería.

—¿Te gusta leer? —me preguntó el dueño. Era un hombre de piel obscura, con cicatrices que cortaban su rostro como testimonio de las hormonas de la juventud. Me miró de arriba abajo. Su hijo, sentado en un escritorio, nos observaba con sus ojos sin pestañas.

—Sí.

—Entonces el trabajo es tuyo.

Al día siguiente, estacioné el Volvo al lado del Downtown Book Center.

—Cecilia ha entrado a la sociedad —exclamó sarcásticamente el hijo del dueño cuando entré a la librería—. Te vi conduciendo ese Volvo. ¡Woo, Hoo!

El individuo, un joven obeso de mi misma edad y con la cara llena de granos, continuamente se quitaba el pelo grasoso de los ojos. Por ser hijo del dueño, se sentía más que los demás. Giró su amplia anatomía sobre la silla giratoria desde su escritorio, y me miró de frente.

—Mi padre no está hoy aquí, así que yo soy el jefe —dijo—. Puedes comenzar con llenar los estantes. Los libros están en la parte de atrás.

Yo caminé hacia donde él señaló y entré a un pequeño almacén. Respiré el estimulante olor a libro nuevo, pasando las manos por las cubiertas nuevas. Cargué mi brazo izquierdo con libros, y mantuve el equilibrio de la pila con la mano derecha. Luego, caminé por todos los pasillos estrechos, llenando los espacios vacíos con los libros.

La cajera, una mujer joven de unos 22 años, había estado trabajando allí por varios años mientras iba a la universidad, pero pronto se iba a ir para casarse con un policía—. No aguanto para irme de este sitio —me dijo, silenciosamente.

Me pregunté por qué mientras iba camino al almacén para recoger una pila de revistas de España. Llené los estantes con periódicos y publicaciones de Francia, Alemania y cada país de Latinoamérica, leyendo los titulares y amando tener el conocimiento a la punta de los dedos.

Pronto entendí el comentario de la cajera. El trabajo era tan aburrido y el hijo del dueño tan insoportable que decidí renunciar después de unos meses. Nunca olvidé el embriagante olor a libros nuevos y la forma en que se sentían en mis manos. Deseé algún día poder publicar un libro propio.

En poco tiempo, ya tenía otro trabajo. Esta vez como asistente de un otorrinolaringólogo. Cautelosamente sostuve una pequeña bandeja debajo del oído de un paciente, afuera del cual crecía una mata de pelos.

—Sostenla firme —dijo el doctor. Yo cerré los ojos y traté de balancear la bandeja sin moverla. Él le metió una jeringuilla en el oído al paciente, y una corriente de agua sacó varios pedazos grandes de cera amarilla.

—Tres, dos, uno —el doctor contó y apretó la jeringuilla por segunda vez. Otro taco de cera salió como lava de un volcán—. Ya terminé.

Yo llevé la bandeja a un fregadero, tiré el contenido y abrí la llave del agua a todo lo que daba. El paciente y el doctor salieron del consultorio, y yo me quedé dentro quitando el papel que cubría la mesa y ordenando los instrumentos. Luego caminé al escritorio del frente y saqué otro historial médico. Fui hasta la puerta, la abrí y pregunté—. ¿Señor Hirsch? —era terrible y lo odiaba, pero necesitaba el dinero. Yo estaba determinada a ganarme la vida en medio de mis estudios. El desempleo no era una opción; no me importaba el tipo de trabajo que me tocara hacer.

Luego, saliendo de clase de Miami Dade, me topé con mi futuro.

6.

"¡Estudiantes reporteros! ¡Estamos pagando para que cubran la noticia!" Leí en un volante amarillo pegado en una pared de Miami Dade. Reportar estaba entre la lista de mis posibles carreras. Esta podría ser la oportunidad para probar si me gustaba, ganar algo de dinero, y dejar mi odiado trabajo como asistente médico.

Me apresuré por el pasillo en mis zapatos de plataforma tambaleantes, pasé un largo corredor y un gran lago lleno de patos al otro lado del campus. Pilares de periódicos estaban alineados en cada pared de la oficina del *Falcon Times*. Escritorios viejos sosteniendo maquinas de escribir, diccionarios, atlas, bolígrafos, lápices y papel llenaban el resto del espacio. Yo sonreí, absorbiendo la atmosfera seductiva de la sala de redacción, un lugar de acción e investigación intelectual, la sede para comprometerse con el resto del mundo.

Pero no había nadie sentado escribiendo; la oficina estaba desierta. El consejero, José García, un hombre fornido que usaba gafas gruesas, salió de su cubículo cuando tropecé al entrar, la tira de las plataformas me estaban raspando el tobillo.

—Quisiera aplicar para el puesto de reportera —le dije.

—¿Algún tipo de experiencia?

—Bueno, yo trabajé para el periódico de mi secundaria —le mentí—. Y también en el anuario de Miami High.

—Toma —me dijo, entregándome un comunicado de prensa—. Ve a cubrir este concierto de rock en el campo de fútbol. No tengo ningún otro reportero, así que lúcete.

Agarré una libreta pequeña de un escritorio y me tambaleé hasta el asoleado estadio. Los cantantes, Lawrence, Acker, y Williamson de Youngstown, Ohio, presentaban un rock pesado con una base de blues, pisando fuerte sobre un escenario improvisado. Los fanáticos disfrutaban la música, algunos acostados sobre sábanas y otros bailando al ritmo de guitarras que chillaban. El líder de la banda, Williamson, se montó sobre su instrumento y aulló como un perro, saltando de un extremo al otro con la guitarra entre las piernas. El comunicado de prensa decía que él se había presentado con Crosby, Stills, Nash y Young en California.

Estuve dando vueltas alrededor del campo, eufórica, pero sin idea de qué hacer. Finalmente, garabateé las letras que pude entender de los gritos de los cantantes, entrevisté a varios estudiantes —escribiendo lo más rápido que pude para ir a su ritmo— anoté lo que llevaban puesto y tomé nota del ambiente.

Únicamente por instinto, ya de vuelta en la oficina del *Falcon Times*, escribí el párrafo principal respondiendo las cinco preguntas que nos habían enseñado en la clase de periodismo: quién, qué, cuándo, dónde y por qué; también le agregué emoción y color al describir el campo y los fanáticos. Yo no sabía que había aprendido a escribir en este estilo después de haber leído innumerables artículos de periódicos y revistas.

Las teclas tiesas de la maquina de escribir casi ni se movían al ser presionadas, así que tenía que apretar con fuerza. Saqué de un tirón dos páginas a doble espacio del rodillo y se las entregué con orgullo al consejero García. El hombre se empujó hacia arriba las protuberantes gafas, y con aspecto preocupado se lanzó en una silla en el medio de la sala de redacción. Él agarró un lápiz amplio de carbón e hizo anotaciones sobre las páginas. Cuando terminó, él lanzó mi reportaje en una caja marcada con las palabras "LLEVAR A LA IMPRENTA". Eché un vistazo y el consejero había reorganizado los párrafos y tachado las coloridas descripciones y citas.

—¿Quiere que vuelva mañana? —pregunté mientras García se retiraba a su cubículo.

—Claro. Estás contratada —yo no tenía idea de que este era un trabajo por estudios, lo cual eliminaba mi matricula. García regresó con varias planillas que yo tenía que completar. Debí haber calificado ya que comencé a recibir cheques en el correo: 52.80 dólares cada dos semanas. Menos que el trabajo como asistente médico, pero valía la pena ya que estaba ahorrando en matrícula.

Cuando llegué a casa, llamé a la oficina médica y dije que no iba a volver. Luego, le conté a mi madre –quien ahora trabajaba en el turno temprano de la tintorería– acerca de mi buena suerte—. Qué bueno, Cecilita —me dijo. Cuando la noticia del concierto salió en el periódico, el reportaje estaba un poco más corto y no tenía mi nombre. Pero no me importó. Lo recorté cuidadosamente y lo pegué en un bloc de dibujo.

No todas las noticias eran tan fáciles como la primera. Me costaba mucho el párrafo principal.

—Tienes que ser concisa —gritó Myron, el editor—. No quiero adjetivos ni adverbios. Sólo el sujeto y los verbos.

—Escribe más rápido —Coralee, la jefe de redacción, gritó—. ¡Tenemos una fecha límite!

Yo bloqueé el ruido de la convulsionante sala de redacción, con los reporteros y editores corriendo de lado a lado, y me enfoqué en golpear las teclas de la dilapidada máquina de escribir, tratando una y otra vez de lograr la noticia perfecta: "El Jefe de la Policía del Condado de Broward, Edward Stack, quiere cerrar el Hollywood Sportatorium, argumentando que es peligroso y una molestia para el público. Hoy, Stack introdujo una demanda contra la compañía encargada del lugar." Yo volteé las oraciones, y luego las volví a colocar en el orden original. No habían computadoras, así que me tomó tiempo. Había tanta información de la demanda que no sabía que decir después.

—El problema está en los primeros párrafos. Después, todo fluye —dijo Coralee, leyendo sobre mi hombro—. Los reportajes de fondo son tu voz natural, no las noticias diarias. Sólo enfócate ahora en terminar esta noticia.

Yo odiaba el seco estilo de las noticias. Pero podía hacerlo con práctica. Tenía que forzar las palabras rápidamente y olvidarme del arte, el estilo, el color y el estado de ánimo que veía en cada noticia. Sólo los hechos.

Finalmente, arranqué la hoja del rodillo y se la entregué a Coralee, quien empezó a marcarla con su grande lápiz negro. Yo no tenía tiempo para quedarme sentada viendo el doloroso proceso; tenía que cubrir una protesta estudiantil que empezaba en diez minutos.

A pesar de las dificultades, me encantaba reportar. Cuando estaba cubriendo la noticia, me sentía cómoda tomando notas, marginalizada de la acción. Una extraña como siempre. Me sentía privilegiada de presenciar el drama de la vida desarrollándose, y luego encapsulándolo en palabras para que otros pudieran experimentarlo también. Un trabajo como reportera no pagaba un salario exorbitante, como había leído en un folleto de carreras, pero si me permitía vivir con la libertad que tanto deseaba. Sólo tenía que encontrar una manera de escribir más reportajes de fondo y evitar las noticias diarias.

7.

Killing me softly with his song...
(Matándome lentamente con su canción...)

—Quiero casarme contigo —me dijo Ovy, mirándome directamente a los ojos y apretándome las manos.

Estábamos sentados en nuestro restaurante favorito, La Hacienda, a una cuadra de mi casa. Comíamos carne en salsa de champiñones y arroz amarillo, así como lo habíamos hecho muchas veces antes. Yo no había hablado con él desde la noche en que terminamos meses atrás.

—¿Qué pasó con tu novia? —dije malintencionadamente, echando mis manos para atrás.

—Ya te dije que nunca la amé.

—Yo no quiero casarme contigo —le respondí—. Me voy a ir lejos...a una universidad.

—¡¿Tú?! ¡ha! Tú no naciste para ir a la universidad. Ni siquiera hubieras pasado esos exámenes de matemáticas en la preparatoria si no fuera por mi.

—La preparatoria se acabó. Yo he estado pensado, y quiero ser escritora.

—¿Quién te puso esa idea estúpida en la cabeza?

—Primero voy a reportar para un periódico —después de leer un artículo acerca de escritores y artistas muriéndose de hambre, había concluido que trabajar para un periódico era el trabajo más parecido a escribir diariamente y me pagaba bien. Yo necesitaba ser práctica. Después de todo, Hemingway había sido reportero por varios años hasta que escribió su primer éxito de ventas, *Fiesta*.

—¡Si claro! Ya te puedo ver siendo una esclava en ese trabajo. Los reporteros están de guardia día y noche, ¿acaso no lo sabes?

—No me importa. Estoy ahorrando para poder obtener mi titulo en periodismo.

—¡Estás loca!

—Muchas personas que conozco se están yendo a estudiar: Teresita Álvarez, Nino Lucio. Sí, ellos tienen familias que los apoyan; por eso es que les va tan bien. Pero yo también puedo hacerlo sola. Ya vas a ver.

—No tienes ni idea de lo difícil que va a ser. Primero que todo, te va a tomar demasiado tiempo ahorrar el dinero suficiente. Y segundo, ninguna universidad te va a aceptar. Tus calificaciones apestan.

—Voy a sacar buenas calificaciones en Miami Dade. Ya estoy escribiendo noticias y armando un portafolio. Soy buena escribiendo. ¡Yo te escribí varios ensayos para tus clases! Alguna escuela de periodismo me va a aceptar. Yo sé que sí.

—¿Y qué hay de nosotros? Sería mucho más fácil para ti si te casaras conmigo.

—Tú me engañaste.

—Me equivoqué. Pero yo sólo te he amado a ti desde que te conocí.

—Eso fue hace mucho tiempo. Las cosas han cambiado…

—Te juro que lo puedo arreglar. ¿Acaso no quieres un esposo, una casa, hijos?

—No. Yo quiero vivir una vida llena de aventuras.

—Mira, podemos montar una fábrica de ropa, hacer mucho dinero y comprar una de esas casas nuevas en Kendall. Luego, yo puedo dedicarme a jugar Jai Alai profesionalmente y tú puedes venir conmigo. Viajaríamos a muchas ciudades, mientras mi mamá se encarga de la fábrica. ¿No te gustaría hacer algo así?

—No, no me gustaría hacer nada de eso. Ese no es mi sueño.

Yo quería a Ovy, pero no me gustaba lo que me ofrecía. Yo me había dado cuenta que él nunca iba a aceptar a una mujer con una vida independiente. Él, así como muchos hombres jóvenes de la época, quería una acompañante viajera —una madre sustituta, en otras palabras— que no lo dejara solo mientras ello cumplía sus sueños. Yo decidí, por segunda vez, renunciar a Ovy. Si él no iba a creer en mí ni a dejarme vivir la vida que yo quería, entonces claramente él no era el hombre para casarme, sin importar lo mucho que lo quería.

—Yo pensé que tú me amabas.

Mis ojos decían que sí lo hacía, pero me quedé en silencio. Coloqué su mano con gentileza a un lado de mi rostro y cerré los ojos.

Killing my life with his words….

(Matando mi vida con sus palabras…)

8.

La Guía de Universidades Lovejoy mantenía mi sueño tan liviano como una flor flotando en una ola del mar. Yo tan sólo tenía que extender la mano y sacarla de las aguas turbulentas. El libro listaba todas las universidades del mundo. Sentada en
la oficina de servicios de orientación profesional en Miami Dade, con el pesado tomo en las piernas, me detuve en las secciones de Oxford, Cambridge y la Sorbona, visualizándome en esos exóticos campus. Leí los listados de las mejores universidades de los Estados Unidos, ojeando con envidia los edificios antiguos que significaban el acceso a la elite, al santuario interno de América. El sueño que movía a tantas personas.

De mala gana, me alejé de las tentadoras fantasías, y comencé a observar lugares más prácticos. Me encontré con una sección que enumeraba las mejores universidades de periodismo, acreditadas por el American Council for Education in Journalism. Enfocada, escogí cinco al azar en cada esquina de los Estados Unidos, anoté las direcciones, y utilicé mi máquina de escribir Olivetti en casa para solicitar planillas y catálogos: la Universidad de Syracuse, la Universidad de Maryland, la Universidad de Southern California, la Universidad de California en Berkeley y la Universidad Northeastern.

Cuando la información llegó por correo, me tiré sobre el sofá casi desmayada. Estaba en shock de los altos precios de las universidades privadas y las matrículas en los institutos públicos fuera de la Florida. ¿Cómo iba a hacer para ahorrar tanto dinero? Hice los cálculos: matrícula, alojamiento y comida, y libros. Era imposible.

Consideré los ahorros de mi madre para la escuela de secretaria, pero igual no era suficiente. Luego, de mala gana pensé en mi padre. Cerré los ojos con el teléfono en la mano y me obligué a marcar el número. ¿Qué otra alternativa tenía? Debía hacer lo necesario. Tal vez él iba a ver la lógica con mi razonamiento y me iba a ayudar. Decidí tantear el terreno.

—¡Papi, me quiero ir a estudiar en una universidad! —dije por teléfono—. No hay nada que me guste aquí. La Universidad de Miami es muy cara y la Universidad Internacional de la Florida no tiene muchas opciones.

Después de una larga pausa, mi padre reunió su habitual energía y respondió—. Ven para la casa esta noche —dijo—. Yo me voy a sentar contigo y te ayudo a decidir.

Empaqué los catálogos y los folletos y conduje hasta la nueva casa de mi padre en Miami Lakes. El espacioso lugar, al estilo rancho, tenía tres habitaciones y estaba localizado en una nueva subdivisión rodeada de árboles, al norte de Hialeah. El patio trasero era amplio y estaba cubierto por césped recién podado.

Entré al aire acondicionado de la sala de estar y me maravillé con los nuevos muebles: una mesa de comedor de cristal biselado, asegurada sobre una base solida de madera en forma de una exótica criatura del mar, sostenía las bases plateadas de las velas que yo había tirado contra el piso en un ataque de rabia. La elegante mesa me traía imágenes de mi propia casa. Mi madre y yo aun vivíamos sin aire acondicionado, y colocábamos cubetas para recoger el agua de la lluvia que caía a través de las goteras en el techo.

—La mesa es de Francia —dijo mi padre, dirigiéndome hacia otra habitación y recostándose sobre una silla de cuero marrón. Vigas de madera obscura y decoraciones en hierro forjado le daban al lugar un aspecto a taberna española. Luchando contra el asco, me obligué a proceder con mi misión.

—Estas son algunas de las universidades que he estado observando —dije, mientras me sentaba en el piso extendiendo los panfletos, los cuales mi padre ignoró.

—Todas las universidades —la voz de mi padre alcanzó un tono bajo, como si estuviera arrastrando las palabras por un túnel de fango—. Son iguales. Cuando termines en Miami Dade, puedes ir a FIU y vivir en tu casa. Esa es la más barata y es igual de buena que cualquier otra. ¡Todas las universidades en otros estados son antros de drogas y prostitución!

Yo suspiré, nada sorprendida.

—Te estoy diciendo lo que es mejor para ti —continuó él, su tono estaba tornándose autoritario, de la misma manera que lo hacía cuando criticaba a Fidel y los males del comunismo—. Tienes un carro para llegar allá. La matrícula es barata. Y vas a estar mucho más segura viviendo en tu propia casa. Todas las universidades son iguales, Cecilita. Créeme —terminó gritando y escupiendo saliva.

¿Por qué llegué a tener la esperanza de que él iba a entender que me tenía que ir? Tal vez sólo necesitaba más tiempo para acostumbrarse a la idea.

—¿Por qué no estudias para ser farmaceuta? —continuó mi padre—. Podrías montar una farmacia al lado de mi consultorio y yo te envío mis pacientes, ¿no te parece buena idea?... ¿Qué te parece si trabajas como comerciante de antigüedades? Ese es un buen trabajo para una mujer. Puedes viajar a Europa e importar piezas finas. Muchos de mis amigos te las comprarían. También puedes ser diseñadora de interiores. Todos esos programas los tienen en Miami Dade. Ni siquiera tendrías que ir a FIU.

—Papi, yo quiero ser escritora. Quiero ser periodista.

Ahí fue. Se lo dije de frente a mi padre.

—Cecilita, debes estar confundida —el tono de su voz mucho más bajo—. Todos los jóvenes hoy en día están confundidos. No saben lo que están diciendo. ¿Acaso no ves que todos los periodistas son delincuentes? Sólo mira a esos dos estúpidos criticando a Nixon que es tan buen presidente. ¡Alguien les debe estar pagando para que escriban esas noticias!

Él se estaba refiriendo a Carl Bernstein y Bob Woodward, reporteros del periódico *Washington Post*, quienes prepararon el terreno para el juicio político del presidente Nixon en 1974. En la Pequeña Habana, el escándalo de robo llevado a cabo por Nixon en el hotel Watergate había capturado la imaginación de todos. Mientras yo admiraba a los medios por desenmascarar a un presidente corrupto, mi comunidad se manifestaba a favor de cuatro de los cinco ladrones de Watergate: los cubanos anticastristas involucrados en la invasión de la Bahía de Cochinos en 1962. Esos hombres se convirtieron en héroes por instalar dispositivos electrónicos en las oficinas de campaña de los demócratas, para obtener información acerca del oponente político de Nixon, George McGovern, el cual muchos en la comunidad cubana creían era simpatizante de Castro.

—¡Los periodistas son todos corruptos, igual que los abogados! —dijo mi padre—. ¡Esta niña está loca! Todos tus problemas son culpa de tu mamá que no supo criarte.

—Deja de insultarla. Ella es mi mamá.

Mi estallido dejó a mi padre en silencio. Sin esperar una respuesta, recogí mis panfletos y me fui de la casa.

Recordé lo que había aprendido en la clase de psicología: las respuestas fluyen del subconsciente.

Y sí que lo hacían: yo podía ahorrar dinero para el primer semestre y aplicar para becas y ayudas financieras. Después de un año, si escogía irme a una escuela pública, podía calificar para convertirme en residente del estado, lo cual me permitiría pagar una matrícula más económica. Iba a conseguir una compañera de habitación. Trabajaría a medio tiempo o a tiempo completo. No necesitaba transporte. Planeaba conducir el Volvo, y dormir en el carro si era necesario. Me sentía viva y motivada.

Mi padre no iba a disuadir mis sueños. Yo me iba a ir con o sin su ayuda.

9

How wonderful life is when you're in the world…
(Qué maravillosa es la vida cuando estás en el mundo…)
Robert estaba en la entrada de mi casa.
—¿Me puedes perdonar? —me preguntó—. Estaba confundido.
—Tú me dejaste —me temblaban las manos.
—Mis padres se están divorciando y yo me estaba volviendo loco.
—Lo siento. Yo sé lo que es eso.
—Y yo no tenía nada que ofrecerte, sólo un trabajo en una fábrica y nada de ahorros. Yo sentía que no era nada. Luego me di cuenta que te amaba.
—Yo también te amo.
Así que empezamos a salir de nuevo. Él era todo lo que Ovy no podía ser. Sólido, confiable, enfocado, y se mantenía al margen de la ley.
¿Por qué el amor es una cosa tan esplendorosa? Gira y da vueltas en el camino al romance, con ambas mitades resistiéndose, o tal vez sólo una y luego la otra, causando sufrimiento ¿Acaso la persecución eterna trae recompensas?

Un domingo, Ovy vino de visita al mismo tiempo que Robert. La confrontación parecía una cumbre de Jefes de Estado, cada uno evaluando al oponente. Esta vez, Ovy no golpeó a la competencia. Él sabía que no tenía ningún derecho sobre mi.
Negando involucrarme, me encerré en mi cuarto. Ya tenía suficiente con el estrés de conseguir dinero y estudiar para los exámenes finales. Ya casi terminaba el semestre de otoño y, en medio del periodo de calma del periódico *Falcon Times* antes de las vacaciones de invierno, me di cuenta que lo que me pagaban como reportera no era suficiente para cubrir la universidad. A pesar

de que la experiencia había sido invaluable, tenía que encontrar otro trabajo. Frustrada después de que Ovy se fue, decidí romper con Robert, argumentando que no tenía tiempo para conflictos. Yo debía enfocarme en mis metas.

Pero al día siguiente él llamó—. Yo creo que tenemos muchas cosas que darnos el uno al otro —me dijo.

—Yo me voy a estudiar a otro estado.
—No quiero que te vayas —dijo Robert.
—Me voy, y nadie me lo va a impedir.
—¿Por qué no manejamos por la costa y vamos a ver algunas universidades? Qué buena idea.

Condujimos en su Volkswagen Beetle a la Universidad de la Florida, en Gainesville y a Florida State University, en Tallahassee, ambas muy diferentes a Miami Dade. Los estudiantes vivían en residencias construidas hace más de cien años, llenas de tradiciones. El ambiente universitario me cautivaba; lo anhelaba tanto que que no podía respirar. Yo observaba el campus cubierto con el follaje del color del otoño, los pasillos estrechos, y los edificios con ladrillos rojos. Los estudiantes caminaban como si flotaran en el aire, aferrándose a los libros, con propósito en sus ojos, y sin ninguna otra preocupación que construir sus futuros.

—Aquí es donde tengo que estar —dije—. Miami no tiene nada que ofrecerme.
—Yo también me quiero ir a estudiar —dijo él—. No quiero trabajar en una fábrica toda la vida.
—¿Por qué no nos vamos juntos? Casémonos y vámonos.

¿Por qué tuve que agregar la parte del matrimonio?, ¿no era yo lo suficientemente liberal para irme sin esa legalidad? No. Yo lo quería todo. La ilusión de que esos votos matrimoniales pudieran cambiar el caos en mi vida me atrapaba. Yo sabía que no habían garantías, pero el matrimonio me iba a hacer sentir protegida, abrigada y segura. Significaba tener a mi lado, y bajo llave gracias a un contrato, a una persona escogida por mi. Seguridad. ¿Acaso era eso todo lo que la vida tenía para ofrecer?

Mirando hacia atrás, me doy cuenta que al acoger el matrimonio, estaba siguiendo la regla social que decía que la vida era más fácil con un hombre al lado. Pero yo la usaba para mis propios fines. ¿Por qué no? Yo lo amaba. Casarme con Robert iba a hacer menos difícil mi partida de la Pequeña Habana. Yo necesitaba la libertad, la emoción, las nuevas experiencias. Aunque yo no sabía si el matrimonio iba a ser compatible con esas metas. ¿Acaso era posible ser libre y sentirme segura al mismo tiempo?

En esa época, no tenía tiempo para averiguarlo. Tenía que seguir adelante. Robert, a diferencia de Ovy, creía en mi y me apoyaba en mis planes. Él no me ofrecía una vida de sumisión a sus sueños. Ambos podíamos crecer en nuestros propios campos.

Nuestro amor se sentía diferente al que yo había experimentado con Ovy: era menos apasionado, pero más amigable. Nuestra decisión de casarnos era romántica, pero práctica a la vez. Yo estaba empezando a entender que muy pocas personas lo tenían todo.

10.

El edificio, hermosamente entallado con las palabras *Miami Beach Sun Reporter*, se extendía por varias cuadras. Un año atrás, el editor Paul M. Bruun fusionó su pequeño *Reporter*, el cual había comenzado en 1962, con el *Sun*, un periódico que había cubierto la ciudad desde los días de la Gran Depresión, dándole a la nueva publicación la mayor circulación en la playa.

Yo agarré mi portafolio, ahora repleto de docenas de noticias escritas por mí. ¿Estaba lista? Apenas podía ahorrar un poco de dinero con el trabajo en el periódico de la escuela. Así que en el semestre de invierno de 1973, cuando el consejero García del *Falcon Times* anunció que el *Sun Reporter* tenía una posición disponible, llamé para pedir una entrevista.

Mi corazón se detuvo cuando el editor con cara seria me hizo señas para que lo siguiera a su cubículo. El hombre, con parches de cabello gris brotándole de la cabeza y con una desaliñada barba, no dejaba de fruncir el ceño. Cautelosamente, abrí el portafolio: "Casi 400 clases clausuradas", "Como una rapsodia alegre, el Godspell llega con fuerza", "Actividad sin precedentes del Movimiento de Consumidores", "La carrera de dos años: las oportunidades de trabajo deseables", "El fuego latino hechiza la audiencia", "Miami Dade se unirá a UM para seminario", "Los viajes abren todos los caminos de la vida", "Demanda trae seguridad más estricta contra las drogas en el Sportatorium".

Los reportajes no impresionaron al editor. ¿Acaso era desdén lo que veía en su rostro?, ¿acaso era porque yo era mujer, y cubana? ¿o porque no tenía un título? ¿será que mis reportajes estaban mal escritos? No sabía cómo descifrarlo.

—No tenemos ninguna posición para reporteros en este momento —dijo él.

Entonces, ¿para qué revisó mi trabajo? Cerré mi portafolio y me quedé sentada preguntándome qué hacer.

—Pero si estamos buscando un corrector si estas interesada.

—¿Cuándo puedo empezar? —respondí sin vacilar, sabiendo que el trabajo de correctora era una oportunidad para crecer dentro de la compañía. Mis días de desafiar a las figuras de la autoridad habían terminado. Por ahora, el trabajo encajaba con mi meta de ahorrar dinero para escapar de la Pequeña Habana. Tenía que ahorrar lo suficiente para pagar la matrícula del primer semestre antes del fin de año, la fecha que me había puesto como límite para irme. Tal vez podría aprender otros aspectos del negocio de los periódicos mientras tanto. Y a lo mejor, en el proceso, me daban la oportunidad de cubrir una noticia al estar en el lugar indicado al momento indicado, así como lo estuve en el *Falcon Times*.

—Mañana a las tres de la tarde.

Las imprentas zumbaban como abejas furiosas, escupiendo páginas con noticias, obituarios, críticas de teatro, y publicidad a cuatro colores. Respiré el olor de la cruda y húmeda pulpa de madera mezclada con la tinta, completamente enganchada a la energía del mundo editorial. Esa primera tarde, mientras me dirigía al departamento de correcciones, miré con nostalgia la sala de redacción: hombres de cabello blanco giraban sobre sillas en los escritorios acomodados en forma de herradura, pasándose noticias el uno al otro y sosteniendo lápices gruesos en el aire para después aterrizarlos sobre las hojas y así corregir la gramática, el estilo y la estructura de las oraciones.

Unos cuantos jóvenes veinteañeros salían con prisa para cubrir encuentros sociales, fuentes policiales y las reuniones en la alcaldía. En ese momento me encontré con una joven reportera en un pasillo.

—¡Yo a ti te conozco! —me dijo.

—¿Tú no estabas en el *Falcon Times* el otro día?

—Sí, pero ya me gradué y tuve suerte aquí —me dijo, rozándome al pasar con prisa—. Voy camino a la alcaldía.

Voy camino a la alcaldía. Repetí varias veces las palabras. Tal vez, algún día, yo también tendría la oportunidad de salir apurada a cubrir una noticia en la alcaldía para el periódico. *Voy camino a la alcaldía*. No me podía sacar sus palabras de la cabeza. Me detuve una vez más para observar las máquinas de escribir, los escritorios cubiertos con libros, y los estantes altos cargados de diccionarios y enciclopedias. Todos aquí trabajaban con palabras. No sólo leyéndolas, sino escribiéndolas y recibiendo dinero por ello. Yo quería ser como ellos. Me alejé del lugar y caminé hacia el departamento de correcciones al otro lado del edificio, tratando de enfocarme.

Cuando llegué al lugar, miré a mi alrededor con incertidumbre. Casi inmediatamente, un hombre con el cabello rizado se me acercó enérgicamente con una larga tira de material para leer—. Hola, soy Bill. Yo soy el encargado de este departamento —el hombre me dio unas instrucciones rápidas y se fue.

Agarré un lápiz de cera y la primera noticia, y comencé a leer. Ni un sólo error. Luego, llevé el reportaje hasta la habitación donde se armaban las páginas del periódico y agarré un cuchillo corto, que parecía un bisturí, para recortar el papel y asegurarme de que encajara en el hueco indicado del periódico. Con una sustancia pegajosa, fijé la noticia perfectamente en su lugar. Extirpé una línea que no cabía en una columna y la coloqué, con sumo cuidado, al tope de una nueva columna. ¡Era una página en blanco que yo estaba llenando con palabras que miles de personas iban a leer! Era el trabajo más fascinante que jamás había hecho.

Volví al escritorio y abordé otro pilar de material por leer. Miré hacia el frente y vi a un hombre que parecía ser Paul M. Bruun. ¡Era el Señor Bruun! Lo reconocía de su foto en la portada donde prominentemente presentaba un reportaje diario. El hombre iba caminando con otros dos, saludando a varias personas en el camino. Su rostro estaba arrugado y escurrido, pero su cabello era negro azabache con destellos rojos que brillaban bajo la luz. Un pequeño y esculpido bigote descansaba sobre su labio superior, delineado con tanto cuidado como mis líneas rectas de palabras en la maqueta del *Sun Reporter*. El hombre para mi era un héroe.

Alrededor de las 7 de la noche, durante mi descanso para la cena, fui a mi carro a comerme un sándwich y trabajar en mis tareas de la escuela por una hora. Este era un trabajo a tiempo completo desde las 3 hasta las 11pm, y yo estaba sobrecargada de clases en Miami Dade. Tenía que lograr que todo funcionara, así que convencí a algunos profesores de que me dejaran tomar sus clases sin estar presente en el salón, una versión temprana de la educación a distancia. Ellos estuvieron de acuerdo, así que hacía las tareas en casa y sólo asistía para presentar los exámenes.

Reclinada en el asiento del carro, abrí el libro de sociología: "Las mujeres han estado avanzando continuamente en la fuerza laboral de la sociedad Americana por medio de la educación". Acomodé el asiento en la posición original y terminé de leer el capítulo.

Pensé en mis amigas, con sus ocupadas vidas. Sylvia, después de recuperarse de un aborto, tuvo una relación con un policía casado. Ibis, de vuelta en Miami, trabajaba a tiempo completo para la maderera Florida Lumber y llevaba a cabo rituales de *santería* en las noches y durante los fines de semana. Gloria trabajaba en un pequeño restaurante cerca de la casa y sólo salía con Chino, su esposo. Cari, quien estaba de visita desde Virginia durante el fin de semana, consultó los caracoles mágicos, esperando recibir respuestas acerca del destino de su matrimonio en ruinas.

¿Acaso era eso todo lo que la vida tenía para ofrecerles? Yo sabía que sin educación, eso era lo que iban a recibir. Así que yo no podía fracasar, porque de hacerlo eso mismo iba a recibir. La educación era, sin duda alguna, la clave.

11.

Las teclas de mi Olivetti se rehusaron a rebotar de vuelta al carro de la máquina. Les di un empujón, desenredando unas que se habían quedado trabadas. Mis dedos quedaron llenos de tinta. No tenía mucho tiempo. La fecha límite para aplicar a las universidades se acercaba rápidamente para el periodo de invierno de 1974, y yo aun no había escrito el ensayo requerido. No podía quedarme esperando mientras me arreglaban la máquina de escribir, así que recogí mis papeles, fui deprisa a la biblioteca de Miami Dade y conseguí una máquina de escribir eléctrica.

Por suerte, las cinco universidades hacían preguntas similares, así que sólo tenía que escribir un ensayo y hacer varias copias. La pregunta era acerca de superar obstáculos y planear un futuro. Yo tenía mucho que decir de ambos aspectos, pero me quedé sentada frente a la página en blanco, con la máquina de escribir zumbando, y sin nada que se me viniera a la cabeza. Luego recordé mi ensayo para la clase de psicología: "Donde estoy ahora". Allí, yo respondía la pregunta perfectamente. ¿Será que podía remodelarlo?, ¿acaso iba a poder convencer al comité de admisión que me aceptara? Tenía que hacerles ver mi talento y determinación.

Dejando a un lado la ansiedad y el miedo, saqué el ensayo de psicología de mi cuaderno y comencé a escribir. Yo agregaba y quitaba párrafos. Incluso describí cómo el artículo que leí sobre la modificación del comportamiento cambió mi vida. Luego, revisé el documento en busca de errores y saqué cinco copias.

Después de ese calvario, las planillas de solicitud eran fáciles, y las terminé en un segundo. Coloqué un sobre grande en la máquina de escribir y presioné las teclas hasta formar la dirección de una de las universidades. Luego, y con mucho cuidado, deslicé la solicitud y el ensayo adentro y le pasé la lengua para sellarlo. En una lista, me aseguré de que tenía todo para cada universidad y armé cinco paquetes. Coloqué los sobres uno encima del otro y los apreté cerca de mi corazón.

Pronto, pensé, Robert y yo íbamos a comenzar una nueva vida.

Con los sobres bajo el brazo, bajé las escaleras y me encontré con Rene. Sonreí, recordando que él me había ayudado a graduarme de Miami High. Mi amigo no se había ido a la universidad y yo estaba sorprendida de verlo.

—Mis planes cambiaron —me dijo.

—Yo pensé que tú querías ser Biólogo Marino o Abogado.

—Tal vez algún día.

Para él, era un sueño diferido. Pero nada ni nadie se iba a atravesar en mi camino.

Yo había superado muchos hábitos malos, logrando un título de Asociado en Artes en un año en lugar de dos. No tuve acto de graduación elegante, sólo me entregaron un documento con mis calificaciones. No obtuve la calificación más alta de 4.0, pero si un 3.58. Yo iba en camino a una buena universidad de periodismo. Ahora era sólo cuestión de tiempo para que yo trabajara para un periódico o una revista, escribiendo los reportajes que tanto amaba.

A pesar de que me gustaban los reporteros del *Washington Post*, Woodward y Bernstein, y de que seguimos de cerca en clase el escándalo de Watergate, yo no me veía como reportera de asuntos políticos o de noticias serias. La experiencia en el *Falcon Times* me había ayudado a darme cuenta que yo quería escribir más que los hechos de una noticia. Yo no lo sabía en ese entonces, pero mi estilo tenía un nombre: el "New Journalism" o el nuevo periodismo, el cual utilizaba los métodos de la ficción para escribir reportajes. Un estilo mucho más cercano al de los periodistas de los años sesenta, Joan Didion, Gay Talese y Tom Wolf, autores que se iban a convertir en mis modelos a seguir.

12.

Uno por uno, los sobres llenos de papeles comenzaron a llegar a mi buzón del correo. Los abrí de golpe y grité de la alegría cada vez que leía una carta de aceptación. Cinco veces grité: todas las universidades a las que apliqué me habían aceptado para el periodo de invierno de 1974. Leí pilares de información acerca de inscripciones, alojamiento y comida, y actividades extracurriculares. Los mapas de los campus, las ciudades y los estados estaban grapados a varias listas de restaurantes y atracciones locales.

Aferrada a las cartas, corrí hasta el globo terráqueo que tenía en mi estante de libros y medí las distancias desde cada ciudad hasta Miami. Syracuse, Baltimore, Boston, Los Ángeles y Berkeley. ¿Cuál estaba más lejos de casa? La Universidad de California le ganaba a la Universidad de Southern California por unas millas.

—Mami —grité. Agarré el globo y corrí hasta la cocina—. Aquí es donde me voy a ir a estudiar —señalé Berkeley.

—Ay, mi hija —exclamó—. Qué bueno. ¿Tienes suficiente dinero?

—Sí, tengo para el primer semestre —deduje que si mis calificaciones eran lo suficientemente altas para lograr becas, y como en el segundo año ya iba a ser residente del estado, reduciendo la matrícula de 700 a 225 dólares, entonces sólo iba a tener que pagar por los libros.

No podía esperar para contarle a Robert. Nuestra relación no nos había descarrilado de nuestros sueños. Cuando no estábamos trabajando o estudiando, íbamos a la playa o al cine, las discotecas rara vez las visitábamos. Pero el rostro de mi madre me detuvo antes de hacer la llamada telefónica.

Con el cabello liso e inerte, se veía pálida con bolsas obscuras bajo los ojos. Una pulgada de pelo blanco sobresalía de su cuero cabelludo prominentemente, separándose del tinte marrón oscuro que ella se aplicaba en el baño.

—No quiero que estés sola —le dije, viéndola lavar los platos.

Yo sabía que estaba enferma. Pude notar un leve temblor en su mano mientras recogía una toalla para secar un plato. La enfermedad mental de mi madre había progresado de hacerla escuchar voces afuera de la casa, a hacerla sentirse perseguida, y luego a llevar consigo toda la comida del refrigerador a cualquier lugar que fuese. Según ella, un compañero de trabajo quería envenenarla y por eso no dejaba la comida en la casa nunca. La situación me parecía extraña, pero no sabía qué hacer al respecto. La idea de que mi madre sufriera de una enfermedad mental nunca había entrado a mi cabeza, y mucho menos se me había ocurrido mencionarla a mi padre, quien había sido muy claro en no querer hablar de ella.

Mi madre sufría pagando las cuentas, aunque yo de vez en cuando la ayudaba con las reparaciones del hogar y comprando comida. Ella me daba una parte del dinero de la manutención, pero yo pagaba por el mantenimiento de mi carro, así como también los gastos de la escuela.

—Tú tienes que estudiar —me dijo ella, pasándose el antebrazo por la frente para quitarse el cabello del rostro—. Yo voy a estar bien hasta que tú regreses —a diferencia de muchas madres en la Pequeña Habana, ella nunca me desanimó en la persecución de mis sueños ni me presionó para que me quedara.

Yo me quedé paralizada, preocupada. Ella se secó las manos y se fue a su habitación; yo corrí a la mía y levanté el teléfono—. Robert —respiré dentro del auricular—. Todas me aceptaron, pero creo que Berkeley tiene el mejor programa de periodismo. ¿Tú crees que te guste California?

—Ese es el mejor lugar para la industria de la televisión —dijo él—. Yo estoy pensando en convertirme en productor. Pero... mi mamá está pasando por un ataque de nervios por el divorcio y no quiere que yo me vaya de Miami. ¡Se está volviendo loca!

—¿Tú ya le contaste?

—Me tocó decirle. Mi papá se fue de la casa anoche para irse a vivir con su amante.

13.

—¿Y qué pasó con la universidad? —preguntó mi madre cuando le conté que Robert y yo íbamos a casarnos. En los momentos de lucidez, ella sabía cuales eran las prioridades. Mi madre se sentó en la cama, observándome fríamente mientras yo estaba recostada a la puerta y Robert revoloteaba detrás.

—Igual voy a ir. Los dos vamos a ir a la universidad después de la boda.

—Qué bueno —murmuró, arropándose con las sábanas. Varios potes de pastillas estaban alineados en su mesa de noche.

Yo me sentía culpable por querer irme de la casa, y lo veía como un abandono a mi madre. Robert se sentía igual respecto a la suya, quien había sido golpeada por dos abandonos a la vez: el de su esposo y el de su hijo.

No nos sentíamos igual por nuestros padres, quienes tenían nuevas vidas.

Yo sólo podía sentir dicha y alivio mientras conducía hacia Miami Lakes. En la sala de la casa de mi padre, me lancé al piso para jugar con Joaquín, un pastor alemán negro. Mi padre estaba sentado en una de las sillas al estilo Louis XV, con los apoyabrazos cubiertos en hoja de oro, leyendo un libro.

—Papi, me voy a casar.

A mi padre le dio hipo. Se puso de pie. El libro cayó al piso. Se sentó de nuevo.

—Y después de la boda —continúe—. Robert y yo nos vamos a ir a California. Yo voy a estudiar en la Universidad de Berkeley, y el está aplicando para la Escuela Ron Bailey de Radiodifusión en San Francisco.

—Ves, ahora vas a estar a salvo. Vas a tener a alguien con quien estar.

—¿Qué? —pregunté— ¿Ese era el problema?, ¿no era por dinero?

Beba llegó desde la cocina e interrumpió la conversación—. Ya no tenemos que preocuparnos por ti —dijo ella—. Ya no vas a estar sola en un ciudad extraña.

Entrecerré los ojos y los miré a ambos. No les creía. Si ese hubiese sido el problema, ¿por qué mi padre no había mencionado ese miedo cuando le hablé del asunto por primera vez? Si mi padre había estado asustado por mi seguridad, pero en esa oportunidad no se atrevió a revelarlo, entonces ¿será que ahora me iba a pagar la matrícula sabiendo que ya no estaría corriendo peligro?

¿Sería posible que yo fuera tan cínica a los 19 años? Sí. Bajo la tutela de mi padre, yo había aprendido a dudar todo, a tener un pie delante de los demás, y a confiar sólo en mi: esa era la perfecta preparación para la vida. *¡Gracias, papi!* Donde sea que estés.

A pesar de que no ofreció pagarme un centavo extra –y yo no contemplé la idea de pedírselo– él tenía un plan alterno.

—Te voy a transferir 100 dólares de la manutención cada mes a California —dijo él—. Eso te va a ayudar con los gastos.

Yo arrugué la frente, pero me quedé tranquila ante ese mísero truco.

Mi madre iba a sufrir con los pagos, pero ya no iba a tener que pagar por mis gastos, así que los pagos también debían disminuirle. Y si yo no llegaba a necesitar el dinero en Berkeley, se lo podía enviar de vuelta por correo en secreto. Tanto Robert como yo planeábamos trabajar mientras estudiábamos.

Hoy en día pienso que, a pesar de que mi padre albergaba algo de afecto por mí, sus celos y resentimientos le impedían ser generoso en el amor y en el dinero, y no lo dejaban ser el padre que debió haber sido. Él sentía celos porque yo amaba a mi madre, y me resentía porque no podía controlarme.

Por lo menos, no tuvo ningún problema de pagar la cuenta de la boda. En mi comunidad, sólo el matrimonio podía validar a un ser humano, especialmente para una mujer, y las nupcias eran lo que él podía apoyar con todo el corazón.

Los padres de Robert, por otra parte, pensaban que el mundo estaba llegando a su fin. Ellos nunca consideraron importante el crecimiento personal, la ventaja académica o el desarrollo profesional. La familia primero, decían. En nuestra comunidad, la fuerte interdependencia entre los miembros de la familia obligaba a muchos a renunciar a sus sueños individuales.

—Si se quedan en Miami —la madre de Robert dijo—. Les compró un juego de cuarto.

—Y yo —agregó su padre—. Les doy el pago inicial para un townhouse en Hialeah. Tú sabes, de esos nuevos que están construyendo por el canal.

Yo me quedaba maravillada ante el marcado contraste entre su generosidad y la tacañería de mi padre. La desigualdad me causaba dolor. Yo titubeé, tentada de aceptar las ofertas y enterrarme en la calidez que ofrecía la familia de Robert. ¡Qué fácil sería quedarme y ser parte de su familia! ¿Acaso no era eso lo que yo siempre había querido?

—¿Tú crees que deberíamos? —le pregunté.
—Vamos a ver los townhouses —dijo Robert.
Caminamos alrededor del pequeño patio, nos asomamos por el balcón y observamos el canal. El olor a pintura fresca y yeso me mareaba.
—¡Un hogar para los dos!
—Con la mejor ubicación —dijo Robert.
—Y mucho espacio.
Lo consideramos, pero al final rechazamos la oferta. El juego de cuarto y el pago inicial eran sólo tentaciones momentáneas. Nosotros podíamos ahorrar para algo así, concluimos, después de que tuviéramos nuestros títulos.
—Yo estoy listo para la aventura —dijo Robert.
Mentalmente, yo ya estaba a más de tres mil millas de distancia.

14.

Mi padre contrató a un carnicero de la Pequeña Habana para que lo ayudara a escoger un menú exquisito, a comprar las más finas carnes, aves y vegetales y así confeccionar seductores platos para un buffet extravagante que sus amigos y familiares nunca habían visto antes. Él tomó el control de la comida en mi boda, no sólo porque estaba pagándola, sino porque era un epicúreo cuyas papilas gustativas sólo despertaban cuando eran estimuladas por los mejores ingredientes. Mi padre se rehusaba a comer cualquier comida que no estuviese fresca, y estaba orgulloso de su conocimiento de la alta cocina.

—¡Doctor, yo creo que esto es mucha comida para la cantidad de invitados! —Ernesto, el carnicero, se quejó mientras mi padre anotaba listas de platos y tachaba otros que no pasaban su aprobación.

—No, tiene que ser perfecto, Ernesto. Recuerda que es también el Día de Acción de Gracias. Nada de margarina, sólo mantequilla. Tampoco uses Mazola o Wesson, únicamente aceite de oliva.

—¿También quiere pavo?

—¡Claro! Pavo, salsa de arándanos, puerco, frijoles, carne asada, puré de patatas, ensaladas. ¡De todo!

Ahora, mi padre era un sólido miembro de una emergente clase media-alta cubana que, en menos de una década de trabajo, conducía Mercedes y disfrutaban de vacaciones anuales en Europa. A mi padre le encantaba hacer alarde de su riqueza, y el menú le daba otra oportunidad para hacerlo.

Vestido con una camisa manga larga y una corbata, se veía fuera de lugar en la modesta casa de Ernesto, en la Avenida Southwest Seventeenth, cerca de la calle ocho. Él estaba sentado en una estrecha sala, después de pasar horas en su consultorio en Hialeah, estudiando minuciosamente varias recetas con

Ernesto. Juntos, examinaban una enciclopedia de comida gourmet y hojeaban el recetario cubano escrito por mi abuela a mano.

La atención de mi padre por la comida podía hacer a cualquiera creer que adoraba a su hija. Pero era todo lo contrario. Él sólo me abrazaba cuando su esposa no estaba mirando. Y su esposa nunca se alejaba de su lado.

—Papi, llévame a almorzar —le rogué un día.

—No puedo ir si Beba no va.

¿Por qué no podía lograr que me amara?

—Tu padre te ama —sus amigos y compañeros de trabajo me decían—. Lo que pasa es que no te lo puede demostrar porque su esposa se pone celosa —yo no les creía, incluso cuando veía fotos en las que salía alzándome de pequeña. Él quería un varón, mi madre le había dicho en una oportunidad a alguien. Tal vez esa era la razón.

—Los niños son muy bonitos de pequeños —le dijo él a un amigo—. Pero cuando crecen, sólo traen problemas.

Eso era todo. Yo sólo le traía problemas.

Mientras mi padre se enfocaba en planear la comida, yo estaba concentrada en conseguir un buen precio de la costurera para mi vestido y el de mis damas de honor, las flores, los centros de mesa y los manteles. Anoté todos los detalles en un bloc de notas y me encargué del evento como si fuera un negocio. Yo quería demostrarle a mi padre que no iba a desperdiciar su dinero, pero secretamente guardé unos cuantos dólares para comprarle un vestido a mi madre.

Yo consideré la celebración de mi boda como una fiesta de despedida. Estaba dejando mi vieja vida atrás. Lo bueno: los viajes a descansar a la playa, bailar en las discotecas, y deambular sin rumbo por los centros comerciales. Lo malo: la pobreza, el hambre, las peleas con mi madre, y la dolorosa ausencia de mi padre. No podía esperar para escapar y empezar mi vida como escritora tan lejos de la Pequeña Habana como fuera posible. Todo estaba cayendo en su lugar: Robert acababa de recibir su carta de aceptación para la escuela de radiodifusión y estaba tan emocionado como yo.

Finalmente, llegó el 22 de Noviembre de 1973, el Día de Acción de Gracias y, a la misma vez, el Día de Santa Cecilia. Lo celebramos con la tradicional misa en The Church of the Little Flower en Coral Gables, con uno de los hijos de nuestro amigo David llevando los anillos. Luego, una limosina nos llevó a la recepción en el Sons of Lebanon Banquet Hall en Coral Way.

Mientras la banda tocaba música salsa, Ernesto y su esposa Margarita estaban detrás de un largo buffet que se extendía en una curva hasta el final del salón. Ernesto llevaba puesto un sombrero de chef y una chaqueta blanca, y Margarita, un traje largo azul. Tres meseros, con sombreros parecidos, esperaban atentos a lo largo de la mesa. Un bar, cargado de cajas de champaña, llamaba la atención desde el otro extremo.

—Esa mujer es una mulata —una amiga me dijo al oído señalando a Beba, mientras Robert y yo caminábamos hacia el buffet. El ritmo de la música ya tenía a varios invitados sobre la pista de baile.

Los rasgos de Beba revelaban ascendencia africana. Yo había pensado lo mismo un tiempo atrás, pero lo tomé como otra contradicción de mi padre e ignoré el pensamiento. Él hacía lo que quería, independientemente de los prejuicios sociales y las costumbres.

—¡Tu padre no es tan refinado como te quiere hacer creer!

Yo asentí, dándole toda mi atención a la comida extendida en magnifica abundancia.

Allí estaba, todo lo que mi padre había estado planeando por meses: un pavo gigante descuartizado en pedazos gruesos y ensamblado de nuevo en su forma original, un relleno de castañas y chorizo, puré de arándanos con canela y azúcar en polvo encima, un pedazo de carne asada exudando jugos aromáticos, lechón crujiente en mojo picante de ajo y cebolla, camarones servidos en forma de media luna, ensalada de pollo con pedazos de manzana y decorada con guisantes y pimientos rojos, delicados sándwiches en forma de triangulo rellenos de jamón picado en salsa bechamel, montañas de moros, puré de patatas, espárragos, yuca bañada en ajo, tomates marinados en albahaca, lechuga acomodada en círculos, panecitos húmedos con mantequilla *La Vaquita*, y al final, un bizcocho blanco de bodas. Altas torres griegas cubiertas con glaseado sostenían un segundo piso a una considerable distancia del primero. En el centro del primer piso y debajo del segundo, una fuente de agua color purpura gorgoteaba rápidamente, formando pequeñas olas en la base.

¿Será que el amor de mi padre estaba envuelto en estos platos minuciosamente preparados?, ¿acaso el buffet era un simbólico gesto gastronómico de amor hacia mi? Amor lisiado, si es que era amor. Las respuestas a estas preguntas yo no las conocía.

Del viejo grupo de amigas, sólo Sylvia asistió a mi boda. Ella se sentó en silencio con su cita, sonriendo tímidamente y aislada. Rene, mi amigo de la clase de matemáticas, vino durante el tiempo de descanso en su trabajo. Ambos me felicitaron por haber sido aceptada en Berkeley, un lugar tan lejano en sus mentes que perdía el sentido de la realidad. El rompimiento de nuestro grupo de amigas dolió, pero se desvaneció en un arrepentimiento distante mientras yo me enfocaba en el futuro. Ahora yo funcionaba en otra dimensión, desprendida de lo que había sucedido antes, y tan inalcanzable como mis compañeros de la preparatoria –que ahora estaban en las mejores universidades del país– me habían parecido a mi el día de la graduación.

Los padres de Robert, en medio de un divorcio caótico, se mantuvieron lejos el uno del otro, felicitándonos por separado y luego sentándose en mesas en extremos opuestos con sus familiares. Mi padre evitó a mi madre, quien vino a posar conmigo para una foto. Después de la sesión de fotografías, ella fue de mesa en mesa saludando a los invitados. Estaba elegantemente peinada y llevaba un vestido de lentejuelas grises que forraba cómodamente su figura esbelta.

Mi padre desfilaba por el salón en un esmoquin, su anillo de diamantes de dos quilates enviaba un rayo de luz desde su mano izquierda. Sus ojos se encontraron con los míos por un instante, sin ninguna expresión, y luego se dio la vuelta con su esposa, quien tenía puesto un vestido brillante negro salpicado con tulipanes rojos. Ambos se fueron lo más lejos que pudieron de mi madre a una mesa al otro extremo del lugar.

Por lo menos no hubo ninguna escena bochornosa por parte de mis padres o los de Robert.

15.

En la mañana de nuestra partida, a mediados de diciembre, la temperatura bajó hasta los cincuenta grados Fahrenheit. Una oleada de frío obscurecía el sol, presagiando nieve sobre el camino cuando dejáramos atrás la Florida. Le di un fuerte abrazo de despedida a mi madre. Su cuerpo se sentía débil y frágil contra el mío. Nos balanceamos de un lado al otro, callando la angustia del pasado que aun ataba nuestros corazones. Un sollozo intentó salir de mi garganta, pero luché y lo vencí.

—Te voy a llamar y a escribir todo el tiempo —le dije. Ella sonrió, sin lágrimas, no del todo presente. Sus ojos giraban sin parar.

—Yo te voy a escribir todos los días —dijo ella.

La madre de Robert lloró inconsolablemente, mientras su padre observaba torpemente.

Hoy, yo estaba dejando la Pequeña Habana, a mi familia y a mi cultura. No podía esperar para terminar con las despedidas e iniciar el viaje de más de tres mil millas hasta California. Un viaje hacia un mundo misterioso que prometía la elusiva aventura que tanto había deseado. Pero esto no era cualquier aventura. El viaje hacia el oeste, dentro de las llanuras sin fin de los Estados Unidos donde todo era posible, significaba que yo iba a recibir la educación que tanto había deseado y que me iba a convertir en escritora.

Así que después de despedirnos, Robert condujo en dirección norte sobre la I-95. El carro se sentía pesado con un contenedor de acero de la compañía U-Haul atado al techo. Adentro, llevábamos todas nuestras pertenencias, incluyendo mi máquina de escribir Olivetti que acababa de ser reparada. En mi asiento, hojeé un tríptico con mapas de la compañía Triple-A, el cual marcaba las calles y autopistas principales de nuestro viaje. Hoy en día, ese tríptico está en mi estante de libros como un recuerdo de que los sueños, bien planificados, están al alcance.

Condujimos en silencio, con las manos agarradas, sobre ese estrecho de autopista sin fin a través de la Florida. Emocionados, preocupados, y asustados, observamos por la ventana los campos planos cubiertos de vacas y las granjas de naranjas y toronjas.

Pensé en Ovy, quien se había casado según había escuchado, y me pregunté si se había ido a jugar Jai-Alai. Pensé en Cari en Virginia, y en Ibis, Gloria y Sylvia en la Pequeña Habana, el lugar cruel pero reconfortante que había servido de refugio mientras yo curaba un corazón constantemente destrozado. Pensé en David, quien le había dado a mi padre un empujón hacia los Estados Unidos.

Evoqué imágenes de mi tierra natal, sus paisajes ondulantes y sus antiguos edificios coloniales, y su gente –particularmente aquellos que me habían sostenido con sus leales cartas durante casi catorce años. Pensé en mis queridos abuelos, quienes viajaron a los Estados Unidos sólo para morir unos años después. Pensé en aquellos que aún seguían en la isla: mi nana Ana María en su finca en Matanzas, la ama de llaves Amparo en un barrio de antiguos esclavos de La Habana, Tío Cesar y su hijo Cesarito en su casa de la playa, y en mi abuelastra Elsie –cuya visión había cambiado mi forma de pensar– en su pequeño apartamento en Vedado dando clases de inglés. Saqué mi bloc de notas.

Querida Elsie,
¡La estoy pasando tan bien conduciendo a California! Ojala pudieras ver todo lo que estoy viendo en la carretera. Siempre pienso en ti y nunca voy a olvidar la historieta del perro Scamp y todos los libros y cuentos que leímos juntas, sobretodo La Niña de los Fósforos.

Gracias a ti, me enamoré de la lectura. Fuiste tú quien me ayudó a decidir ser escritora. Todos esos cuentos hicieron que quisiera escribir los míos propios.

Leer y escribir son las únicas cosas que se hacer bien. Así que eso es lo que pienso hacer con mi vida. Escríbeme pronto.

Te quiero, Cecilita.

Deslicé la carta en uno de los muchos sobres que había traído para escribirle a mis padres y amigos, y la guardé en la guantera para enviarla después.

Esa noche llegamos a Lakeland, y el frío nos arropó tercamente. Los meteorólogos en las noticias habían pronosticado un invierno particularmente gélido ese año. Por ello, planeamos evitar la nieve conduciendo a través de la Florida, al oeste a lo largo del Panhandle y por la parte sur de Louisiana,

Texas, Colorado y Arizona hasta Bakersfield, California, donde cruzaríamos al norte hacia Berkeley. Sólo podíamos conducir de lunes a viernes durante el día. Todas las estaciones de gasolina del país cerraban en las noches y durante los fines de semana debido a la crisis de combustible. Unos meses antes, los miembros árabes de la OPEP (Organización de Países Exportadores de Petrolero) comenzaron un embargo, con la esperanza de desalentar el apoyo de los Estados Unidos hacia Israel por medio de una retención de combustible.

Durante el quinto día, pasamos por el borde del Gran Cañón. Nos estacionamos y observamos su profundidad. Era una mezcla de rojo y naranja que yo nunca había presenciado, y que paralizaba a cualquiera—. Qué belleza —dije, como si estuviera dentro de una iglesia. Envuelta en gorros tejidos, suéteres cuello de tortuga, ropa gruesa y abrigos de lana, aun temblábamos. El frío quemaba nuestros rostros expuestos. Para una joven cubana saturada por el mar, la arena y el sol, estos paisajes parecían salidos de los libros y las películas.

Esa noche, en nuestra cabaña, con el viento soplando a través de las grietas, observamos a un venado despreocupadamente pastando a unos cuantos pies de la ventana. Al día siguiente, el 24 de diciembre, pensé en los festines de puerco asado que todos en la Pequeña Habana estaban disfrutando en la celebración de la Noche Buena. Condujimos lo más que pudimos y nos detuvimos en un pueblo aburrido donde alquilamos una habitación en un Motel Six, justo al lado de una estación de gasolina en ruinas. En un supermercado Seven-Eleven, compramos dos latas de espaguetis y una caja de cucharas de plástico. En la habitación, bañé las latas en agua hirviendo de la llave por cinco minutos. Luego arranqué las tapas y le pasé una a Robert. Nuestra primera cena de Noche Buena casados fue una de las mejores.

El lunes, comenzamos de nuevo con un vigor renovado, llegando hasta California. Era la hora de la siesta en Bakersfield y todo estaba callado. Las vallas publicitarias y los avisos de neón nos invitaban a beber una gran variedad de cervezas mexicanas en cualquier lugar que mirábamos. Los restaurantes mexicanos ofrecían en cada esquina tostadas, chiles rellenos, menudo: platos que, con el tiempo, llegaría a amar.

—Por eso es que a los cubanos no nos gusta la comida mexicana —exclamó Robert, después de morder un pimiento picante. Yo lo probé y me arrepentí. Me sequé los ojos y luego me soplé la nariz. De vuelta en la carretera, al principio de la tarde, nos deslizamos dentro de Oakland. El verdor se elevaba sobre altas colinas a ambos lados de la autopista. El panorama era exuberante y verde como en Cuba, pero con una aire seco, suave y frío. Las colinas de Berkeley ardían en la distancia, acercándose. La llanura de la Florida estaba ahora completamente olvidada.

Minutos después, pasamos frente a la Universidad de California, justo al pie de la Avenida Telegraph. Los vendedores sacudían sus mercancías —pedrería, pipas y cobijas coloridas— desde las aceras y al frente de varios negocios como Moe's Bookstore y el Renaissance Café, los cuales pronto frecuentaríamos.

Robert se estacionó, y caminamos por el campus hasta la Plaza Sproul, cuya espaciosa rotonda sirvió de escenario para tantas demostraciones estudiantiles durante los años sesenta. Avisos de "Boicot a Gallo" se aferraban a cada pared. Nos desplazamos hasta el Centro de Estudiantes y ordenamos sándwiches de alfalfa y pepino en pan integral, maravillados ante el desconocido popurrí de sabores. Luego caminamos un poco más hacia el otro extremo. Allí observé, asombrada, el gran campanario proyectando una leve sombra sobre la Escuela de Periodismo.

Yo pertenecía a este lugar, el centro de infinitas promesas. Aquí es donde iba a triunfar y a prosperar, el lugar donde finalmente toqué el tan trabajado sueño.

Agradecimientos

Mi más profunda gratitud para mi profesor y modelo a seguir Dan Wakefield, el primero en creer que un ensayo que escribí para su clase podía crecer en una tesis de maestría y en un libro. Sin él, no existiría Adiós, Mi Pequeña Habana, cuyo título tan generosamente me ofreció. ¡Muchos cariños, Dan!

Dan se jubiló antes de la defensa de la tesis de mi Maestría en Bellas Artes –la cual fue este libro– pero Les Standiford, el presidente del programa de escritura creativa de FIU, ocupó su lugar, y junto a la profesora Lynne Barrett, me ofreció consejos indispensables. ¡Gracias Les y Lynne!

Un agradecimiento especial va para la editorial Beating Windward Press y su editor Matt Peters, quien inmediatamente se conectó con el libro – convirtiéndose en Cubano de corazón– y me ofreció comentarios detallados los cuales profundizaron y expandieron mis ideas. ¡Matt, eres el mejor editor en todo el mundo! Gracias también a la editora Melanie Neale, quien me dio apoyo y sugerencias durante las últimas aterradoras semanas de edición. Su libro, Boat Girl, es una muestra del lenguaje figurativo que tanto disfruto.

Agradecimientos cálidos a todos mis amigos quienes me dieron ánimos durante el agotador proceso de edición: Maria Karatzas, quien fue la primera en escucharme soñar con este libro décadas atrás; Judy Swerlick, quien leyó cada palabra de mis cuentos auto-publicados; Isabel Bahamonde, quien ayudó con la investigación acerca de la Pequeña Habana; y a David Delgado y Griselle Nogueira, quienes me ofrecieron numerosos consejos de mercadeo. Gracias también a Isabel Del Pino, quien ofreció muchas ideas sobre esta traducción; a mi traductor Gonzalo Ravelo, quien vivió algo parecido a mi historia política; y a Mayra Martínez y Olga Cancio, quienes me escucharon pacientemente mientras le daba forma narrativa a este libro en voz alta.

Gratitud infinita para mi abuelastra Elsie López, una residente del cielo, quien me inculcó la pasión por la lectura, y para mi madre, Cecilia Rivas, quien —en un flash de clarividencia— me inscribió en mi primera clase de escritura creativa. Gracias, Mami y Elsie. Las quiero mucho.

Acerca del Diseñador de la Cubierta

Victor Bokas creció en la Costa del Golfo de la Florida ante un fondo de turistas tomando el sol, palmeras, y peces entre otras imágenes tropicales. Graduado de la Universidad de la Florida, Victor es Jefe de Diseñadores en Tupperware y pintor a tiempo completo. Su trabajo aparece en varias colecciones permanentes, incluyendo Tupperware, Darden, Maitland Art Center, Orlando City Hall, Walt Disney Production y el Aeropuerto Internacional de Orlando. "Florida Vacation" se hizo parte del Orlando International Airport Public Art Project en el 2000. La pintura de Victor fue convertida en una obra maestra del mosaico de 88 x 15 pies, dándole la bienvenida a todo el que visita Orlando.

Acerca del Traductor

Gonzalo Ravelo trabaja como Productor Asociado en los noticieros de WFTV –la filial del canal ABC en Orlando– y como copresentador de noticias de un segmento que produce de lunes a viernes para el canal Mega TV Orlando. Como reportero, Gonzalo puede ser visto cubriendo eventos a lo largo de la Florida Central para el portal web ICflorida.com. Sin embargo, es detrás de un teclado y contando historias donde Gonzalo se siente más cómodo.

Nacido en la ciudad de San Cristóbal, en Venezuela, Gonzalo pisó tierra estadounidense en el 2012 después de graduarse como Ingeniero Industrial de la Universidad Nacional Experimental del Táchira. Una vez anclado en la Florida, Gonzalo ingresó al programa de Escritura Creativa Para Entretenimiento de la Universidad de Full Sail, del cual se graduó con honores.

Adiós, Mi Pequeña Habana es la primera incursión de Gonzalo en el mundo editorial, y a su vez, su debut como traductor. Actualmente, cuando no está redactando noticias, Gonzalo le da los primeros toques a su primera novela.

Acerca de la Autora

Cecilia M. Fernández es una periodista independiente y profesora universitaria con una gran pasión por la literatura. Su trabajo ha aparecido en *Latina Magazine, Accent Miami, Upstairs at the Duroc: the Paris Workshop Journal, Vista Magazine*, y *Le Siecle de George Sand.*

Durante su trabajo como reportera para *The Stockton Record, The San Francisco Chronicle*, y en las estaciones de televisión WPBT, WSVN, WSCV, y WLTV en Miami, Cecilia cubrió la legislación estatal, la National Democratic Convention, varias elecciones locales y presidenciales, la Operación Tormenta del Desierto, el Huracán Andrew, el juicio por tráfico de drogas del dictador panameño Manuel Noriega, el juicio por abuso sexual de William Kennedy Smith, el Éxodo del Mariel, y los disturbios raciales en Miami entre muchas otras noticias. Cecilia considera que sus mejores reportajes –y lo mejor que ha escrito– fueron aquellos donde cubría las vidas de las personas comunes que vivían en los vecindarios étnicos de California y la Florida.

Nominada al EMMY por la Academia de Artes y Ciencias de la Televisión, Cecilia recibió el premio Champion Tuck de la Universidad de Dartmouth (Mención de Honor para Televisión), el premio Scripps-Howard: Escritora de Noticias del Mes y una beca para un Independent Summer Study del National Endowment for the Humanities.

Cecilia obtuvo una Maestría en Bellas Artes en Escritura Creativa de la Universidad Internacional de la Florida, una Maestría en Artes en Literatura en Inglés de la Universidad de Miami, y un título en Periodismo y Ciencias Sociales de la Universidad de California, en Berkeley.

Su debut autobiográfico, *Adiós, Mi Pequeña Habana*, fue uno de los ganadores en los premios International Latino Book del 2015, los más prestigiosos galardones que reconocen la literatura latina en los Estados Unidos. A su vez, fue escogido como uno de los diez mejores libros de no-ficción por un autor latino en el 2014 (TheLatinoAuthors.com), y en el 2011 fue seleccionado como finalista en el Bread Loaf Writers' Conference Book Contest.

Cecilia vive en Weston, Florida y enseña escritura y literatura en Broward College. Actualmente, se encuentra trabajando en una colección de cuentos cortos, además de otros cuatro proyectos.

Página web: www.ceciliamfernandez.com
Blog: www.ceciliamfernandez.wordpress.com
Email: fernandezcm@bellsouth.net

www.ingramcontent.com/pod-product-compliance
Lightning Source LLC
Chambersburg PA
CBHW071726080526
44588CB00013B/1912